rororo sport

Herausgegeben von Bernd Gottwald

ARNO LUIK

Die
SPORTS
Interviews

ROWOHLT

Originalausgabe
Veröffentlicht im Rowohlt Taschenbuch Verlag GmbH,
Reinbek bei Hamburg, November 1991
Copyright © 1991 by Rowohlt Taschenbuch Verlag GmbH,
Reinbek bei Hamburg
Die Interviews erschienen erstmalig
in der Zeitschrift SPORTS INTERNATIONAL
Umschlaggestaltung Peter Wippermann/Jürgen Kaffer
Fotos: Bongarts (Becker, Stich),
Peter Hendricks (Beckenbauer),
Werner Schüring (Navratilova),
Visum (Witt)
Fotos Innenteil: Sportpressephoto Bongarts S. 10, 52,
94, 112, 138, 150, 172, 186, 196, 214, 226
Studio Gabo S. 240
Franz Killmeyer S. 74
Layout Angelika Weinert und Joachim Düster
Gesetzt aus der Times und Futura PostScript
Linotype Library, PM 4.0,
bei Jung Satzcentrum GmbH, Lahnau
Druck und Bindung Clausen & Bosse, Leck
Printed in Germany
1480-ISBN 3 499 18668 3

Inhalt

Vorwort	**7**
BORIS BECKER Der Mensch bleibt auf der Strecke	**10**
KATARINA WITT Die haben mich mißbraucht	**52**
REINHOLD MESSNER Ich bin der Sonnenkönig	**74**
GERHARD BERGER Ich muß! Ich will! Ich will schneller sein!	**94**
FRANZ BECKENBAUER Ich will mit Schmerzen sterben	**112**
BEN JOHNSON Ich glaube nicht, daß Ben dazu etwas sagen möchte	**138**
MARTINA NAVRATILOVA Ich spiel noch mit 50	**150**
ULI STEIN Typen wie ich sterben aus	**172**

MONICA SELES
Für mich ist das alles ein Abenteuer **186**

JÜRGEN KLINSMANN
Ich fühle mich sauwohl **196**

ION TIRIAC
Erfolg hast du nur,
wenn du dir den Arsch abarbeitest **214**

MICHAEL STICH
Gefallen Ihnen meine Antworten nicht? **226**

Nochmal:
BORIS BECKER
Ich liebe Tennis immer mehr **240**

Statt eines Nachwortes **255**

Vorwort

Als Boris Becker, damals gerade 17 Jahre alt, am 7. Juli 1985 in Wimbledon die begehrteste Trophäe der Tenniswelt in den Händen hielt, wurde er von einem Tag auf den nächsten zum Eigentum einer ganzen Nation. Mit ihm war der Jung-Siegfried einer Generation von Aufsteigern und Erfolgreichen gefunden. Brav und arglos spielte der rothaarige Junge zunächst mit, als die Medien ihn zum Super-Idol machten.
Was die Helden von Bern für Deutschlands Aufstieg aus den Trümmern 1954 geleistet hatten, beendete er gut 30 Jahre später auf dem Centre Court. Unwiderstehlich wie Beckers Aufschlag wollte Deutschland in der Welt wieder wer sein. Neben so viel nationaler Vereinnahme war für Boris aus Leimen kaum mehr Platz. Niemand interessierte, wie er mit sich und seinem Ruhm rang und versuchte, die Welt zu verstehen wie jeder Gleichaltrige auch – und vermutlich wäre er damals nicht in der Lage gewesen, seine Gefühle und Gedanken halbwegs zu ordnen.
Ende 1989 traf Arno Luik, Redakteur bei der Zeitschrift SPORTS, Boris Becker, um mit ihm das Vorgespräch für ein Interview zu führen. An bloßen Fachsimpeleien über Volleystops oder Platzbeläge war Luik nicht interessiert; der Reporter war auch ehrlich genug, dem Tennishelden zu gestehen, daß er dessen Stilisierung zum Idol für grotesk hält. Boris Becker, ansonsten nur hofiert und bejubelt, war erstaunt, stimmte dem Gespräch zu und stellte eine Bedingung: Der Star wollte seinen Interviewer kennenlernen.
Sieben Tage lang, fast rund um die Uhr, verbrachten Luik und Becker zusammen beim Hallenturnier in Paris-Bercy, beim Training, vor und nach den Spielen in der Umkleidekabine, in Kneipen und auf Spaziergängen.
Drei Wochen später trafen sie sich in Hamburg zu einem Gespräch, das zu dem aufsehenerregendsten werden sollte, das in Deutschland jemals mit

einem Sportler geführt worden war. An fünf Tagen sprach Becker so über sich wie nie zuvor: Für ihn wurde es eine Auseinandersetzung, die so tief eingriff, daß er einige Zeit danach nur noch wie abwesend Tennis spielte und sogar ein Turnier absagen mußte.

Doch als das Gespräch zeitgleich mit dem Davis-Cup-Finale in Stuttgart erschien, zeigte Boris Becker eine unglaubliche Leistung: Fast im Alleingang ermöglichte er die Titelverteidigung des deutschen Teams – und immunisierte sich so gegen Kritiker, die mit dem neuen Boris Becker nicht mehr zurechtkamen, allen voran die Bild-Zeitung.

Boris Becker war völlig klar, daß er vor allem mit seinen Äußerungen über die Hausbesetzer in der Hamburger Hafenstraße oder seiner Gleichgültigkeit gegenüber Spielen «für Deutschland» den Mythos vom Tennisschläger schwingenden Nationalhelden zerschlug – und zwar völlig. Aber das wollte er auch! Boris Becker kämpfte mit dieser Botschaft an die Öffentlichkeit erfolgreich um Eigenständigkeit und Unabhängigkeit. Gut ein Jahr später resümierte er das Gespräch und seine Folgen so: «Ich habe mich gewandelt vom Markenprodukt Becker zum Menschen Becker.»

Das Interview, das im Januar und Februar '90 in zwei Folgen in SPORTS erschien, wurde zu einem der meistzitierten in der Geschichte des deutschen Journalismus. Es wurde in fast ein Dutzend Sprachen übersetzt, in allen Erdteilen nachgedruckt, und selbst in Australien wurde Becker immer wieder gefragt: «Boris, what is Hafenstrasse?» In Deutschland provozierten seine Äußerungen eine Flut von Leitartikeln und Kommentaren, die teilweise verzweifelt mit der neuen Widerspenstigkeit Beckers rangen.

Dieses erste wie auch das zweite Interview, das den State of Mind Beckers Anfang 1991 wiedergibt, sind sicherlich die Höhepunkte der vorliegenden Interviewsammlung. Aber auch die anderen zehn Gespräche markieren einen neuen Abschnitt des Sportjournalismus.

Diese Interviews, abgerückt vom «Tor, Satz, Sieg», geben den befragten Sportlern eine Chance, mit der Eindimensionalität ihrer Rolle zu brechen. Sie können aus dem goldenen Käfig des Fachidiotentums heraustreten und den ganzen Menschen erscheinen lassen. Der Interviewer, gar nicht mehr Fachjournalist oder das nur noch am Rande, gut vorbereitet und aufmerksam, wird dabei zum Geburtshelfer, häufig genug zur Überraschung der Befragten selbst.

So rückhaltlos wie Boris Becker hat sich auch Katarina Witt eingelassen, selbst wenn es die damals dreiundzwanzigjährige Eiskunstläuferin schmerzte. In bemerkenswerter Weise setzte sich das ehemalige Aushängeschild des SED-Regimes im Moment des Untergangs der DDR auch mit der Frage ihrer eigenen Mitschuld auseinander. Jürgen Klinsmann, mehr als nur nett, verkündete sogar zur Überraschung der eigenen

Freunde seinen Rücktritt. Reinhold Messner nahm einen Schlagabtausch an, der zu einer «Klettertour durch das zerklüftete Innenleben des Alpinisten» wurde, wie es dazu im Editorial von SPORTS hieß. Und sogar Ben Johnson gab für einen kurzen, unbewachten Moment den Blick auf sich frei.

Doch nicht alle Sportler waren dazu bereit oder in der Lage. Michael Stich, drei Tage nach seinem Wimbledonsieg, mühte sich um ein glattes Bild vom pflegeleichten Tennisstar. Auch Martina Navratilova bastelte lieber an ihrer Legende, ebenso wie Franz Beckenbauer, der sein Unbehagen gegenüber dem Interviewer nie ablegte, dem er vorwarf, Boris Becker reingelegt zu haben. Aber, da irrt der «Kaiser», keines der Gespräche ist abgedruckt worden, ohne von den Befragten in Ruhe gegengelesen worden zu sein.

Es sind die Medien, die das faszinierende, aber schließlich auch schlichte Tun der Sportler zur Überlebensgröße aufgeblasen haben. An dieser Stelle helfen die SPORTS-Interviews, die Arno Luik zwischen Ende 1989 und Mitte 1991 führte, den Kreis wieder ein wenig zu schließen. Diese Gespräche lassen viel heiße Luft entweichen, und am Ende ihrer Lektüre wird der Leser manchen seiner Heroen entzaubert und in die Normalität überführt finden.

Christoph Biermann
Hamburg, im Juli 1991

Der Mensch bleibt auf der Strecke

Boris Becker

Mit 70, 80 durch die Stadt, im Nacken die Verfolger, bei Rot über die Ampel, verkehrt herum eine Einbahnstraße hinein. Boris Becker, kein schlechter Autofahrer, gibt auf: Die Verfolger wird er nicht los. Schon morgens sind diese Typen hinter ihm her, mit Teleobjektiven groß wie Kanonenrohre vor der Brust; noch spät nachts stellen sie ihm nach bis zur Haustür, tagsüber belästigen sie ihn mit ihren Autos. Ein roter und ein schwarzer BMW sind es seit zwei Tagen, immer millimeterdicht an der Stoßstange. Abgespannt, gehetzt sieht der Tennisspieler aus. Die jagen mich seit Stunden, sagt er, und wie ich mich fühl? Verfolgt, getrieben – na klar. Aber nein, wie er sich wirklich fühle, das könne er niemand vermitteln. «Was wollen die bloß von mir?» Nirgends, nicht in Paris, schon gar nicht in Rom, auch nicht in München, sei das so schlimm wie hier in Hamburg. Einfach mörderisch. Da taucht dann schon manchmal der Gedanke auf, das alles hinter sich zu lassen, auszuwandern, abzutauchen. Bloß: Wohin? Wo kennt ihn niemand? Und manchmal hat er Lust, sich so 'n Spanner mal zu schnappen, ihn zu vermöbeln. Er sagt: Die wissen doch nicht, was sie tun.

LUIK Herr Becker, der 7. Juli 1985, als Sie zum erstenmal Wimbledon gewannen, gilt als Ihr Glückstag. Gibt es Augenblicke, in denen Sie sagen: Hätte ich damals doch besser nicht gewonnen?
BECKER Ja, manchmal. Für mich als Tennisspieler kam der Sieg sicher zu früh – nur: Wäre ich dann der, der ich jetzt bin? Sagen wir mal so: Es war einerseits gut für mich, andererseits war es sehr hart.
LUIK Inwiefern?
BECKER Ich kann das kaum erklären – höchstens vielleicht so: Es ist wie mit den Bürgern der DDR, die nach 28 Jahren Mauer rüberkommen und dann völlig fertig sind von dem, was sie hier erleben. So ein ähnlicher Schock war das für mich.
LUIK Nach 1985 gab es Niederlagen und Bilder von Ihnen als kreischende Furie. Man sah da ein Häufchen weinendes Elend. Es gab eine Zeit, in der man um Ihr Seelenheil fürchtete.
BECKER Alle, die Medien voraneweg, wollten aus mir etwas machen, sie wollten mich formen. Ich war fast noch ein Kind, 17 Jahre alt und sollte jedes Turnier gewinnen. Aber das ging nicht. Und dann waren sie enttäuscht. Dieser Druck hat mich furchtbar belastet.
LUIK Es waren ja nicht nur die Medien, die aus Ihnen einen Helden machen wollten. Auch die Republik hat Sie so vereinnahmt, als wären Sie – neben Preisstabilität – ihr ureigenes Produkt.
BECKER Sie wollten mich als Vorbild für die Jugend benutzen. Jeder war damals echt betrunken. Es war vieles falsch, was da lief. Aber ich hatte das auszutragen. Ich mußte mit all den Erwartungen leben. Aber wer war ich? Wo blieb ich? Diese Vereinnahmung war brutal, einfach brutal.
LUIK Gab es Augenblicke, in denen Sie sagten: «Leute, laßt mich allein sein?»
BECKER Sehr oft. Ich habe gesagt: Ich kann nicht mehr. Pause. Schluß. Aus. Geht nach Hause. Die Show ist vorbei. Ich habe mich mit Hut und Sonnenbrille getarnt. Ich wollte Ruhe und eine Pause. Jetzt hieß es: Becker ist arrogant. Becker ist nur auf sich bedacht. Becker hat ein Stargehabe drauf.
LUIK Es gibt ein Stück von Max

Frisch, «Biografie: Ein Spiel.» Ein Mann erhält die Chance, sein Leben auszuradieren, völlig neu anzufangen. Aber in allen wichtigen Punkten entscheidet er genau wie beim erstenmal. Wie ist es bei Ihnen?
BECKER Das hört sich ja interessant an. Das muß ich mal lesen. Also, ich bin nicht so weit, daß ich sagen würde ... obwohl, doch: Ich war, wenn ich ehrlich bin, doch schon so weit, daß ich gesagt habe: Wäre es doch nicht so gekommen, wie es gekommen ist. Die schönsten Augenblicke allerdings, Wimbledon, die würde ich schon gern behalten.
LUIK Sind Sie zufrieden?
BECKER Wenn es eine Glücks-Skala von null bis zehn geben würde, dann würde ich mich bei neun, neuneinhalb ansiedeln. Aber das hört sich doch komisch an: Blickt man zurück mit 22 Jahren? Als ob man schon 50 wäre? Andererseits waren es ja auch tatsächlich unmenschlich lange und harte Jahre für mich: Tennisjahre sind Hundejahre.
LUIK Also: Wie alt sind Sie nun?
BECKER Ich bin vielleicht nicht älter, als ich tatsächlich bin. Sagen wir mal so: Ich habe Sachen gemacht, für die man eigentlich ewig braucht.
LUIK Stellt sich für Sie manchmal die Frage: Was kann das Leben mir eigentlich noch geben?
BECKER Genau diese Frage stelle ich mir sehr oft. Denn man hat ja äußerlich alles: Ich habe Geld. Ich bin berühmt. Ich kann mir alles leisten. Nur, und darauf kommt man erst später und wenn man alles genossen hat: Man hat doch nicht erreicht, um was es im Leben wirklich geht.
LUIK Und das wäre?
BECKER Etwas, was bleibt: Liebe und Freundschaft. Daß man sich selbst treu bleibt. Das ist die Gefahr für die meisten, die alles haben: Sie stellen plötzlich fest, daß es nichts ist. Und die gehen dann oft in Drogen und versuchen so, eine Gänsehaut zu kriegen, weil sie sonst alles haben.
LUIK Haben Sie zuviel erreicht?
BECKER Ich sehe die Gefahr, daß man, wenn man sehr früh viel erreicht und erlebt, an einen Punkt gelangt und depressiv wird. Wo man sagt: Was kommt denn noch?

> „Ich war da, wo man alles hatte, wirklich alles, nur nicht Liebe"

LUIK Gibt es für Sie Dinge, über die Sie sich noch freuen können?
BECKER Ja, über sehr einfache Sachen.
LUIK Zum Beispiel?
BECKER Wenn einer lacht mit mir, zum Beispiel. Oder wenn ich durch einen Supermarkt gehe.

Heute habe ich mir einen Toaster gekauft. Und darüber habe ich mich gefreut.
LUIK Aber dieses Gefühl, das jeder Bundesbürger kennt – den Blick aufs Preisschild und dann die Enttäuschung: das ist mir zu teuer, dieses Gefühl ist Ihnen fremd?
BECKER Ich kenn das überhaupt nicht.
LUIK Was bedeutet Ihnen Geld?
BECKER Geld hat mir noch nie viel bedeutet.
LUIK Ihnen ist wohl klar, daß wir nun lächeln. Eric Jelen, Ihr Doppelpartner, hat mal gesagt: Der Becker spricht wie ein halber Kommunist.
BECKER Stimmt.
LUIK Aber es ist in der Tat einfach zu sagen: Aus Geld mache ich mir nichts, wenn man Millionen im Rücken hat.
BECKER Richtig. Und deswegen ist es für mich eigentlich unmöglich, dazu etwas Glaubhaftes zu sagen. Aber die Sache ist doch die: Es ist immer relativ, was viel Geld ist. Ich kenne Leute, die haben Millionen und sind todunglücklich, wenn sie nicht noch mehr Millionen machen. Sie machen Dinge, die sie nur des Geldes wegen tun. Und da mache ich nicht mit.
LUIK Ein Gedankenspiel: Ich biete Ihnen an, in Las Vegas ein Mixed mit Steffi Graf gegen Lendl/Navratilova zu machen. Eine Million Dollar cash auf die Hand.
BECKER Das reizt mich überhaupt nicht. Genau dieses Angebot gab es im Frühjahr. Ich habe es abgelehnt.
LUIK Warum?
BECKER Weil ich für Geld nicht alles mache. Mir geht es um Sport, nicht um Clownerie. Ich will noch in den Spiegel schauen können.
LUIK Becker ist keine Hure des Geldes?
BECKER Dieses Wissen ist mir sehr wichtig. Ich habe Verträge gemacht und dann bereut, daß ich sie abgeschlossen habe. Ich habe schon oft Verträge gekündigt.
LUIK Zum Beispiel?
BECKER Dazu will ich nichts sagen, weil ich den Firmen nicht schaden will.
LUIK Waren es ethische Gründe?
BECKER Ich muß zu den Produkten stehen können, für die ich werbe. Ich könnte, wenn ich wollte, zehnmal mehr Geld haben. Der Ion wird oft verrückt, wenn ich sage: «Ich kann nicht. Ich kann einfach nicht.» Ich will ich sein – das ist meine «guideline». Ich bin kein Produkt von irgend etwas.
LUIK Einspruch. Ion Tiriac hat mal gesagt: «Ich fand einen Jungen und machte aus ihm einen Champion. Der Boris Becker ist mein Produkt.»
BECKER Das stimmt nicht.
LUIK Stimmt wohl.
BECKER Okay, okay. Der Ion sagt ab und zu auch was Falsches. Aber er weiß, daß er das heute nicht mehr sagen kann. Sagen wir mal so: Ich war ein 17jähriger Junge, als das alles losging. Ich hatte von Tuten und Blasen keine Ahnung, nur vom Aufschlagen. Und plötzlich

war ich das Idol der Nation, der Deutschen, das Vorbild, eine Marktmacht.
LUIK Tolles Gefühl, oder?
BECKER Ich hatte keine Ahnung von Geld. Geld war mir nie wichtig. Und plötzlich sagt zu mir einer: «Du kriegst, wenn du das tust, eine Million Mark.» Wieviel ist das überhaupt: eine Million! Und dann sagten meine Eltern: Das ist ungefähr soviel, wie dein Vater in zehn Jahren verdient. Und alle Erwachsenen sagen: «Das mußt du machen.» Und das glaubst du dann auch – du bist ja noch ein Kind. Dann machst du einen Dreijahresvertrag. Und plötzlich, bevor du anfängst zu denken, bist du an eine Firma gebunden. Plötzlich kommst du aus diesen Verträgen nicht mehr raus. Aber nach zwei Jahren ...
LUIK ... begann Boris Becker zu denken?
BECKER Genau. Ich versuchte, mit dem Kopf etwas zu machen. Ich habe entschieden, mit wem ich was machen wollte.
LUIK Staunen Sie manchmal, wie rasant das alles nach dem ersten Wimbledon-Sieg vor sich ging?
BECKER Ich habe plötzlich die Leute nicht mehr verstanden. Menschen, die einen noch als ganz normal empfunden haben, guckten mich plötzlich an, als ob ich der Messias wär. Da denkt man schon: Sind die denn alle bescheuert?
LUIK Vielleicht kamen Sie einfach in einer Zeit auf die Bühne, die einen strahlenden Helden brauchte?
BECKER Ich sehe das relativ nüchtern: 1985 war der deutsche Fußball schlecht. Auch bei den Olympischen Spielen 1984 lief es für die Deutschen nicht gut. Und dann kam ich: bumm. Auf einen Schlag und mit einem Turniersieg. Die meisten wußten gar nicht, um was es in Wimbledon geht. Aber ein paar haben geschrieben: Er ist der neue Gott im Tennis. Und er ist so jung, lacht so schön – das kam halt gut an. Dann war ich plötzlich das neue Idol.

> „Ich war ein 17jähriger Junge, als alles losging. Und plötzlich war ich das Idol der Nation, das Vorbild, eine Marktmacht"

LUIK Was war das für ein Gefühl?
BECKER Es war beschissen. Ich hab ja noch selber nach Idolen gesucht.
LUIK Ist es nicht verführerisch zu erleben, daß jede Bemerkung, die man macht, von den Medien aufgegriffen und vergrößert wird?
BECKER Man denkt, man ist der Größte.
LUIK Und was kuriert diesen Glauben?
BECKER Da mußt du dich selber runterholen. Ich habe viel nachge-

dacht – dauernd, dauernd. Vor allem '87, als der Erfolg ausblieb. Dann wirst du unglücklich und depressiv. Der Ton in den Zeitungen ändert sich. Plötzlich attackieren sie dich erbarmungslos.

LUIK Sie hatten ja einen Exklusiv-Vertrag mit der Bild-Zeitung, die Sie anderseits oft hart angriff. Warum macht man eigentlich so etwas?

BECKER Den Vertrag habe ich 1986 gemacht, also als ich noch ein Kind war. Ich hatte einfach wenig Ahnung. Ich habe den Vertrag vorzeitig gekündigt. Der Grund, weshalb Sportler mit der Boulevardpresse Verträge abschließen, ist einfach: Man hofft, Einfluß auf die Berichterstattung nehmen zu können. Außerdem gibt's Geld.

LUIK Und warum haben Sie diesen Vertrag gekündigt?

BECKER Ich konnte mich mit der Art und Weise, wie die Geschichten erfinden und auch mit den Methoden, wie sie arbeiten, nicht mehr identifizieren. Als ich ausstieg, verlor ich eine Menge Geld.

LUIK Aber das spielte doch für Sie keine Rolle.

BECKER Nein, überhaupt nicht. Aber anderseits würde ich die meisten befragen wollen, wie sie sich entscheiden, wenn sie soviel Geld angeboten bekommen.

LUIK Der Trainer von Eric Jelen hat neulich gesagt, die Tennisspieler leben wie auf dem Mond. Was kriegen Sie vom tatsächlichen Leben noch mit?

BECKER Man muß tatsächlich sehr aufpassen, daß man nicht glaubt, die Tenniswelt, das Leben zwischen Hotel und Court, wäre die reale Welt. Man muß jeden Tag die Zeitung lesen. Bücher lesen. Mit Leuten reden. Sich unterhalten.

LUIK Aber die Zeitungen sind auch nur eine reproduzierte Wirklichkeit.

BECKER Aber wenn ich fünf Zeitungen – rechte, linke, liberale – lese, dann weiß ich schon, was los ist.

LUIK Ihr Leben unterscheidet sich radikal von Gleichaltrigen: Die gehen mit 18, 19, 20 raus, die gehen zelten und trampen.

BECKER Das habe ich alles sehr vermißt. Ich weiß, daß ich das alles nachholen muß.

> „Ich habe gesagt: Ich kann nicht mehr. Pause. Schluß. Aus. Die Show ist vorbei. Ich habe mich mit Hut und Sonnenbrille getarnt"

LUIK Boris Becker geht zelten?

BECKER Das habe ich neulich gemacht. Ich war jahrelang von allen Freunden abgeschnitten. Das war eine furchtbare Zeit.

LUIK Haben Sie in den letzten Jahren neue Freunde gewonnen?

BECKER Ein paar schon. Aber es

sind keine Tennisspieler. Obwohl ich sagen muß, daß auch Steeb, Jelen, Kühnen beinahe so etwas wie Freunde sind.

LUIK Woher wissen Sie, daß die Leute Sie mögen und nicht den Star Boris Becker?

BECKER An den Augen erkennst du das sehr schnell. Die lügen nicht.

LUIK In einer französischen Zeitung haben Sie neulich erklärt: «Ich möchte frei und unabhängig sein. Aber oft sind die Einflüsse von Managern und Sponsoren zu groß.» Gestatten Sie, daß wir das nicht so ganz ernst nehmen. Sie sind im Griff von Ion Tiriac, dem ausgebufftesten Manager schlechthin.

BECKER Ich seh das so: Ion hat eine undankbare Rolle. Er ist erstens mein Freund. Und zweitens ist er mein Manager. Und manchmal ist er zuerst mein Manager und erst an zweiter Stelle mein Freund. Er wird dafür bezahlt, daß er Angebote ranholt. Aber er darf nicht jedes Angebot akzeptieren. Oft fragt er mich, ob er als Freund oder als Manager antworten soll – schwierig für ihn. Aber auch für mich. Ich möchte frei und unabhängig sein. Am Tennis stören mich viele Sachen, die ich einfach machen muß.

LUIK Es gibt einen schönen Satz von Bruce Springsteen: «Ich bin ein Gefangener des Rock 'n' Roll.» Sind Sie ein Gefangener des Tennis?

BECKER Im Moment auf jeden Fall – obwohl das Spiel mir Spaß macht. Aber das ganze Drumherum macht einen zum Gefangenen.

LUIK Gibt es manchmal Augenblikke, in denen Sie Ihren Schläger wegwerfen wollen?

BECKER Augenblicke des Frusts gibt es natürlich immer wieder. Aber ich würde nie daran denken, meinen Tennisschläger wegzuwerfen.

LUIK Warum nicht?

BECKER Er ist mein Freund …

LUIK … aber Sie haben ihn schon zertrümmert.

BECKER Ja, aber dann hat es mir auch unendlich leid getan.

LUIK An wie vielen Tagen im Jahr haben Sie den Schläger in der Hand?

BECKER An längst nicht so vielen wie der Lendl. Ich habe ihn jetzt vier Tage nicht gesehen. Gesehen schon, ihn in der Hand gehabt – aber nicht mit ihm gespielt.

LUIK Aber nach vier Tagen haben Sie das Gefühl: Jetzt ist es wieder Zeit?

BECKER Zum Spielen habe ich eigentlich immer Lust. Mir macht es sogar noch mehr Spaß als am Anfang, weil ich jetzt weiß, warum ich es mache.

LUIK Und warum?

BECKER Weil es mir Spaß macht.

LUIK Ist es ein Spaß, der auf ein Ziel gerichtet ist?

BECKER Nein, mir macht es einfach Spaß. Der Tennisschläger hat mich zu dem gemacht, was ich bin, was ich denke. Er ist mein Freund.

LUIK Beim Turnier in Bercy/Paris wurden Sie im Programmheft als

der «perfekteste Tennisspieler in der Geschichte des Tennis» vorgestellt. Wenn diese Einschätzung stimmt, wäre es dann nicht Zeit aufzuhören?
BECKER Der Perfekteste – das ist relativ. Ich weiß nicht, wie Laver oder McEnroe in ihrer besten Zeit gespielt haben. Für mich selber bin ich knapp am Limit meines Könnens, aber noch nicht dran.
LUIK 1988 haben Sie gesagt, daß Sie in zwei Jahren der beste Becker sein werden. Werden Sie also 1990 die Nummer eins sein?
BECKER Was heißt die Nummer eins? Nummer eins kann auch die Nummer achtzig sein, wenn der Betreffende das Maximum aus sich herausgeholt hat. Und was mich angeht: Ich war schon 1989 die Nummer eins.
LUIK Wie bitte?
BECKER Ja, und nächstes Jahr werde ich es noch überzeugender sein, hoffe ich.
LUIK Was können Sie noch außer New York und Wimbledon gewinnen?
BECKER Paris – das ist mein Traum.
LUIK Machen Sie mal eine Hitliste: Welche Siege sind Ihnen am wichtigsten?
BECKER Wimbledon – keine Frage. Und dann kommen Paris und die U.S. Open, wobei Paris ein kleines bißchen wichtiger ist für mich.
LUIK Warum?
BECKER Ich glaube, das hat damit zu tun, daß ich in Europa aufgewachsen bin.
LUIK Ist nicht New York schon der unfreundlichen Bedingungen wegen ungleich härter?
BECKER Vielleicht haben Sie recht. Aber für mich, spielerisch, als Einmeterneunzig-Mann mit 85 Kilo, ist es schwieriger, auf Sand zu spielen als auf dem Hartplatz.
LUIK Und wie ist es von der Atmosphäre, der Stimmung her?
BECKER Paris ist so eine Sache. Früher haben die mich immer ausgepfiffen, weil ich der Teutone war, der deutsche Panzer. In den letzten zwei Jahren haben sie mich unterstützt, das hat mich sehr gefreut. In Flushing Meadow war ich schon immer ein Liebling.
LUIK Hängt die Stimmung des Publikums auch von Ihren Gegnern ab?
BECKER Klar. Ich habe es noch nie erlebt, daß ich bei Spielen gegen Lendl nicht unterstützt wurde.
LUIK Das Publikum mag Lendl nicht?
BECKER Es ist hart für ihn. Er lebt in New York und wird dort ausgepfiffen.
LUIK Wie erklären Sie sich das?
BECKER Er ist halt sehr, sehr auf sich ausgerichtet. Sehr egoistisch.
LUIK Wie drückt sich das auf dem Platz aus?
BECKER In seiner ganzen Körpersprache. Er ist immer defensiv und signalisiert stets: «Laßt mich ja in Ruhe!» Und dann wird er unfair. Das merkt das Publikum.
LUIK Die Nummer eins, die nicht geliebt wird?
BECKER Das ist furchtbar für ihn, glaube ich. Stellen Sie sich das

mal vor: Du bist seit Jahren die Nummer eins, zwei oder drei, und niemand kann dich leiden.

LUIK Wie kommen Sie mit ihm aus?

BECKER Ich kann ihn schon leiden. Wenn du ihn auf Turnieren erlebst, ist er furchtbar. Aber privat ist er okay. Er ist einfach viel zu verbissen.

LUIK Muß man nicht fanatisch sein, um sich da oben zu halten?

BECKER Ja, aber man darf nicht vergessen, daß man es mit Menschen zu tun hat.

LUIK Die entscheidenden Matches verliert er immer – warum?

BECKER Gegen Connors, gegen McEnroe und auch gegen mich hat er die entscheidenden Matches verloren. Erklärung: Er glaubt, alles ist trainierbar, erkennt aber nicht, daß die wichtigen Spiele sich im Kopf entscheiden. Wenn er das mal mitkriegt, dann ist er wirklich gut.

LUIK Bei ihm fehlt's im Kopf?

BECKER Auf dem Platz auf jeden Fall. Er glaubt, daß durch Laufen und richtiges Essen alles machbar ist. Er spielt nicht Tennis, er arbeitet Tennis.

LUIK Was macht einen Tennisspieler zum Topman?

BECKER Man muß «gifted» sein, man braucht eine Veranlagung: Man muß in irgendwas besser sein. Das kann das Laufen sein, der Aufschlag, das Gefühl für den Ball oder so. Wenn man «gifted» ist, dann ist man schon sehr weit. Dann kommt hinzu, was für einen Kopf du hast. Wie hart du sein kannst. Was du tust, um Außergewöhnliches zu erreichen.

LUIK Wie viele unter den Top ten haben das Zeug zum Champion?

BECKER Es gibt ein paar Spieler unter den Top ten, die sind schon die Nummer eins, ohne jemals Champion zu werden.

LUIK Mečiř, zum Beispiel?

BECKER Nein, der könnte viel höher sein. Mečiř hat unglaublich viel Ballgefühl.

LUIK Wenn er wie Lendl rackert, bleibt dann nicht seine Genialität auf der Strecke?

BECKER Es würde ja reichen, wenn er halb soviel arbeiten würde. Er arbeitet aber nicht mal ein Drittel soviel.

LUIK Er will halt ein gutes Leben haben, Devise: Take it easy, have fun.

BECKER Ja, das ist ja auch okay. Aber rein sportlich gesehen, kommt er so auf keinen grünen Zweig.

LUIK Wer hat seine Leistungsgrenzen erreicht?

BECKER Der Tim Mayotte ist World Champion. Der kann nichts. Von der Grundlinie spielt er fürchterlich. Aber nur mit Aufschlag und Volley und Training hat er es zur festen Nummer zehn geschafft – ohne jedes Talent.

LUIK Ein Tennis-Roboter?

BECKER Er hat längst nicht das Talent eines Mečiř, und der steht auf Rang 30.

LUIK Und wie sieht es mit Noah aus?

BECKER Noah ist auch eine Nummer eins. Der Yannick ist ein Bewegungstalent. Nur: Das hat nichts mit Tennis zu tun. Wenn der Noah weiß wäre und kurze Haare hätte, wäre er die Nummer 50.

LUIK Der schwarze Mann bringt die Weißen zum Zittern?

BECKER Vielleicht. Er kann gut aufschlagen, aber das ist auch alles. Keiner unter den ersten 100 macht so schlechte Grundschläge wie er.

LUIK Er ist also besser, als er ist?

BECKER Ja. Kaum ein Spieler hat eine so erbärmliche Vorhand wie er. Aber er muß sie kaum einsetzen, weil er ständig am Netz ist. Er holt aus seinen minimalen Mitteln das Optimale heraus.

LUIK Und Sie? Wenn Sie Ihre Möglichkeiten voll ausschöpfen, dann hieße das: Nummer eins der Weltrangliste?

BECKER Ja.

LUIK Wäre es ein Frust für Sie, wenn Sie nun – verletzungsbedingt – als die Nummer zwei abtreten müßten?

BECKER Zum Glück bin ich ja dieses Jahr, wie schon gesagt, die Nummer eins. Das macht mich froh.

LUIK Sie sind schon der Champion?

BECKER Ich bin es zwar nicht auf der Weltrangliste, aber ich bin gewählt von den Spielern.

LUIK Ein gutes Gefühl?

BECKER Ja sicher, das sind ja die Gegner, die mich als die Nummer eins sehen.

LUIK Wo können Sie sich noch verbessern?

BECKER Nur im Kopf. «Nur» sagt man halt so – aber es ist das A und O im Tennis.

LUIK Thomas Muster sagt, Sie verlieren unnötig häufig gegen schwächere Spieler, weil Sie sich nicht richtig motivieren können.

BECKER Ich kann mich sehr gut motivieren – gegen die Besten. Ich hab mit Abstand die besten Ergebnisse gegen die Top ten.

LUIK Aber Sie verlieren gegen die Nummer 65!

BECKER Das ist nicht so schlimm. Ich hoffe halt immer, daß ich durch die ersten Runden komme.

LUIK Also hat Muster recht: Bei Ihnen stimmt's im Kopf nicht!

BECKER Falsch. Mein Problem ist, daß ich gegen die Nummer 100 anders herangehe als gegen die Nummer eins.

LUIK Fehlt Ihnen da der Killerinstinkt?

BECKER Genau. Ich bin halt nicht brutal genug. Einem Thomas Muster macht es Spaß, einen Gegner 6:0, 6:0 zu verbraten. Mir nicht. Mir langt 6:4, 6:4. Ich mag Kämpfe, wo's knapp hergeht. Ich mag es nicht, wenn ein Gegner so fertiggemacht, abserviert wird. Lendl gefällt das übrigens auch, mir nicht.

LUIK Edel, edel ...

BECKER Meine Gegner sind für mich erst mal Menschen und nicht Gegner oder gar Feinde. Ich mag es einfach nicht, wenn jemand so fertiggemacht wird. Bei 6:0, 6:0 ist man fertig. Da hat man das Fell über die Ohren gezogen gekriegt und ist fertig. Das ist entwürdigend.

LUIK Aber Sie laugen sich ja aus, wenn ein Spiel drei Stunden statt einer Stunde dauert.

BECKER Das ist nicht so wichtig. Beispiel Paris: Da war ich schon Samstag mittag körperlich am Ende, aber geistig absolut auf der Höhe. Das war auch der Grund, weshalb ich gegen McEnroe relativ locker gewonnen habe.

> **„Ich bin nicht brutal genug. Ich mag Kämpfe, wo's knapp hergeht. 6:0, 6:0 – da ist man fertig. Das ist entwürdigend"**

LUIK Psychologen behaupten schon immer: Wettkämpfe werden im Kopf gewonnen. Stimmt das?

BECKER Ich würde sagen, es ist zu 95 Prozent eine Sache des Kopfes. Der Unterschied zwischen Nummer 100 und der Nummer eins ist sehr gering. Der Unterschied entscheidet sich im Kopf.

LUIK Kopf bedeutet Konzentration?

BECKER Genau.

LUIK Wenn die Kamera vor dem entscheidenden Aufschlag Ihr Gesicht einfängt, fröstelt's mich manchmal: Ihre Augen scheinen aus der Höhle zu springen, und ich denke: Wenn Blicke töten könnten, dann wär's mit Ihrem Gegner vorbei.

BECKER Ich gucke gar nicht auf den Gegner. Ich schau nur auf das Aufschlagfeld. Ich gucke zwar, aber ich sehe es nicht mal direkt. Ich versuche, mich wegzubeamen, das heißt: von der Wichtigkeit des Moments wegzukommen – sonst würde ich nur nervös.

LUIK Wenn der Ball hochfliegt zum Aufschlag, dann wissen Sie exakt, wo Sie hinschlagen wollen?

BECKER Ja, aber da bin ich mit dem Kopf schon woanders.

LUIK In diesem Augenblick könnte Sie auch kein Zuschauer mehr irritieren?

BECKER Unmöglich. Da bin ich schon in «outer space».

LUIK Wann könnten die Zuschauer Sie durch Zwischenrufe aus dem Konzept bringen?

BECKER Direkt nach einem Punktverlust. Wenn die da toben, dann ist es schlecht. Deshalb braucht man da Zeit, und deswegen blicken dann alle ins Handtuch.

LUIK Wie signalisieren Sie dem Gegner: Du hast zwar einen Punkt gemacht, aber ich hab dich im Griff?

BECKER Wir schauspielern. Ich versuche, den Gegner nicht aus den Augen zu lassen. Es ist wie im Zirkus, wo der Dompteur die Löwen nie aus den Augen läßt und versucht, die Tiere durch Blickkontakt, genauer: Geisteskontakt, zu beherrschen.

LUIK Sie kommen bei Turnieren auffallend langsam in die Gänge.
BECKER Es ist einfach schwierig, immer im fünften Gang zu fahren. Besonders bei meiner Spielweise. Der Lendl ist schneller drauf, aber kann dann nicht höher. Ich kann immer noch ein Stückchen höher, wenn wirkliche Not am Mann ist.
LUIK Macht es für Sie am Abend zuvor einen Unterschied, ob Sie gegen Lendl oder Masur spielen?
BECKER Bei Lendl bin ich schon einen Tag vorher im Match. Bei Masur bin ich erst fünf Minuten vorher beim Spiel.
LUIK Gibt es für Sie einen richtigen Angstgegner, bei dem Sie denken: Shit, warum muß der gegen mich spielen?
BECKER Mit Brad Gilbert war das so. Aber jetzt ist es mit der Gilbert-Psychose vorbei. Ich hatte halt einige Male gegen ihn verloren.
LUIK Bei so einer Pechsträhne kommen gern die Psychologen und sagen: So mußt du es machen.
BECKER Ich habe noch nie mit Psychologen gearbeitet. Ich habe mich immer auf mich selbst verlassen, auf mein Inneres gehört.
LUIK Der einsame Wolf?
BECKER Es gibt Dinge, die kannst du nur selber lösen, da kann dir keiner helfen.
LUIK Muß man aus einem bestimmten Holz sein, um dort oben zu bestehen?
BECKER Ich glaube, daß man anders sein muß als die Norm.

LUIK Nietzsches Übermensch läßt grüßen?
BECKER Nee, ich glaube einfach, daß man in der Kindheit sehr geprägt wird. Daß man sich da viele Narben holt und Charakterzüge und Stärken und Schwächen aneignet. Die lebt man dann aus, wenn man älter wird.

> „Ich krieg das einfach nicht fertig, die Gegner niederzumachen wie der Lendl, der damit keine Probleme hat"

LUIK Was sind das für Narben?
BECKER Ich kann jetzt nicht sehr, sehr private Sachen sagen. Aber soviel: Ich war schon immer ein Außenseiter. Meine einzige Möglichkeit, mit anderen Jungen zusammenzusein, von ihnen akzeptiert zu werden, war mein Sport: daß ich mindestens so gut war wie die anderen.
LUIK Über Sport wollten Sie Liebe und Freundschaft erringen?
BECKER Ja.
LUIK Wäre es da nicht sinnvoller gewesen, Fußball zu spielen? Da hat man ja zehn Leute um sich herum.
BECKER Ich war halt im Tennis immer ein bißchen besser. Und Tennis hat noch einen Vorteil – da

kann man sagen: Das Spiel hab ich gewonnen. Im Fußball ist man immer abhängig von anderen.

LUIK Siegen war für Sie immer wichtig?

BECKER Ja, ja. Da habe ich mir Selbstbestätigung geholt. Und so hat sich dieser Charakterzug entwickelt, daß ich schon immer ein bißchen härter war gegen mich.

LUIK Sie wollen gewinnen, aber Sie wollen auch von denen, die Sie besiegen, akzeptiert werden?

BECKER Ja, das stimmt. Ich bin eigentlich kein Einzelsportler wie die meisten anderen Tennisspieler. Ich spiele sehr gern im Team. Deswegen ist der Davis-Cup so toll, so ungeheuer interessant für mich.

LUIK Was ist das Besondere daran?

BECKER Daß man die Freude teilen kann.

LUIK Hängt diese Faszination Davis-Cup auch damit zusammen, daß Sie als quasi heimatloser Geselle elf Monate lang durch die Welt reisen und nun für Deutschland spielen können?

BECKER Das hat nie so eine große Rolle gespielt.

LUIK Aber so haben Sie es mal formuliert.

BECKER Ja, ich habe schon viel gesagt, aber ich habe mich geändert. Okay: Es ist toll, wenn man in einem Stadion spielt und dann sind die 10 000 wirklich für das Team, stehen dahinter und klatschen.

LUIK Und es wird auch die Nationalhymne gespielt. Und alles ist so feierlich.

BECKER Ja, das ist wichtig. Die Hymne hat eine kaum zu beschreibende Funktion. Man glaubt nicht, was da mit einem passiert. Es läuft dir irgendwie kalt den Rücken runter. Ich weiß nicht, was das ist. Wenn die Nationalhymne abends im ZDF oder der ARD gespielt wird, finde ich es immer ziemlich peinlich. Aber wenn sie im Stadion gespielt wird, und du bist auf dem Platz, und alle stehen auf und sind ruhig, dann hat das eine unheimliche Macht, und jeder kriegt eine Gänsehaut. Als Spieler kannst du die ersten Schläge glatt vergessen, die Knie zittern dir. Es ist eine tolle Stimmung, und irgendwie repräsentiert das dann Deutschland.

LUIK Sie sind stolz, ein Deutscher zu sein?

BECKER Völlig falsch. Das wäre die Ansichtsweise der Rechten. Aber nein. Um so etwas geht es gar nicht. Es ist einfach ein unglaubliches Gefühl, das ...

LUIK ... nichts mit Nationalstolz zu tun hat?

BECKER Überhaupt nicht. Es hat nicht mal etwas mit Heimat zu tun. Leimen ist mein «home». Das Reden von Deutschland – was bringt's? Was soll's.

LUIK Das ist ein bißchen überraschend. Am Anfang Ihrer Karriere wurden Sie als das deutsche Marken-Produkt vereinnahmt. Von der Regierung wurden Sie als das Idealbild einer konservativ geprägten Jugend präsentiert. Und nun gehen Sie auf Distanz zur Nation?

BECKER Ich mag es generell nicht, wenn mich jemand vereinnahmen will – ich will ich sein.

LUIK Sie spielen für Boris Becker, nicht für Deutschland?

BECKER Es ist doch ein Zufall, daß ich Deutscher bin. Wäre ich Italiener, würde ich halt für Italien spielen. Ich fühle mich als Kosmopolit. Jedes nationalistische Hochgefühl hat nichts mit mir zu tun.

„Die Hymne hat eine kaum zu beschreibende Funktion"

LUIK Sie waren neulich in der DDR ...

BECKER ... das war ergreifend. Vor dem Haus, in dem ich wohnte, haben sie in Autos geschlafen. Das war unglaublich.

LUIK Sie haben ja intensiv mit den Leuten geredet. Hatten Sie das Gefühl, daß Wiedervereinigung in der DDR ein Thema ist?

BECKER Das war nie ein Thema. Vielleicht ist es irgendwann in den nächsten Jahren mal ein Thema, aber im Augenblick haben die Leute andere Probleme. Dieses ganze Palaver finde ich völlig für die Katz. Es geht jetzt einfach darum, daß sie gute Lebensbedingungen bekommen, daß sie einfach, wie ich mal sagen möchte: sein können. Wiedervereinigung ist im Augenblick nicht das Thema.

LUIK Sport, heißt es, ist völkerverbindend. Würden Sie mal gerne in der DDR einen Schaukampf bestreiten?

BECKER Natürlich. Ich habe es schon oft probiert. Ich würde gern eine ganze DDR-Tour machen. Und ich weiß, die Leute wollen das.

LUIK Ion Tiriac schafft ja so ziemlich alles. Warum kriegt er einen Schaukampf nicht hin?

BECKER Er hat mich heute morgen danach gefragt. Vielleicht wäre etwas zu Weihnachten machbar. Aber darüber muß ich noch nachdenken. Ich will nicht als Weihnachtsgeschenk da drüben ankommen. Wer bin ich denn? Ich kleiner Fisch als Weihnachtspräsent? Jetzt ist das alles noch zu sehr «in».

LUIK Wie würden Sie es denn gern machen?

BECKER Ich würde gern rübergehen, wenn der Medienrummel sich ein bißchen gelegt hat. In zehn verschiedenen Städten, ohne Eintritt, ohne Geld – das alles wäre kein Thema. Irgendwann nächstes Jahr – das wäre toll.

LUIK Hätten Sie es noch vor einigen Wochen für möglich gehalten, daß Hamburg von Trabbis zugeparkt sein würde? Daß Geschichte sich so rasant entwickelt?

BECKER Ist es nicht ein Witz, wie Geschichte gemacht wird? Da sagt ein Typ: «Okay, wir machen das jetzt so.» Und dann verändert das für Millionen das Leben. Und ist es nicht auch ein Witz, wie Tennisgeschichte geschrieben wird? Wie Leute berühmt werden? Oft durch eine falsche Schiedsrichterentscheidung oder weil der Gegner an diesem Tag schlecht drauf war. Echt komisch, daß die Geschichte durch Zufälligkeiten gemacht wird.

LUIK Aber in der DDR haben die Leute für diese Veränderungen demonstriert.

BECKER Sie haben recht. Es sind nicht nur Zufälligkeiten. Sie haben es geschafft durch Demonstrationen, dauernden Kampf und Willen – und das gibt ihnen, da bin ich sicher, ein tolles Gefühl. So was Ähnliches erlebe ich auch im Tennis: Es ist ein unglaubliches Gefühl, was man durch seinen Willen alles erreichen kann.

LUIK Wie viele Monate können Sie es sich erlauben, Ihren Willen zu beurlauben und aus dem Tennis-Circuit auszusteigen?

BECKER Sieben Wochen sind das Maximum. Wenn ich länger pausieren müßte, hätte ich Schwierigkeiten, den Anschluß an die Spitze zu kriegen. Das ist das Brutalste in meinem Leben: Daß ich nicht sagen kann: «Okay, jetzt steige ich mal für zwei Monate aus, ihr könnt mich mal.» Das geht nicht.

LUIK Haben Sie oft Angst vor Verletzungen?

BECKER Nein, überhaupt nicht.

LUIK Sechs Wochen haben Sie dieses Jahr bei Ihrem Arzt verbracht.

BECKER Mindestens sechs Wochen. Es gab keinen Turniersieg, bei dem ich wirklich verletzungsfrei war. Es gab kein Turnier, das ich ohne Schmerzen durchgestanden habe. Ich mußte Tabletten schlucken, mich mit Eis und Bandagen behandeln. Kaum jemand weiß von diesen Problemen.

LUIK Die Tennisspieler organisieren die ATP (Association of Tennis Professionals)-Tour. Warum machen die so viele Veranstaltungen, die ihre Körper verschleißen?

BECKER Das ist ein Fehler, ganz klar. Das ist einfach viel zuviel. Die Interessen der Top-Spieler werden dabei nicht berücksichtigt. Nur auf die Spieler von Rang sieben bis 100 wird Rücksicht genommen. Die können leicht die 16 Turniere spielen, denn die kommen dann auf 30 Matches.

LUIK Und Sie?

> „Es gab kein Turnier, das ich ohne Schmerzen durchgestanden habe. Kaum jemand weiß etwas davon"

BECKER Ich komme auf 70 Matches. Das geht auf die Knochen.

LUIK Muß ich Mitleid haben? Sie bestreiten ja noch etliche Schaukämpfe.

BECKER Ich spiele mit Abstand die wenigsten Show-Turniere. Und ich spiele sie nur in Vorbereitung auf die Turniere.

LUIK Bud Collins, einer der besten Kenner der Tennis-Szene, meint, daß das Tennis kaputtgeht, wenn die Spieler es nicht schaffen, ihre Saison auf neun Monate zu beschränken.

BECKER Er hat recht. Meine Forderung: Nach den U.S. Open muß die Saison vorbei sein. Und dann soll es erst im Dezember wieder losgehen. Im Grunde interessiert es doch keine Sau, wer in Bercy ...

LUIK ... dem bestdotierten Indoor-Turnier ...

BECKER ... oder in Stockholm oder Barcelona gewinnt. Das ist eigentlich für die Katz. Man muß sehen, daß die vier Grand-Slam-Turniere das Wichtigste im Tennis sind. Darum dreht sich alles. Melbourne sollte nicht im Januar, sondern im Februar sein. Zur Vorbereitung zwei Turniere in Australien. Dann die Sandsaison, Paris im Mai; davor zwei Turniere auf Sand. Dann Wimbledon und vorher ein, zwei Rasenturniere. Danach U.S. Open mit zwei Hartplatz-Turnieren. Sense. Finito.

LUIK Nun kommt aber die ITF (International Tennis Federation) und sagt: Wir machen einen Grand-Slam-Cup in Frankfurt.

BECKER Das ist ganz schlecht.

LUIK McEnroe sagte dazu: «Es ist zum Kotzen.» Warum echauffiert ihr euch so?

BECKER Er drückt sich halt immer ein bißchen besser aus, als man sollte. Lendl sieht es ganz anders. Er spielt, um Geld zu verdienen und hat auch gefragt, warum wir dagegen sind.

LUIK Gute Frage.

BECKER Der Cup wird aus mehreren Gründen gemacht. Erst mal, das hat auch Philip Chartrier, der Boss der ITF, ganz deutlich gesagt, einfach um zu beweisen, wer der Chef im Tennis ist. Ihn nervt es, daß um die ATP-Tour, die erstmals von den Spielern organisiert worden ist, soviel Lärm gemacht wurde.

LUIK Konkret: Warum sind Sie so vehement gegen den Cup in Frankfurt?

BECKER Es ist schlecht fürs Tennis. Das sind Ego-Trips von den Chiefs, die zeigen wollen, wer die Macht hat. Dann diese Höhe des Preisgelds, zwei Millionen, das schadet dem Tennis. Die schmeißen mit dem Geld nur so um sich.

LUIK Das ist doch toll für die Spieler!

BECKER Lendl spielt ja auch. Er findet das ja auch geil, daß er in einer Woche zwei Millionen Dollar verdienen kann. Was ja für Spieler im Normalfall auch okay ist. Sie spielen, um Geld zu verdienen. Die meisten Spieler müssen in acht, neun Jahren das verdienen, was ein Normalbürger in 30 Jahren verdient. Und wenn jetzt irgendein Idiot so ein Turnier veranstaltet, dann müssen die mitspielen. Nur die Spieler, die nicht mehr so abhängig sind vom

Geld und eigentlich die Geschichte im Tennis bewegen könnten, das heißt: wie Tennis in der Öffentlichkeit dasteht, die dürfen da nicht spielen. Und dazu gehören Lendl, McEnroe und ich.

LUIK Aber was ist denn nun das Schlechte an diesem Cup?

BECKER Er bringt das Tennis in Verruf.

LUIK Wieso?

BECKER Dieser Cup ist ein Retortenprodukt. Er hat nichts mit der Vergangenheit und auch nichts mit der Zukunft des Tennis zu tun. Da wird schamlos versucht, beim momentanen Tennisboom abzusahnen. Es kann ja nicht nur Turniere geben, bei denen es um nichts anderes als ums Geld geht. Ich will nicht zum Clown werden, der hin- und hergeschoben wird, weil jemand mit Geld winkt. Die würden mich jetzt auch gern im Kaufhaus sehen, Autogrammstunden gebend. Es geht um mehr.

LUIK Um das Wesen des Tennis?

BECKER Es geht um Turniere, die mit der Geschichte des Tennis verbunden sind.

LUIK Wenn Sie das Sagen im Tennis hätten, was würden Sie verändern?

BECKER Wir haben jetzt zwar einen Tennis-Boom in Europa, die Häuser sind voll, aber man muß aufpassen, daß man nicht zuviel will und die Leute übersättigt. Es ist nicht gut, wenn jede Woche, jeden Tag im Fernsehen Tennis kommt. Jeder Tag ein Orgasmus, das bringt's nicht.

LUIK Ein anderes Thema: Gibt es politische Dinge, von denen Sie sagen könnten: Dafür trete ich öffentlich ein?

BECKER Ich mache einiges. Ich habe für Greenpeace und andere Sachen sehr viel gespendet. Aber ich hänge das nicht an die große Glocke. Mir ist klar, daß ich mit meinem Namen etwas machen könnte, aber ich muß das genau überlegen. Ich würde mich gerne mehr engagieren.

LUIK Wofür zum Beispiel?

BECKER Greenpeace ist eine Möglichkeit. Aber ich finde generell, daß es mit der Anschauung der Menschen nicht stimmt.

LUIK Inwiefern?

BECKER In unserer kapitalistisch westlichen Welt dominieren die völlig falschen Werte, und das ist, finde ich, das Hauptproblem. Da hoffe ich, irgendwann mal, etwas tun zu können.

LUIK Da habe ich schon wieder Ihren Partner Eric Jelen im Ohr, der sagt: «Er spricht wie ein halber Kommunist, aber das ist einfach mit soviel Geld im Rücken.»

BECKER Okay. Gegen diesen Vorwurf kann ich mich schlecht wehren. Geld ist wichtig, wenn man Hunger leidet. Aber in unserer Gesellschaft gibt es soviel Geld, da dürfte niemand hungern, niemand ohne eine Wohnung sein. Das ist doch schizophren, daß es so was gibt. Was ich mit den falschen Werten meine, ist einfach, daß jeder guckt, daß er ein bißchen mehr als sein Nachbar hat. Daß Geld einfach das

Hauptziel in unserer Gesellschaft ist – das goldene Kalb, um das alle tanzen.
LUIK Wie sieht die bessere Becker-Welt aus?
BECKER Ich kann die Welt nicht verändern. Aber ich kann meine Welt ändern. Und vielleicht ändere ich noch zwei, drei andere Leute, und das ist schon ein Erfolg. Es wird immer Leute geben, die sagen: Der hat's ja, der hat gut reden. Aber ich habe in meinem Leben gemerkt, daß viele arme Leute unabhängiger sind als reiche.
LUIK Das ist das uralte Klischee: arm, aber glücklich.
BECKER Nein, nein. Ich weiß schon, daß Reiche sehr wohl glücklich sein können. Ich verstehe auch, daß Geld sehr wichtig ist, wenn man arm ist. Aber bei dem Rangeln ums Geld bleibt bei uns zu oft das Glück auf der Strecke.
LUIK Wissen Sie, was die Bundesbürger im Durchschnitt verdienen?
BECKER Ich glaube 2500 Mark.
LUIK Es sind – die neuesten Zahlen – brutto 3372 Mark im Monat. Gibt es Ihnen manchmal ein schlechtes Gewissen, wenn Sie an die Diskrepanz denken zwischen Ihrem Einkommen und dem Ihrer Fans?
BECKER Es ist ein Witz, was sie mir bezahlen. Aber bin ich deswegen überbezahlt? Die Firma Fila hat, seitdem ich für sie werbe, einen Umsatz wie noch nie. Ich werde also marktgerecht bezahlt. Aber das, und das ist ja das Schizophrene, ändert nichts an der Tatsache, daß ich dennoch zuviel verdiene. Das ist ein Witz, wenn ich bedenke, was ich dafür leiste: Einen Tennisball rüberzuschukkeln übers Netz. Mal ein As mehr zu schlagen als jemand anders. Also, das habe ich noch nie verstanden. Noch so ein Witz: Was ich für einen Schaukampf bekomme! Die Leute kommen, sie zahlen, und die Sponsoren haben mehr Umsätze. Und da sage ich: Wenn's keinem schadet, mir schadet es auch nicht – also nehme ich das Geld.

> „Es ist ein Witz, was sie mir zahlen. Ich verdiene zuviel. Aber bin ich überbezahlt?"

LUIK Sie staunen, wie das Spiel funktioniert?
BECKER Ja, immer wieder. Denn die Leute sehen in mir oft, was ich gar nicht bin. Oder was ich auch gar nicht sein kann. Denken die vielleicht, ich bringe über den Fernseher das Glück in ihr Haus? Und wenn ich gewinne, dann – denken sie – gewinne ich ja für Deutschland, und jeder gewinnt ja gern, und wir sind ja alle Deutsche, und dann laßt uns mal alle uns freuen. Daß man mich

braucht, um sich selbst zu erfreuen – da ist doch was falsch.

LUIK Sehen Sie, wie Kritiker des Sports immer wieder sagen, die Gefahr, daß in einer Welt, deren Probleme immer bedrohender werden, Tennis zu einer Art Droge wird, um sich abzulenken?

BECKER Das ist ein interessanter Gedanke. Ich weiß nur, daß Sport im Augenblick unglaublich «in» ist, und da liegt der Gedanke natürlich nahe, daß er eine Ablenkung ist. Man geht auf den Sportplatz und amüsiert sich, das ist okay. Aber daß Sport und dieser Kult um Sportler solche Dimensionen annimmt, da denke ich manchmal schon: Irgendwas stimmt da nicht. Die Wertung, was bei uns als wichtig betrachtet wird, die ist falsch. Daß einer Wimbledon gewinnt, das ist toll, aber da muß man doch nicht so darauf reagieren, wie es bei mir der Fall war.

LUIK Jeder sonnt sich halt gerne im Glanz erfolgreicher Athleten.

BECKER Ja, klar – aber das ist doch beschissen. Aber irgendwie ist das doch auch nur menschlich. Menschen werden verleitet, Menschen machen Fehler.

LUIK Würden Sie eigentlich heute – wenn Sie vor der Entscheidung stünden – zur Bundeswehr gehen?

BECKER Ich sehe wirklich nicht den Grund für die Bundeswehr. Für die Polizei – okay. Aber Bundeswehr – was soll das? Warum soll man zur Bundeswehr? Ich würde kein Gewehr in die Hand nehmen.

LUIK Also würden Sie Zivildienst leisten?

BECKER Viel lieber. Was soll ich mit dem Gewehr?

LUIK Haben Sie mitgekriegt, daß neulich ein Arzt verurteilt werden sollte, weil er gesagt hatte, «Soldaten sind potentielle Mörder»?

BECKER Ja. Es ist ein bißchen hart, was er gesagt hat, aber nicht ganz falsch.

„Ich sehe wirklich nicht den Grund für die Bundeswehr. Ich würde kein Gewehr in die Hand nehmen"

LUIK Sie haben ja schon ziemlich viele Politiker getroffen. Wer hat Ihnen am meisten imponiert?

BECKER Der Weizsäcker. Der erfaßt immer ganz genau, um was es geht. Das ist sensationell. Er ist 'ne andere Kategorie als Bush und Reagan. Für mich die Number one. Ich find ihn imponierend.

LUIK Sagt Ihnen der Name J. C. S. Rendall etwas?

BECKER Nein.

LUIK Das war ein Spieler, der 1923 sein Preisgeld, das er in Menton/Frankreich gewann, mit seinen Konkurrenten brüderlich teilte. Es waren zwar nur 400 Dollar, aber immerhin. Klingt das für Sie völlig absurd?

BECKER Aber genau das machen wir ja. Dafür habe ich immer plädiert, weil wir Topspieler so unmenschlich viel Geld verdienen. Ab 1990 wird es für die Spieler ab Rang zehn bis 100 mehr Geld geben. Beispiel Stockholm: Dieses Jahr gab es dort für den Sieger 200 000 Dollar. Nächstes Jahr, obwohl mehr Geld im Topf ist, wird der Gewinner nur 125 000 Dollar bekommen, und die übrigen kriegen mehr.

LUIK Eine Nachrichtenagentur hat Ihren Jahresverdienst mit 15 Millionen Mark veranschlagt.

BECKER Ich mag nicht darüber reden, wieviel ich im Jahr verdiene, es ist klar: Ich verdiene mehr als genug. Aber Geld war für mich nie und wird hoffentlich nie das Wichtigste in meinem Leben sein. Ich komme aus einer Familie, die immer genug zu essen hatte. Wir waren einmal pro Jahr im Urlaub, und wenn mein Vater ein paar Häuser mehr gebaut hatte, sogar zweimal im Jahr. Ich habe in meinem ersten Profijahr Wimbledon gewonnen und hatte somit immer mehr Geld, als ich ausgeben konnte. Für die meisten Tennisspieler ist es ganz anders: Sie spielen wegen des Geldes, ich spiele, weil es mir Spaß macht und nur, weil es mir Spaß macht.

LUIK Haben Sie eine Vorstellung davon, wieviel Geld Sie haben?

BECKER Ja.

LUIK Wie legen Sie es an?

BECKER Ich habe Berater, ich habe meine Eltern. Wir legen es in Wohnungen, Grundstücken und noch ein paar anderen Sachen an.

LUIK Beispielsweise in dem Haus, das Sie in Kalifornien gebaut haben?

BECKER Nein, das habe ich geschenkt bekommen.

LUIK Wie bitte?

BECKER Das ist ja auch wieder das Schizophrene in unserer Gesellschaft, daß die Reichen immer reicher werden und dazu noch vieles geschenkt bekommen.

LUIK Fußballspieler, die halbwegs arriviert sind, umgeben sich gern mit den Insignien des Erfolgs: Eine Rolex, teure Kleidung und mindestens ein Mercedes müssen sein. Ich war nun in den letzten Wochen häufig mit Ihnen zusammen: Sie scheint das alles nicht zu interessieren.

BECKER Nein, danach habe ich kein Bedürfnis.

LUIK Aber Sie sind auch schon voller Stolz im Porsche 959 gefahren?

BECKER Ja, sicher. Ich hatte auch mal teure Uhren. Ich trug auch mal teure Kleidung. Ich war an diesem seltenen Punkt angelangt, wo man wirklich von der Concorde bis zu den allerbesten Hotels, roter Teppich inklusive, alles hatte, wirklich alles – nur nicht Liebe. Und man war sehr einsam. Ich war sehr einsam.

LUIK «Money can't buy me love», sangen die Beatles schon vor 20 Jahren.

BECKER Es mag kitschig klingen, aber genau so ist es. Genau das traf auf mich zu. Ich saß in meiner Super-Hotel-Suite mit dem Super-Service und der Super-Höflichkeit und war sehr einsam. Und ein paar Meter weg von mir, sagen wir mal in irgendeinem Scheißzimmer, da war die Bude voll mit Lachen und Leben. Von diesem Zeitpunkt hat es mich immer mehr hingezogen zu Menschen, zu Freundschaften und zum Leben, zur Liebe.

LUIK Äußerlichkeiten sind Ihnen nicht mehr wichtig?

BECKER Ich brauche sie nicht mehr. Sie machen nicht glücklich.

LUIK Warum leben Sie dann in Monaco – ein Ort, von dem eine Kennerin der Szene, nämlich Stefanie von Monaco sagt, da sei es «nur teuer und nur langweilig»?

BECKER Ganz einfach, weil es ein Steuerparadies ist.

LUIK Ein herrlicher Widerspruch zu dem, was Sie bisher sagten.

BECKER Moment mal. Ich lebe dort, seit ich 15 bin. Und als ich da hingezogen bin, habe ich noch gar nichts verdient. Ich bin hin, weil dort der Ion war und weil es dort die besten Trainingsmöglichkeiten für mich gab. Und außerdem ist Monaco ein Zufluchtsort für mich von der ganzen Hektik, vor allem damals, als ich das erste Mal Wimbledon gewann und ganz Deutschland durchgedreht war. Ich kann mir aber überhaupt nicht vorstellen, bis zu meinem Lebensende in Monte Carlo zu bleiben. Ich kann mir sehr gut vorstellen, daß ich bald wieder nach Deutschland komme – Steuern hin, Steuern her. Ich müßte hier 56 Prozent Steuern zahlen – aber dann möchte ich schon gern wissen, wo das Geld bleibt. Mit einigem, was da passiert, bin ich nicht so ganz einverstanden.

LUIK Welche Etatpunkte im Haushalt der Bundesrepublik stören Sie denn?

BECKER Auf jeden Fall stört es mich sehr, daß soviel Geld in die Rüstung geht, denn davon haben wir nun wirklich mehr als genug. Viel zuwenig geht in den Umweltschutz oder wird gegen die Arbeitslosigkeit ausgegeben. Zuwenig wird auch gegen die Wohnungsnot gemacht. Wenn ich wüßte, daß das Geld in solche Sachen gehen würde, dann wäre ich gern bereit, sogar noch mehr Steuern zu bezahlen.

LUIK Sie sagten: Monaco ist ein Fluchtpunkt. Ich habe den Eindruck, daß das Auto für Sie auch ein Mittel zur Flucht ist?

BECKER Ja, das ist richtig.

LUIK Sie haben ein intimes ...

BECKER ... nein, ein enges Verhältnis zum Auto. Aber nicht unbedingt zu schnellen Wagen ...

LUIK ... klar, verstehen wir: Sie sind Ford-Werbeträger.

BECKER Darum geht es nicht. Das Auto ist einer der wenigen Plätze, wo ich ungestört sein kann. Es ist ein Ort, wo ich irgendwie unter Leuten bin, aber doch allein sein kann. Es ist der Platz, wo ich am besten denken kann, niemand stört mich, niemand ruft mich an.

LUIK Sie haben eine Hülle um sich.

BECKER Eine schützende Hülle. Niemand, zumindest eine Zeitlang, kommt dann an mich ran. Es ist eine Erholung für mich. Es ist für mich, wie wenn andere sagen: «Wir fahren in den Urlaub, um uns zu erholen.» Das Auto ist für mich ein Erholungsort. Am liebsten fahre ich nachts, weil da am wenigsten los ist. Dann ist es auch besonders gemütlich. Ich mache schöne Musik an, und dann ist es draußen kalt und im Auto schön warm. So lerne ich viele Städte kennen. Egal, wo ich hinkomme, ich miete immer zuerst ein Auto und fahre die ersten Tage durch die Gegend.

LUIK Aber manchmal läßt das Auto Sie auch im Stich, wie neulich auf der Autobahn.

BECKER Das war wirklich lustig.

LUIK Ein Schritt ins wirkliche Leben?

BECKER Es war nachts auf der Autobahn bei Köln, und plötzlich war mein Auto kaputt. Ich hab mich hingestellt und Tramper gespielt. Aber wer hält schon, wenn da ein großer Typ in schwarzer Lederjacke herumsteht? Ich habe mich nicht schlecht gefühlt, mich hat das fasziniert. Und dann hat mich ein tschechischer Lastwagenfahrer mitgenommen.

LUIK Er hat Sie nicht erkannt?

BECKER Nein, und ich habe gedacht: Das kann doch nicht sein. Ich saß also im Cockpit und kam mir vor wie in einem Film. Und plötzlich dachte ich: Jetzt bist du tatsächlich mal wirklich allein, kein Mensch weiß, wo du bist. Jetzt könntest du verschwinden, einfach abtauchen. Dieser Gedanke hat mich ungeheuer fasziniert. Der Lkw-Fahrer fuhr ja nach Rotterdam weiter. Und ich saß da also im Cockpit und hab überlegt, ob ich abhauen soll. Die Versuchung war riesengroß.

LUIK Tatsächlich?

BECKER Ja, aber ich bin schwach geworden.

LUIK Fast alle Menschen hegen den großen Traum vom Ausbruch: Es dem Chef mal zeigen, aussteigen, Zelte abbrechen, dem Ehegefängnis entfliehen – aber der Wunsch scheitert ja kläglich am Geld. Und da sind nun Sie: jung und reich. Sie könnten sagen: Kiss my ass. Warum machen Sie eigentlich immer weiter und brechen nicht aus?

BECKER Wer sagt denn, daß ich immer weitermache? Ich hoffe, daß ich irgendwann mal aussteigen kann. Mein Traum ist es, mal für ein halbes Jahr in eine Gegend zu fahren, wo mich niemand kennt. Wirklich unerkannt durch die Straßen zu gehen, die Straßenbahn zu nehmen, in Cafés und Kaufhäuser zu gehen, einfach mal die Sache von der anderen Seite zu erleben. Ich kenn ja nur, daß die Leute mich erkennen und mit mir reden, mich anfassen wollen. Daß ich so bekannt bin, das macht mir oft auch vieles leichter. Aber warum machen die so einen Rummel um mich? Ich verstehe das oft nicht.

LUIK Boris, schlechte Nachricht für Sie: Aus dieser Flucht kann nichts werden.

BECKER Unmöglich, nicht wahr? Aber das ist halt so mein Traum.

LUIK Boris, dürfen wir mal um Einlaß in Ihre Gefühlswelt bitten? Wie erleben Sie das Ende eines großen Turniers, bei dem Ihnen sozusagen die ganze Welt zugesehen hat?

BECKER Nach anstrengenden Turnieren habe ich oft Phasen, in denen ich tief deprimiert bin. Tagelang irre ich dann durch die Wohnung und sehe keinen Sinn mehr im Weitermachen. Das sind Alpträume. Da überlegst du dir tausendmal: «Mensch, was machst du überhaupt?» Ich fühle mich dann verfolgt. Ich kann dann nicht unter Menschen sein, die nach mir greifen und mich fragen, wie es mir geht. Vor allem nach Höhepunkten wie Wimbledon ist das so. Da war ich völlig am Ende.

LUIK Was heißt das: am Ende?

BECKER Ich war nicht mehr fähig, mit Menschen zusammenzusein, und nicht mehr fähig, mich zu konzentrieren.

LUIK Ausgelaugt?

BECKER Mehr als das. Ich war wirklich völlig am Ende. Ich hatte soviel Konzentration in dem Turnier gelassen. Und dann kam das Gefühl der Sinnlosigkeit. Die Frage, warum ich das alles mache, und das Wissen, daß ich mich nicht lange Zeit würde ausruhen können. Aber dann kämpft man sich durch dieses Tief und ist wieder motiviert und lebensfroh – bis man den nächsten Höhepunkt erreicht. Dann kommt wieder der Fall.

LUIK Wenn Sie in Wimbledon der Herzogin von Kent die Hand schütteln und sagen: «It was wonderful», dann sind Sie im Grunde schon ganz woanders?

BECKER Ich bin da schon ganz weit weit – «spaced out». Das ist das Extreme für mich in Wimbledon, daß da abends noch das Champion's Dinner stattfindet. Da möchte ich eigentlich allein sein, habe von der ganzen Sache die Schnauze voll, möchte vielleicht ein Bier trinken, that's it. Aber da muß man das alles mitmachen, die Pressekonferenz unten im Keller, und du beantwortest alle möglichen Fragen: Warum du gewonnen hast und wie du dich fühlst – aber im Geist bin ich ganz woanders und will nur weg.

> „Wenn Wimbledon vorüber ist, bin ich schon ganz weit weg – spaced out"

LUIK Wie haben Sie sich von dem Stress erholt?

BECKER Ich bin mit Karen nach Hamburg geflogen und bin am Dienstag und Mittwoch durch unsere Wohnung gewandelt wie ein Geistesgestörter. Oder ich bin ins Auto gestiegen und durch die Stadt gefahren – völlig ziel- und ruhelos. Ich hatte zu nichts Lust, ich war einfach schlapp, todmüde. Am Donnerstag ging es mir dann besser.

LUIK In dem Kinderfilm «Momo» nach dem Roman von Michael Ende fällt ein bemerkenswerter Satz: «Wenn die Menschen wüßten, was der Tod wirklich bedeutet, hätten sie vor ihm keine Angst.» Beschäftigt Sie der Gedanke an den Tod?

BECKER Ich setze mich sehr mit der Frage nach dem Sinn des Lebens auseinander, denn ich erlebe ja soviel extreme Momente. Ich komme, wie wohl nur wenige Menschen, an diese Grenze, wo ich sagen muß, es geht eigentlich nicht mehr weiter. Ich kann nicht mehr als Wimbledon, den Davis-Cup oder Flushing Meadow gewinnen. Ich kann nicht mehr als die Nummer eins werden. Ich komme also an einen Punkt, den die meisten in ihrem Leben nie erreichen.

LUIK An so etwas wie die Erfüllungsgrenze des Lebens?

BECKER Es kommen Momente, in denen du glaubst, es hat eigentlich keinen Sinn mehr, was du machst, denn du hast ja die Erfüllung geschafft. Dann ist es hart, irgendeine Motivation und Begeisterung zu finden, um weiterzumachen.

LUIK Wie dunkel können die Gedanken in der Tiefe einer Depression werden?

BECKER Ich habe schon öfter mal gedacht, daß es ja nicht so schlimm ist, wenn ich jetzt sterbe. Manchmal denke ich auch, ich habe schon zuviel erlebt. Jedenfalls kann ich sagen, daß ich keine Angst vor dem Tod habe.

LUIK Jetzt erst recht: Warum nehmen Sie das Ganze auf sich? Weshalb steigen Sie nicht aus?

BECKER Ich habe es irgendwie in mir, daß ich noch ein bißchen was leisten muß – für mich selber. Wenn diese Tage des Frusts vorbei sind, dann will ich ja auch wieder spielen, will wieder ran, will wieder in die Turnier-Szene. Einfach, weil ich es in mir habe, noch ein paar Dinger zu gewinnen.

LUIK Was für eine Mission hat Boris Becker?

BECKER Mich selbst zufriedenzustellen. Ich bin noch nicht hundertprozentig befriedigt im Tennis. Ich bin ganz knapp dran, das muß ich ehrlich sagen. Aber dazu fehlen mir noch ein paar Dinger – nur für mich selber. Ich glaube einfach, daß ich mich noch verbessern kann.

LUIK Machen Sie mal einen Zeitplan: Wie lange brauchen Sie noch dafür?

BECKER In den letzten zwölf

Monaten hat sich für mich soviel bewegt. Das war ein Schock. Ich bin in Riesenschritten vorangekommen, und ich hatte immer gedacht, daß ich dafür mindestens vier, fünf Jahre brauchen würde. Ich hatte nie geglaubt, daß ich in so kurzer Zeit im Tennis so befriedigt werden könnte. Das begreifen die Tennisfans, glaube ich, noch gar nicht, was da mit mir geschehen ist: wo ich herkam vor 18 Monaten und wo ich jetzt stehe. 1989 war mein Jahr.

LUIK Was war daran so außergewöhnlich?

BECKER Es war wie ein Schock für mich, daß ich Wimbledon gewonnen habe, aber ein richtiger Meilenstein war, daß ich die U.S. Open geschafft habe. Das hätte ich nicht für möglich gehalten. Ich mußte mir tagelang sagen, daß ich tatsächlich gewonnen habe.

LUIK Warum war der Sieg in New York so beeindruckend?

BECKER Weil es unmenschlich schwer ist, dort vernünftig Tennis zu spielen. Ich glaube übrigens, daß ich bei den U.S. Open schlechtes Tennis gezeigt habe. Ich glaube auch nicht, daß Ivan Lendl dort tolles Tennis gespielt hat. Da gab es überhaupt kein gutes Tennis. Aber das ist New York. Es hat 45 Grad auf dem Platz, es ist schwül wie in der Hölle, alle 40 Sekunden donnert ein Flugzeug über den Court. Du verstehst dein eigenes Wort nicht, die Leute sind nicht still, sie lärmen, sie laufen herum – eigentlich kann man da gar nicht Tennis spielen. Wenn New York kein offizielles Grand-Slam-Turnier wäre, würde kein Mensch da spielen. Alle sagen ja auch immer: «Nächstes Jahr komme ich nicht mehr.» Und dann kommen sie doch wieder – weil es einfach toll ist. Weil man da in einen Rausch kommt wie nirgendwo sonst. Das Publikum ist voll dabei. Die kommen im T-Shirt, kauen Popcorn – aber lieben den Sport, der da unmenschlich ist. Tennis pur.

LUIK Könnte es sein, daß Sie dennoch bald den Punkt erreicht haben, an dem Sie sagen: Jetzt wird es mir zu langweilig?

BECKER Ja. Es kann durchaus sein, daß es für mich bald überhaupt keinen Sinn mehr hat weiterzuspielen.

> „In New York hat es 45 Grad, es ist schwül wie in der Hölle, alle 40 Sekunden donnert ein Flugzeug über den Court. Eigentlich kann man da nicht Tennis spielen"

LUIK Könnte dies schon in diesem Jahr soweit sein?

BECKER Ja, das kann gut sein.

LUIK Die Vorstellung, ein paar Jahre lang die Nummer eins zu sein, reizt Sie nicht besonders?

BECKER Ich will mir kein Zeitlimit setzen. Vielleicht habe ich ja das Bedürfnis, diese Position immer wieder zu verteidigen. Vielleicht kann ich mich sogar immer noch verbessern und so immer neue Befriedigung finden. Theoretisch könnte ich noch zehn Jahre spielen und – obwohl ich nicht daran glaube – auch zehn Jahre lang die Nummer eins sein.

LUIK Und was spricht dagegen?

BECKER Mein Gefühl. Vor 18 Monaten habe ich fest geglaubt, daß ich noch mindestens fünf Jahre spielen werde. Heute bin ich mir sicher, daß ich nicht mehr so lange spiele.

LUIK Denken Sie manchmal an die Spieler, die mit Ihnen angefangen haben, aber auf dem Weg nach oben auf der Strecke blieben?

BECKER 1985 und 1986, als bei mir soviel los war, habe ich nicht so sehr an sie gedacht. Aber jetzt habe ich das Glück, wenn ich in Leimen bin, daß ich mit denen spielen kann, mit denen ich schon vor zehn Jahren trainiert habe.

LUIK Wie erklären Sie sich, daß Sie den ganz großen Durchbruch geschafft haben, im Gegensatz zu Steeb oder Tore Meinecke, die in der Jugend deutlich besser waren?

BECKER Bis 15 waren wir etwa gleich gut, aber plötzlich bin ich gewachsen. Meine Stärke ist der Aufschlag, und je größer ich wurde, desto besser wurde ich – viel schneller als die anderen, die ja eher Grundlinienspieler sind. Ich hab also mit 15 einen großen Schritt nach vorn gemacht. Aber dann habe ich Ion Tiriac kennengelernt, und der hat mich auf eine ganz andere Fährte gebracht: ein völlig anderer Lebensstil, bessere Trainingspartner, kurz: absolut profihafte Bedingungen. Ich habe zum Beispiel mit Vilas trainiert – ein absoluter Traum für mich. Wenn du mit so jemandem ein paar Wochen spielst, dann wirst du einfach besser, dann denkst du einfach besser.

LUIK Mike Estep, der Ex-Betreuer von Martina Navratilova, hat mal gemeint, daß sich nur Besessene im Tenniszirkus halten können.

BECKER Man muß vor allem ichbezogen sein. Man muß den Willen haben, für sich etwas lernen zu wollen. Und natürlich muß man besessen sein. Man muß bereit sein, immer noch einen draufzupacken. Man lebt das Tennis. Wenn Training angesagt ist, dann spielen Ort und Uhrzeit keine Rolle: egal, ob es fünf Uhr morgens oder zwei Uhr nachts ist – es wird trainiert.

LUIK Im Gegensatz zu Ihnen haben Steeb und Meinecke in der Bundesliga gespielt und …

BECKER … und das kann ein Teil

des Problems sein. Die Bundesliga – falls man sie nicht richtig anpackt – macht rasch satt und zufrieden. Man glaubt, man ist schon der große Meister, wenn man da von zehn Matches neun gewinnt. Dann ist man der King in dem Club, stets sind frische Bälle da, und auch der Platz wird für einen präpariert. Aber da lernt man nicht das Durchbeißen, das man braucht, um etwa in Philadelphia die erste Runde zu überleben, wenn man auf Platz 15 spielt und ein Nobody unter vielen ist. Warum ich es also geschafft habe? Vielleicht bin ich auch einfach aus einem anderen Holz geschnitzt als andere.

„Ich glaube, daß ich mit diesen Leuten mehr gemeinsam habe als mit vielen in meiner Welt"

LUIK So sieht es auch Ion Tiriac. Sieger sind besondere Typen, hat er einmal gesagt: «Es gibt 200 Spieler, die fast perfekt Tennis spielen. Von diesen 200 sind etwa 100 gute Athleten. Davon haben 50 die volle Willenskraft. Davon haben zehn das besondere Hirn. Aber übrig bleiben vielleicht einer oder zwei mit der Kraft, sich wirklich aufzuopfern. Das sind die Champions.» Aber genau diese Kraft fehle Ihnen, hat Lendl erklärt.

BECKER Das macht ja nichts, was er sagt.

LUIK Er meinte, Sie hätten keine Ahnung davon, was es heißt, die Nummer eins zu sein.

BECKER Tatsache ist, daß ich schon 1989 der beste Spieler war. Die letzten paar Monate mußte ich schon so leben wie die Nummer eins.

LUIK Was heißt das?

BECKER Nach den U.S. Open kamen alle Spieler zu mir und haben mir für die nächsten Turniere viel Glück gewünscht. In ihren Augen bin ich die neue Nummer eins. Sie haben diesen Sieg als Wachablösung angesehen. Lendl ist einer der letzten Mohikaner.

LUIK Aber immer noch die Nummer eins auf der Computerliste.

BECKER Sicher. Es ist ein Kopf-an-Kopf-Rennen. Aber ich werde als die Nummer eins gehandelt. All die Chiefs wollen nun mit mir reden, die in den letzten fünf Jahren kein Wort mit mir gewechselt haben. Ein Beispiel: Chartrier, der Big Boss der ITF, will nun unbedingt mit mir über den Grand-Slam-Cup reden und hören, was ich die nächsten Jahre machen will und wie ich die Zukunft des Tennis sehe.

LUIK Wie fühlen Sie sich nun auf dem Platz?

BECKER Ich kann es noch gar nicht glauben. Jahrelang habe ich davon geträumt, und nun habe ich es tatsächlich geschafft.

LUIK Im Augenblick sieht es noch nicht so aus, daß nach Ihnen ein neuer deutscher Tennis-Crack kommt. Es scheint hierzulande an qualifizierten Trainern zu mangeln ...

BECKER ... ja, vielleicht werde ich mal einer. Aber im Ernst: Was der Franz Beckenbauer mit der Fußball-Nationalmannschaft gemacht hat, das wäre für mich im Tennis eine echte Herausforderung. Ich liebe Tennis, und so im Spaß sage ich jetzt schon immer wieder mal zu Niki Pilić, er soll sich langsam nach einem neuen Job umschauen.

LUIK Was hält eigentlich Ihre Freundin vom Tennis und Ihrem Leben als Tennisstar?

BECKER Sie findet das Ganze affig. Das ganze Getue und das künstliche Leben sind überhaupt nicht ihr Fall.

LUIK Was wollen Sie uns sonst noch von ihr verraten?

BECKER Sie ist 26 und studiert Romanistik und Germanistik für das Lehramt.

LUIK Und sie ist die große Liebe?

BECKER Das werde ich wissen, wenn ich 45 bin. Und ob man es dann endgültig weiß, da bin ich mir auch noch nicht sicher. Aber im Moment ist sie für mich die ganz große Liebe. Vielleicht kommen wir auch deshalb so gut miteinander aus, weil sie in einer so extrem anderen Welt lebt als ich. Wenn wir uns treffen, ist es für uns beide Erholung. Wenn Sie so wollen, ist sie ein Korrektiv zu der Welt, in der ich mich sonst so bewege. Sie hat eine völlig andere Lebenseinstellung als die Leute in meiner Umgebung, die alle auf Erfolg und Leistung programmiert sind. Sie denkt so ziemlich genau das Gegenteil von dem, was die Menschen sonst in meiner Umgebung denken. Und dann hat sie auch noch mit Sport überhaupt nichts am Hut – wunderbar! Sie hat keine Ahnung von Tennis, und wenn sie mal fünf Minuten mit mir joggt, dann ist das für sie schon eine gigantische Leistung.

LUIK Und wer ist der Boss in der Beziehung?

BECKER Also Boss – das finde ich ja nun sehr machohaft. So typisch – der Mann ist der Chef, er kommt abends nach Hause und die Frau kocht? Karen kann gar nicht kochen, und ich komme abends oft nicht nach Hause.

LUIK Sie sind jung, erfolgreich, attraktiv und ...

BECKER ... attraktiv bin ich nicht!

LUIK Also jung und erfolgreich.

BECKER Okay.

LUIK Wie halten Sie es mit der Treue?

BECKER Das ist eine Sache, die ich ganz anders erfahre als die meisten Männer. Ich könnte mit sehr vielen Frauen schlafen. Mir geht es so, wie es – leider – Frauen oft ergeht: Ich bin ein Wild, das gejagt wird. Ich könnte, wenn ich wollte. Nur ist es halt so wie mit vielem: Wenn man alles haben kann, verliert es seinen Reiz. Sicher, ich habe meine One-night-stands hinter mir. Dann wacht man am nächsten Morgen auf und wundert sich: Mensch, wie konnte ich nur irgendwas mit dieser fremden Frau neben mir machen? Und dann, im Spiegel, verliert man einen Teil seines Gesichts. Das ist die Sache nicht wert.

LUIK Sie sind also ein treuer Kerl?

BECKER Was heißt treu? Ist es Treue, wenn ich mit keiner anderen Frau schlafe? Für mich heißt treu mehr: Daß ich meine Partnerin respektiere, daß ich keine Geheimnisse vor ihr habe, offen bin, daß ich so bin, wie ich bin und meine Partnerin so ist, wie sie ist. Daß wir uns lieben, so wie wir sind.

LUIK Wie war es eigentlich für Karen, als bekannt wurde, daß sie Ihre Freundin ist?

BECKER Es war schrecklich für sie. Nicht nur, weil sie jetzt immer mehr im Rampenlicht steht und von Leuten dauernd angesprochen und fotografiert wird, sondern schlimm war auch am Anfang, daß Freunde von ihr gedacht haben: O Gott, was macht denn die mit diesem Kerl, diesem Nationalhelden? Viele gingen also auf Distanz. Wenn wir zu ihren Freunden eingeladen wurden, wurde ich genau beäugt und gemustert. Aber mittlerweile ist das okay. Am Anfang mußte Karen sich schon überlegen, ob die negativen Sachen die guten nicht überwiegen und ob die Beziehung das alles wert ist. Es ist nicht leicht an der Seite eines Superstars. Oft wird sie gar nicht beachtet, sie wird einfach ignoriert und übergangen.

LUIK Könnten Sie es sich vorstellen, Kinder zu haben?

BECKER Kinder sind eine ganz klare Perspektive für mich, später. Aber ich bin kein Klassiker mit trautem Heim, zwei Kinder, Ehefrau und glücklich bis ans Lebensende.

LUIK Und wie würden Sie Ihre Kinder erziehen?

BECKER Ich hatte eine glückliche Kindheit, und daß ich jetzt so bin, wie ich bin, verdanke ich meinen Eltern. Daran könnte ich mich schon orientieren.

LUIK Es gibt ja nun viele Eltern, die sogenannten Tennis-Eltern, die aus ihren Kindern kleine Boris Becker machen wollen.

BECKER Das finde ich sehr schlimm. Man kann ein Kind nicht zum Tennisspielen zwingen. Das bringt nichts. Irgendwann ist das Kind ein Erwachsener und sagt dann zu seinen Eltern: «Was habt ihr eigentlich mit mir gemacht? Seid ihr völlig bescheuert?»

LUIK Wegen Ihrer Freundin sind Sie ja nun ein Neu-Hamburger. Was fällt Ihnen zum Stichwort Hafenstraße ein?

BECKER Ich habe diese Kämpfe,

die die Polizei gegen die 100 Leute da unten am Hafen macht, intensiv und auch mit Schmunzeln verfolgt.

LUIK Wie ist das zu verstehen?

BECKER Da sind also 100 Leute in drei oder vier Häusern, und jeder in Deutschland, glaube ich, kennt diese Hafenstraße. Das ist doch eigentlich ein Witz, was die erreicht haben. Ich meine, Sponsoren müßten da mal an die Tür klopfen, denn da ist Geld zu verdienen. Daß ich jetzt so bin, wie ich bin, das verdanke ich meinen Eltern. An ihnen könnte ich mich orientieren.

LUIK Aber Sie würden überrascht sein, wenn die mal am Rothenbaum zum Tennisturnier auftauchen würden?

BECKER Wieso denn? Ich würde es mir wünschen. Ich würde sogar gern mal in die Hafenstraße gehen, denn ich glaube, daß ich mit diesen Leuten etwas gemeinsam habe – mehr als mit vielen in meiner Welt. Ich würde mich gern mit ihnen unterhalten. Ich überlege mir gerade, ob ich denen nicht auch einmal, wenn sie Lust haben, ein paar Tickets gebe, so fürs nächste Davis-Cup-Match. Ein paar lautstarke Fans mehr würden nicht schaden.

LUIK Ein anderes Thema: Stars sind häufig im Streit mit den Medien. Sie fühlen sich falsch zitiert, belagert, beobachtet. Marlene Dietrich hat über diese Erfahrung einmal gesagt: «I have been photographed to death.»

BECKER Ich bin jetzt an einem Punkt angelangt, wo ich diese Leute verstehe. Ihnen geht es ums tägliche Brot. Mit den Paparazzi, die mich verfolgen, um ein Bild von mir in einer Zeitung unterzukriegen, komme ich, ehrlich, inzwischen ganz gut aus. Ich bin halt eine öffentliche Person, und die kriegen dann für so einen Schnappschuß 100 Mark, das ist okay. Die sind nicht das Problem.

LUIK Sondern?

BECKER Daß mein Bekanntheitsgrad mir teilweise die Freiheit raubt. Ich kann tun und lassen, was ich will, am nächsten Tag steht es in der Zeitung. Jeder Mensch in Deutschland weiß, was Boris Becker an drei von fünf Tagen macht. Und das ist ziemlich schlimm. Fahre ich mal zu schnell Auto und die Polizei erwischt mich, kann ich es am nächsten Tag in der Bild-Zeitung nachlesen – einfach, weil die Polizei das denen weitergibt. Spreche ich mal eine fremde Frau an, dann heißt es, ich habe schon wieder eine Liebesaffäre. Was soll ich machen? Ich kann mich doch nicht verstecken! Ich will mich nicht durch die besiegen lassen. Ich will mein Leben leben.

LUIK Mir fiel vorhin auf, als wir durch die Straßen gingen, daß Sie sich kleiner, sozusagen unsichtbar machen wollten.

BECKER Das ist mir nicht aufgefallen, ehrlich. Vielleicht mache ich so etwas unbewußt.

LUIK In der Hotel-Lobby haben Sie sich an den Wänden entlang zum Fahrstuhl gedrückt. Haben Sie sich eine bestimmte Strategie und Taktik des Bewegens in der Öffentlichkeit angeeignet?

BECKER Es ist eine Strategie des Überlebens. Ich weiß einfach, wenn ich direkt durch diese Hotelhalle gehe, dann dauert es 15 Minuten länger. Wenn ich an einem Ort wie McDonald's vorbeigehe, dann weiß ich, daß es da einen Auflauf gibt und die Leute anfangen zu schreien und Theater zu machen. Also mache ich im Normalfall einen Bogen um so einen Laden. Wenn ich aber Lust auf einen Hamburger habe, dann gehe ich rein und nehme die Konsequenzen in Kauf. Ich mag nicht dauernd Versteckspielen und nur Hintereingänge benützen. Auch in den teuren Hotels drehen Erwachsene völlig durch, wenn sie mich sehen – gestandene Wirtschaftsbosse, Manager, eigentlich Leute, die ein bißchen mehr draufhaben müßten. Denen geht es nicht um mich, meine blauen Augen, sondern sie sehen das Symbol Boris Becker. Der Name, der für Erfolg, Traumerfolg, Millionen und Freiheit steht.

LUIK Gibt es in der Bundesrepublik eine Stadt, in der Sie sich halbwegs unbelästigt bewegen können?

BECKER Also in Hamburg ist es deutlich besser als in München. Vielleicht sind die Hanseaten cooler? Vielleicht ist die Stadt auch ein bißchen kosmopolitischer, die haben ja auch alles, von der Hafenstraße bis zum Springer-Verlag. Die Leute hier sind jedenfalls nicht so geschockt, wenn da irgendwo der Boris Becker sitzt.

> „Daß ich jetzt so bin, wie ich bin, das verdanke ich meinen Eltern. An ihnen könnte ich mich orientieren"

LUIK Wie ist es für Ihre Eltern, ein Idol als Sohn zu haben?

BECKER Mit einem Wort: schlimm. Das Problem ist, daß meine Eltern in einer Kleinstadt leben, in der Superstars nun nicht gerade an der Tagesordnung sind. Sie leben seit 54 Jahren in Leimen – immer mit den gleichen Leuten zusammen, immer mit denselben Nachbarn. Sie waren nie reich, aber plötzlich hatten sie ein bißchen mehr Geld. Nachbarn wurden neidisch, wildfremde Leute wollten plötzlich etwas von meinen Eltern. Presseleute haben meine Eltern aufs Kreuz gelegt – es war unglaublich hart. Aber sie haben sich gut geschlagen, da muß ich ihnen wirklich ein Kompliment machen. Sie sind normal geblieben. Sie wohnen in derselben Wohnung, sie machen das gleiche wie früher, haben dieselben Freunde, die gleichen Urlaubsplätze. Sie sind nicht abgehoben.

LUIK Im Gegensatz etwa zur Graf-Familie?

BECKER Sagen wir mal so: Im Gegensatz zu einem Teil der Graf-Familie.

LUIK Bei Schauspielern gehört es zum guten Ton zu sagen, ich lese nicht, was in den Zeitungen über mich geschrieben wird. Wie ist es bei Ihnen?

BECKER Ich lese tatsächlich wenig über mich.

LUIK Als wir uns vorhin trafen, haben Sie aufmerksam einen Tennisartikel studiert.

BECKER Mich interessiert, wie die Leute Niederlagen oder Triumphe beurteilen, wie sie das gesehen haben. Ich schätze die Journalisten nach dem ein, wie sie in Extremsituationen reagieren. Ich werde nie vergessen, wie ich 1987 nach meiner Niederlage in Wimbledon heimgeflogen bin. Diese Berichte habe ich sehr sorgfältig gelesen. Ich habe mir genau gemerkt, was über mich geschrieben wurde. Deshalb gibt es viele, mit denen ich seither nicht mehr gesprochen habe.

LUIK Eine schwarze Liste, weil Sie Kritik nicht vertragen?

BECKER Kritik vertrage ich sehr wohl. Aber da gab es Sachen weit unter der Gürtellinie. Ich weiß jetzt, wie Geschichten entstehen, und das macht mir angst. Die Namen von solchen Schreibern habe ich mir damals gemerkt. Wenn die jetzt mit mir reden, stelle ich die Ohren auf Durchzug und geb allenfalls Floskeln von mir: «Ja, ja. Der erste Satz war gut, und dann ging's besser, und das nächste Match ist schwer.»

LUIK Ich nehme an, die Sponsoren verlangen von Ihnen Wohlverhalten. Können Sie sich so verhalten, wie Sie wollen?

BECKER Sagen wir so: Ich probiere, unabhängiger zu werden. Mein Ziel ist es, eines Tages völlig unabhängig zu sein. Absolut frei von allen Verträgen und von allen Aufgaben, die ich jetzt noch machen muß. Mir ist bewußt, daß ich noch nicht 100prozentig auf dem Weg dorthin bin, aber meine Reise geht dorthin.

LUIK Das sollen wir Ihnen glauben? Sie schließen ja immer wieder neue Verträge ab.

BECKER Ja, gut. Aber diese Verträge laufen nicht über zehn, sondern über zwei, maximal drei Jahre – halt solange ich noch Tennis spiele. Und mit 25 Jahren werde ich sehr wahrscheinlich nicht mehr spielen.

LUIK Ihr Wunsch ist es ...

BECKER ... absolut unabhängig und frei zu sein.

LUIK Das klingt, als ob es für Sie schon jetzt eine Belastung ist, Werbeträger von Produkten zu sein?

BECKER Ja.

LUIK Haben Sie deshalb im Gegensatz zu vielen Sportlern keine Firmenlogos auf Ihren Alltagskleidern?

BECKER Ich vermeide es, eine wandelnde Litfaßsäule zu sein. Vielleicht spiele ich auch eines Tages wieder ganz in Weiß.

LUIK Ist das Ihr Ernst? Was sagt Ihr Manager Ion Tiriac dazu?

BECKER Er wird mich verstehen.

LUIK Als Sie sich vor ein paar Jahren von ihrem Trainer Günther Bosch trennten, schrieb eine Zeitung: «Es war, als habe er seinen Analytiker erwürgt.» Anders ausgedrückt: Es war ein Befreiungsschlag für Sie, ein Schritt in die Unabhängigkeit. Wann emanzipieren Sie sich von Ion Tiriac?

BECKER Ion war immer clever genug zu erkennen, daß man mich nicht gefangen halten kann. Er hat mir anfangs weniger, dann immer mehr Freiraum gelassen. Er wußte immer, daß ich, falls es mal hart auf hart kommen sollte, gehen werde.

LUIK Und was hält dieser Manager von Ihren Ausstiegs-Träumen?

BECKER Er hat zwei Seelen in seiner Brust: Er ist Freund und Manager. Ich sage immer wieder zu ihm, du bist der beste Manager mit dem schlechtesten Klienten. Und genau so ist es. Ich brauche mich also nicht von ihm zu emanzipieren. Ich bin mit ihm jetzt sechs Jahre zusammen, und er wird verstehen, was ich will. Ich habe mit ihm das Profitennis angefangen, ich möchte es mit ihm auch beenden. Wir hatten Pech und auch viel Glück in dieser Zeit, und irgendwie, denke ich, gehören wir zusammen.

> „Ion ist mein Freund und Manager. Ich sage immer zu ihm: Du bist der beste Manager mit dem schlechtesten Klienten"

LUIK Ich hab ein Bild von Ihnen im Kopf, das überhaupt nicht zu dem paßt, was Sie uns erzählen: Ihre Privataudienz beim Papst und wie Sie ihm einen Puma-Tennisschläger in die Hand gedrückt haben – raffinierteres Product-Placement ist kaum denkbar.

BECKER Daß das in der Öffentlichkeit als PR-Gag ankam, hat mich total geschockt, ehrlich. Das war eine spontane Geste. Der Schläger ist für mich mein Arm. Da der Papst mir damals noch sehr viel bedeutet hat, empfand ich das Ganze als Segen für meinen rechten Arm. Vielleicht mußte man mich damals mißverstehen, ich war ja damals noch anders als heute. Wie sehr ich mich inzwischen verändert habe, wissen, glaube ich, bisher auch nur wenige.

LUIK Der Gedanke ans Aufhören beschäftigt Sie intensiv. Nur wenige Spitzensportler haben einen bruchlosen Übergang ins Privatleben geschafft. Haben Sie Angst vor der Zeit nach dem Tennis?

BECKER Eigentlich nicht. Ich kann nur hoffen, daß ich nicht – wie so viele andere – zugrunde gehe, im Gegenteil: daß ich noch mehr auflebe, daß es mir noch besser geht. Daran arbeite ich.

LUIK Sie haben kürzlich gesagt, das Schreiben fasziniert Sie. Was haben Sie der Welt zu sagen?

BECKER Ich würde gern die Erfahrungen, die ich gemacht habe, anderen mitteilen – ihnen damit sozusagen helfen.

LUIK Das hört sich nach einer Autobiographie an: «Boris Becker – The Making of a Star».

BECKER Eine Biographie soll's nicht werden. Aber um Sport soll es schon gehen. Ich will ein paar Geschichten erzählen. Wie Stars gemacht werden. Es soll um Leute gehen, die es geschafft haben im Leben, und um die vielen, die es nicht geschafft haben. Um Leere und Erfüllung. Auch um die Macht der Medien und um Geld. Dinge, die ich in meiner Welt erfahren habe.

LUIK Gibt es einen Sportler, von dem Sie sagen können: Der hat's auch im privaten Leben geschafft?

BECKER Da fällt mir im Augenblick keiner ein. Ich muß grad an Björn Borg denken, der es – trotz mancher Erfolge – dennoch nicht geschafft hat.

> „Ehrlich: Das war eine spontane Geste. Da der Papst mir damals noch viel bedeutete, empfand ich das Ganze als Segen für meinen rechten Arm"

LUIK 1988 wollten Sie an den Olympischen Spielen in Seoul teilnehmen. War das die Laune einer Diva auf der Suche nach einem neuen Abenteuer?

BECKER Nein, das war bestimmt keine Laune. Ich hatte das unglaubliche Pech, daß ich mir 1984 vor den Olympischen Spielen – als ich zum erstenmal in der Olympia-Mannschaft war – einen Bänderriß zuzog und '88 eine schlimme Entzündung hatte. Die Spiele sind ein Traum für mich. Ich wäre gern im olympischen Dorf mit dabeigewesen, mit den 1200 Leuten für diese zwei Wochen.

LUIK Es gab aber unter den Athleten eine regelrechte Anti-Becker-Stimmung, Devise: Was will der Profi bei uns?

BECKER Ich finde das schade, und es ist auch ein Witz. Es gibt heute, 1990, im Hochleistungssport keine Amateure mehr – die hat es so gut wie nie gegeben. Der hehre olympische Gedanke ist längst tot. Nur hat sich keiner getraut, das zu sagen. Schauen Sie doch mal, was die Städte Seoul und Los Angeles und das IOC an den Spielen verdient haben! Nur die Sportler sollen nichts nehmen dürfen? Und rings um sie herum wird die ganze Show nur wegen des Geldes inszeniert. Das ist doch ein Witz.

LUIK Ihre Forderung lautet: Macht die Spiele auf für alle Profis?

BECKER Ja, sicher. An den Spielen sollen die Besten teilnehmen. Und es sollen die Sportarten dabeisein, die beim Publikum gut ankommen. Deswegen sollte in Barcelona auch Golf dabeisein. Das ist die Realität, der Sport ist schon längst kein Hobby mehr – er ist ein Geschäft.

LUIK Wollen Sie 1992 oben auf dem Treppchen stehen?

BECKER Falls ich dann noch Tennis spiele, möchte ich auf jeden Fall mitmachen. Ob ich eine Goldmedaille gewinne oder nicht, ist mir ziemlich egal. Aber ich glaube, wir Tennisspieler könnten dem Publikum gute Unterhaltung bieten.

LUIK Einspruch von Uli Hoeneß, dem Manager von Bayern München. Tennis, meint er, sei ziemlich langweilig: «Da geht es immer hin und her, ich weiß gar nicht, was daran unterhaltend sein soll?»

BECKER Das Faszinierende und Harte daran ist, daß es kein Unentschieden gibt. Das ist der Urkampf – Mann gegen Mann. Wir haben zwar keine Waffen, sondern Schläger und Bälle, und die setzen wir ein wie Waffen. Da stehen sich zwei gegenüber, ein Showdown wie im Western, das Ende ist offen, die Zeit ist offen: Einer verläßt als Sieger das Feld, nur einer kommt, sozusagen, lebend heraus. Du kannst keine Zeit schinden, du kannst nicht abtauchen wie beim Fußball. Du mußt dich dem Kampf stellen. Das ist wie früher – die Duelle im Morgengrauen. Nach Regeln zwar, aber unbarmherzig. Die Leute wollen Sieger und Verlierer erleben. Sie wollen sich freuen, und sie wollen weinen. Und genau das gibt ihnen Tennis.

LUIK Sie sagten einmal, man braucht einen Killerinstinkt, um ein guter Tennisspieler zu werden.

BECKER Um in den Turnieren zu überleben, muß man eine Art Schwein sein. Man muß den Gegner geistig besiegen, und das ist oft nicht schön.

LUIK Klingt da etwa ein schlechtes Gewissen durch?

BECKER Ich fühle mich tatsächlich manchmal schlecht dabei. Ich bin oft viel zu nett zu meinen Gegnern. Deshalb gehen meine Spiele – gerade auch gegen Schlechtere – häufig so knapp aus. Ich krieg das einfach nicht fertig, die Gegner geistig und auch körperlich niederzumachen. Deswegen werde ich auch nie so oft und so lange so gut sein wie der Lendl, der damit keine Probleme hat.

LUIK Um jeden Preis zu gewinnen, ist ja der Sinn des Spiels.

BECKER Aber irgendwann ist es nicht mehr bloß ein Spiel. Ich hab mich in Paris mit McEnroe genau über dieses Thema unterhalten – drei Stunden lang –, an dem Abend, bevor wir in Bercy gegeneinander spielten. Ich habe zu ihm gesagt: «Wenn du im Match wieder zur Sau wirst, dann werde ich zur noch größeren Sau, und ich mache dich fertig.»

LUIK Sie waren offenbar die größere Sau, denn Sie haben gewonnen.

BECKER Es war wieder ein Kampf, der sich in den Köpfen entschied. Ich hab den ersten Satz gewonnen, weil ich spielerisch besser war. Und im zweiten Satz fängt er an, mich zu beleidigen.

LUIK Wie müssen wir das verstehen?

BECKER Er hat mich imitiert, hat mein Husten nachgemacht, er wollte mich lächerlich machen. Da habe ich zu ihm gesagt: «Okay, du Sau, jetzt geht's los!»

LUIK Das haben Sie ihm so übers Netz ins Gesicht gesagt?

BECKER Nein, ich habe ihn das mit den Augen wissen lassen. Er hat es genau gespürt. Und es ist das Wahnsinnige, daß dieser Kampf so abläuft, in den Köpfen. Es macht mir manchmal angst.

LUIK Verraten Sie uns mal ein Geheimnis: Wie würden Sie spielen, um Boris Becker zu besiegen?

BECKER Ich würde lieber nicht gegen ihn antreten.

> „Er fing an, mich zu beleidigen. Er wollte mich lächerlich machen. Dann habe ich zu ihm gesagt: ‚Okay, du Sau, jetzt geht's los!'"

LUIK Bei den Männern mag Tennis ja noch sehr spannend sein. Unter den ersten 100 kann jeder jeden schlagen. Aber bei den Frauen wird es langsam langweilig. Wie erklären Sie sich, daß Steffi Graf so oft souverän gewinnt?

BECKER Die Frauen trainieren im Schnitt nicht so professionell wie wir Männer. Wir machen einfach mehr für diesen Sport. Ich finde es immer wieder erstaunlich, wie dick manche Tennisspielerinnen sind. Ich kann mir gar nicht vorstellen, wie die aussehen müßten, wenn sie keinen Sport machen würden. Die Steffi, glaube ich, hat also einfach die bessere Einstellung zum Spiel. Sie ist athletischer als die anderen.

LUIK Wie viele Stunden investieren Sie in Ihren Sport?

BECKER Drei bis fünf Stunden pro Tag. Aber das hängt davon ab, ob ich mich auf ein Turnier vorbereite oder ob ich schon im Turnier bin.

LUIK Ihre Gedanken kreisen ständig um das Spiel?

BECKER Nein, sicher nicht. Ich will mich doch nicht verrückt machen. Ich muß meinen Geist fit halten, deshalb rede ich viel mit Leuten und lese auch viel.

LUIK Was haben Sie zuletzt gelesen?

BECKER Ich lese immer mehrere Bücher gleichzeitig, abhängig von meiner Gemütsverfassung. Im Moment lese ich ein Buch zur aktuellen Lage in der DDR und dann auch noch etwas über die Vergangenheit Deutschlands – von Bismarck zu Hitler. Ich muß ja ein paar Sachen nachholen, weil ich in der Schule so oft gefehlt habe. Und dann lese ich auch noch «Im Namen Gottes» ...

LUIK ... schwerer Tobak.

BECKER Ja, ein Buch, das sich sehr kritisch mit dem Vatikan auseinandersetzt und dessen Verbindungen zur Mafia aufzeigt. Das kann ich nur weiterempfehlen.

LUIK Noch etwas?

BECKER Den «Baader-Meinhof-Komplex» von Stefan Aust habe ich neulich beendet, und das fand ich ungeheuer faszinierend.

LUIK Gibt es im Tennis-Circle jemand, mit dem Sie über solche Themen reden können?

BECKER Nein.

LUIK Ivan Lendl begründet seinen Erfolg mit seinen vegetarischen Eßgewohnheiten, und auch Martina Navratilova schwört auf die Haas-Diät. Was essen Sie?

BECKER Ich schwöre auf die «see-food-diet», das heißt, ich esse, was ich sehe.

LUIK Also Spaß und Genuß müssen sein?

BECKER Aber logisch, es muß schmecken. Vor einem Turnier bin ich ein bißchen vorsichtiger, dann halte ich mich eher an die leichteren Sachen: kaum Fleisch, hauptsächlich Pasta oder Fisch. Aber wenn ich Hunger nach einer Schokoladentorte habe, dann esse ich die eben. Und wenn ich einen Hamburger will, dann gehe ich eben zu McDonald's.

LUIK Die Ernährungswissenschaftler werden's mit Schrecken hören.

BECKER Ich habe schon alle möglichen Diäten probiert – mit dem Resultat, daß ich dann schlechter gespielt habe. Du mußt deine Stunden trainieren, um ein Champion zu sein, klar, aber ich bin total davon überzeugt, daß du dazu vor allem im Kopf zufrieden sein mußt. Und wenn dein Kopf dir sagt, eine Schokoladentorte muß her, dann muß die Schokoladentorte her. Wenn du nämlich unzufrieden mit dir bist, kannst du keine Leistung bringen.

LUIK Nach Ansicht von Ärzten nahmen mehr als die Hälfte der in Seoul gestarteten Athleten verbotene Medikamente, vor allem Anabolika. Sie werden nun sicherlich sagen: Im Tennis wird nicht gedopt.

BECKER Bei uns wird tatsächlich nicht gedopt. Unser Spiel ist zu vielfältig. Wir brauchen Kraft, Ausdauer, Schnelligkeit, wir müssen blitzschnell reagieren, beweglich sein, wir müssen viel denken. Bei uns würde vielleicht gedopt, wenn es etwas für den Geist geben würde. Etwas, das härter macht. Bei 30:40 und zweitem Aufschlag entscheidet nicht, ob du physisch besser bist, sondern daß du geistig besser bist als dein Gegner. Dafür gibt es kein Dopingmittel.

LUIK Sie kennen sehr viele Athleten aus anderen Disziplinen. Meinen Sie, daß das Dopingproblem, wie viele Sportler sagen, von den Medien hochgespielt wird, oder ist es tatsächlich weit verbreitet?

BECKER Ich kenne sehr viele Leichtathleten. Was die mir sagen, ist beängstigend.

LUIK Drücken Sie das mal in Prozenten aus.

BECKER Ich würde sagen, 90 Prozent dopen, mindestens. Ich kann ja gar nicht sagen, was ich alles weiß. Und ich verstehe die Athleten ja auch.

LUIK Erklären Sie das mal unseren Lesern.

BECKER Wenn der Lendl mich dauernd schlagen würde, weil er Anabolika nimmt, würde ich das doch auch nehmen, ganz ehrlich. Ich würde versuchen, die Chancengleichheit wiederherzustellen. Um die geht's doch. Oder ich höre mit dem Sport gleich ganz auf.

> „Ich habe Geld. Ich bin berühmt. Nur, und darauf kommt man erst später: Man hat doch nicht erreicht, um was es im Leben wirklich geht"

LUIK Sie sind ein knallharter Realist.

BECKER Wir leben im Jahr 1990. Im Sport, in jeder Sportart geht es nur noch ums Geld – das ist die Tatsache. Und jeder weiß, wenn du einmal Olympiasieger bist, dann hast du es finanziell geschafft. Dein Körper und deine Gesundheit kommen, wenn überhaupt, erst an vierter Stelle.

LUIK 70 Prozent der Bundesbürger glauben, das ergab eine SPORTS-Umfrage, daß sich das Dopingproblem mit Trainingskontrollen in den Griff kriegen läßt. Was meinen Sie?

BECKER Schön wär's, aber ich glaube nicht daran. Ich bin skeptisch. Die Mittel werden halt raffinierter. Und was wären die Folgen für die Olympischen Spiele? Wenn es plötzlich keine Weltrekorde mehr gäbe? Was wäre, wenn die amerikanischen Sportler nicht mehr gewinnen? Wenn die keine Goldmedaille mehr machen, dann interessiert sich in Amerika kein Mensch mehr für die Spiele. Die wollen Sieger erleben. Wenn sie die nicht kriegen, wird es langweilig. Die US-Fernsehanstalten, die soviel für die Show bezahlen, würden sich blitzschnell verabschieden. Das will das Internationale Olympische Komitee natürlich nicht, und deshalb wird es auch in Zukunft keine unglaublich genauen Dopingkontrollen geben.

LUIK Sauberer Sport ist also eine Fiktion?

BECKER Ja.

LUIK Der Olympiasieger Matthias Mellinghaus sieht das anders. Er plädiert für mehr Moral und Fair play, gerade auch deswegen, weil Sportler Vorbilder sind.

BECKER Für was sind sie denn Vorbilder? Aus ihnen werden Vorbilder gemacht. Ich könnte ein Buch darüber schreiben. Wenn du Olympia- oder Wimbledonsieger bist, hast du ein Vorbild zu sein für Kinder und Erwachsene, weil du ein Ziel erreicht hast, von dem so viele träumen. Sie sehen dich als Idol. Daß du das gar nicht willst, ist allen egal. Du wirst nicht danach gefragt, du bist es einfach. Nochmals: Wir leben im Jahr 1990, und es geht im Sport nur ums Geld. Das ist traurig, aber wahr. Das ist traurig, weil der Mensch in diesem Zirkus auf der Strecke bleibt.

> „In unserer kapitalistisch westlichen Welt dominieren die völlig falschen Werte, und das ist, finde ich, das Hauptproblem"

LUIK Verbittert?

BECKER Nein, überhaupt nicht. Wir haben über die Werte dieser Gesellschaft geredet, und ich habe gesagt, daß die Werte falsch sind: Geld und Ruhm machen nicht glücklich.

LUIK Definieren Sie mal: Wer ist Boris Becker?

BECKER Ein Mensch, der sehr früh extreme Situationen erfahren hat, und der es gelernt oder geschafft hat, sie für sich als Vorteile zu nutzen. Ein

Mensch, der im Augenblick noch ein bißchen Schwierigkeiten hat, wirklich Mensch zu sein, da er noch an viele Verpflichtungen gebunden ist, der aber glaubt, daß sie ihn in ein paar Jahren nicht mehr binden und er dann nur noch Mensch sein kann. Ohne Logo auf den Schuhen, ohne Logo auf der Kleidung – wirklich frei, absolut frei.

Boris Becker

Geboren am 22. November 1967 in Leimen, Wohnsitz in Monte Carlo. Becker hat in seiner bisherigen Karriere 30 Turniere gewonnen, darunter die Grand Slams von Wimbledon (1985, 1986, 1989), Flushing Meadow (1989) und Melbourne (1991) sowie zweimal mit der Mannschaft des Deutschen Tennis-Bundes den Davis Cup (1988, 1989). Seit seinem ersten Erfolg bei den All England Championships als jüngster Spieler aller Zeiten im Alter von 17 Jahren gilt Becker als «eine der größten Erfolgsstories in der Sportgeschichte». 1989 wählten ihn die Tennisprofis zum besten Spieler des Jahres. Becker hält neben dem von Wimbledon eine Reihe von Rekorden: Er hat das längste Davis-Cup-Match gewonnen (sechs Stunden, 20 Minuten gegen McEnroe, USA) und das längste Spiel bei einem Grand-Slam-Turnier (fünf Stunden und elf Minuten gegen Camporese, Italien, 1991 in Melbourne); von 31 Davis-Cup-Spielen verlor er lediglich zwei. Nach seinem Sieg von Australien war er erstmals für drei Wochen die Nummer eins der Weltrangliste – eine Position, die er nach seinem verlorenen Wimbledon-Finale wieder erreichte. Becker hat 14 Millionen Mark an Preisgeld verdient, sein Vermögen wird auf über 100 Millionen Mark geschätzt.

Katarina Witt

In modischen Designer-Jeans und schicker Designer-Jacke kommt sie daher, freundlich lächelnd. Doch Kati Witt geht es jetzt, im Januar 1990, nicht besonders gut. Ein rauher Wind weht ihr, dem attraktivsten Exportschlager der gerade untergehenden DDR, ins Gesicht. Mit ihrem Können und Charme hat sie, sagen erboste Fans, ein marodes Regime aufgewertet; sie hat sich durch Privilegien kaufen lassen; sie hat viel zu lange geschwiegen. Schließlich, und das geht einfach nicht, sagte sie «Erich» zu Honecker, und er sagte «Kati» zu ihr. Sie sagt: Ich war doch ein Kind, ich habe hart gearbeitet, ich wollte den Erfolg. Politik hat sie nicht besonders interessiert. Sie sagt: Ich das schönste Gesicht des Sozialismus? Das ist doch eine Erfindung von euch – der Westpresse! Jetzt hat sie ihre neue Wohnung bezogen, schwere Möbel, Gelsenkirchener Barock, in Berlin, direkt an der ehemaligen Mauer. Schade, sagt sie, das wäre so schön ruhig gewesen. Sicher, da sind Fragen, die quälen: Haben die strahlenden Erfolge sie blind gemacht für das Leiden und die Ungerechtigkeiten in ihrem Land? 17 Jahre Wettkampfdruck und viele Lobreden auf Staat und Sozialismus. Sie sagt: Bin ich für den ganzen Schlamassel verantwortlich? Nein, sie will nichts vergessen, nichts verdrängen, aber, mein Gott, sie war ein kleines Mädchen, eine Sportlerin halt! Sicher, wir können über meine Geschichte reden, auch wenn's weh tut. Hat das der Lothar de Maizière auch gemacht, so offen, so ehrlich? Nee? Siehste! Und da, ganz plötzlich, sind Tränen im Gesicht.

Die haben mich mißbraucht

LUIK Ende des letzten Jahres gingen Millionen DDR-Bürger auf die Straße und demonstrierten für eine neue, demokratische Republik. Dabei waren Schüler und Studenten, Arbeiter und Angestellte und auch Künstler. Nicht dabei: die Nationale Volksarmee und …

WITT … die Sportler, ich weiß. Warum das so war, darüber habe ich mir auch schon oft Gedanken gemacht. Nehmen wir meinen Fall: Ich habe nie mit viel Worten Politik gemacht.

LUIK Einspruch: Bei jeder Siegerehrung haben Sie in bewegten Worten das Hohelied des Sozialismus angestimmt.

WITT Ich war, das gebe ich offen zu, schon der Meinung, daß ich als Sportler meinem Land viel verdanke. Und daß ich durch meine Leistungen auch zeige, daß der Sozialismus der richtige Weg ist. Jetzt im nachhinein wird mir allerdings bewußt, daß ich auch ausgenutzt wurde.

LUIK Sie waren nicht bloß Mitläuferin. Sie waren die sportpolitische Mehrzweckwaffe des abgehalfterten SED-Regimes.

WITT Ich habe schon Widerstand im kleinen geübt. Ich hatte viele Einladungen zu politischen Veranstaltungen, die ich einfach abgelehnt habe. Das war eine bewußte Verweigerung. Ein Beispiel: Ich habe vor einem Jahr ein Rockkonzert moderiert …

> **„Ich wollte zeigen, daß der Sozialismus der richtige Weg ist"**

LUIK … und Sie wurden von den Fans, die Ihnen den engen Schulterschluß mit der Parteiführung vorwarfen, gnadenlos ausgepfiffen.

WITT Genau. Aber ich sollte im Zentralrat eine Rede halten, wie toll das Konzert war. Ich habe gesagt: Die Rede könnt Ihr selber halten. Ihr habt doch gesehen, was da los war. Die Jugend hat gepfiffen, und zwar nicht nur gegen mich: Es war einer der ersten, lautstarken Proteste gegen alles, was für die DDR stand.

LUIK Aber Sie waren noch immer die treue Vorzeige-Athletin: Regierungschef Honecker hat seinen Mund gespitzt und Sie für Ihre Verdienste auf die Wange geküßt.

WITT Das stimmt ja nun überhaupt nicht. Einmal hat er mich an sich gedrückt. Aber wie machen das die Politiker denn bei euch? Da werden doch – von Kohl bis Weizsäcker – die erfolgreichen Athleten ebenfalls empfangen und geehrt. Wie geht's denn beim ARD-Sportlerball zu? Da hocken die Politiker und die Sportler zusammen und sonnen sich gegenseitig im Glanz ihrer Erfolge. Und irgendwie finde ich das auch okay: Besondere Leistungen muß man würdigen und schätzen. Und was konnte ich schon machen? Die Politiker kommen auf einen einfach zu. Es waren ja nicht nur Honecker oder Krenz, die sich mit mir sehen lassen wollten: Oskar Lafontaine hat mich ins Saarland einfliegen lassen, damit ich mit ihm gemeinsam auftrete. SPD-Chef Jochen Vogel ist extra zu einer Holiday-on-Ice-Veranstaltung nach Berlin gekommen und hat mir hinter der Bühne einen Blumenstrauß überreicht.

LUIK Aber der Vorwurf bleibt: Wegen des Schulterschlusses mit der verhaßten Führung weht nun den DDR-Leistungssportlern ein harter Revolutionswind ins Gesicht.

WITT Das ist unfair und ungerecht. Wir haben große Leistungen erbracht. Und die Leute, die jetzt so über uns schimpfen, haben vorm Fernseher gesessen und haben mitgefiebert, als wir bei den Olympischen Spielen auftraten. Wenn wir gewonnen haben, waren wir die Größten. Waren wir nur zweite, wurden wir verdammt. Kann man uns einen Vorwurf machen, weil wir im Gegensatz etwa zu den Künstlern von Staats wegen mehr gefördert wurden?

LUIK Die Sportler haben sich halt allzu willfährig zu Werkzeugen des SED-Regimes machen lassen.

WITT Okay, okay. Wir sind unterstützt worden, das ist wahr. Aber ist es im Westen soviel anders? Bei euch gibt es die Sporthilfe, und viele Sportler werden außerdem noch von Firmen gesponsert. Und ist es nicht logisch, daß wir Athleten eine gewisse Dankbarkeit gegenüber unserem Staat zeigten? Denn ohne ihn hätten wir die Erfolge nie und nimmer gehabt. Der Staat hat mir die Möglichkeiten für mein Training und meine Arbeit geschaffen.

LUIK Der Zorn des Volkes richtet sich nun aber auch gegen euch Sportler, weil ihr Privilegien hattet. Deshalb die immer lautere Forderung: Die Athleten müssen mal richtig arbeiten!

WITT Ich habe immer gesagt, daß ich die Leute bewundere, die etwas anderes können und in der Produktion stehen. Ich habe viel Respekt vor, sagen wir mal: normaler Arbeit. Aber ich möchte diese Leute auch mal auffordern, sich fünf, sechs Stunden im

Training zu quälen. Vielen würde da schon nach einer halben Stunde die Lunge aus dem Hals hängen. Wir Sportler haben hart gearbeitet ...

LUIK ... die Privilegien waren also gerechtfertigt?

WITT Was heißt eigentlich Privilegien? Haben Sie mal nachgeschlagen, was das Wort genau bedeutet?

LUIK Laut Duden: Sonderrechte.

WITT Was wir bekamen, halte ich nicht für Privilegien. Ich sehe das so: Ich bringe besondere Leistungen, und dafür bekomme ich – wenn ich schon nicht besonders bezahlt werde – ein paar Vorteile. Was bei uns im Sport passierte, danach wird doch heute in der Gesellschaft allgemein gerufen: Sie wollen doch alle das Leistungsprinzip. Sie wollen doch nun alle, daß mehr Geld bekommt, wer besser arbeitet.

LUIK Aber können Sie die Wut des Volkes denn nicht verstehen? Von Ihnen gibt's ja auch den provokativen Satz: «Ich darf Freiheiten haben, die bei uns nicht üblich sind.»

WITT Ich kann die Menschen verstehen. Andererseits stimmt vieles nicht, was über uns Athleten gesagt und auch in den Westmedien geschrieben wurde. Zum Beispiel die Reisemöglichkeiten, die uns vorgeworfen werden: Was war denn das? Wir sind zu den Wettkämpfen angereist und danach sofort wieder heimgefahren. Ich durfte nicht, wie mir immer wieder unterstellt wird, nach Lust und Laune in den Westen – nur zu den Wettkämpfen. Ich habe jetzt das Gefühl, daß wir stellvertretend für die Politiker nun die Sündenböcke sind. Ich bin in die Eishalle und wollte in meinem Sport die Beste werden, dafür habe ich mich angestrengt.

LUIK Und haben das Image der DDR aufpoliert.

WITT Ich hielt ja auch vieles, was mein Land machte, für richtig. Ich wußte doch überhaupt nicht Bescheid, was an Korruption da ablief. Ich war auf meinen Staat stolz – so wie es viele Sportler auf ihre Länder eben sind. Nehmen Sie zum Beispiel die Olympischen Spiele in den USA und wie der Präsident Ronald Reagan seine Sportler aufgeputscht hat: «Go for Gold!» und «Go for America» hieß da die Order. Was da für Nationalstolz und Chauvinismus rauskam! Da waren wir ja die reinsten Waisenknaben dagegen. Klar, ich habe das Gold auch für mein Land gewonnen. Aber mein Gott, ich bin nicht aufs Eis gegangen und habe gesagt: Jetzt wirst du Olympiasiegerin für deinen Staat! Ich bin aufs Eis gegangen und habe gedacht: Jetzt mußt du das für dich machen. Du mußt für dich das Beste rausholen.

LUIK Aber als bei der Siegerehrung die DDR-Hymne erklang, waren Sie schon stolz auf Ihr Land?

WITT Klar, da kriegte ich eine Gänsehaut, ich war stolz und habe gedacht: Jetzt stehen die alle auf wegen unserer Hymne. Aber in so einem bewegenden Augenblick ist doch jeder Sportler – egal aus welchem Land auch immer – stolz.

LUIK Sie sind viel im Ausland herumgekommen. Hat das in Ihnen nicht Zweifel geweckt an den offiziellen Sprüchen Ihrer Regierung?

WITT Na klar gab es die Zweifel. Und je älter ich wurde, desto mehr habe ich in Frage gestellt, was uns in der Schule gelehrt wurde: daß der Westen nur schlecht ist. Aber ich habe andererseits auch erfahren, daß vieles richtig war, was uns gesagt worden war. Ich habe die rauhe Ellbogengesellschaft des Westens erfahren. Ich habe hoffnungslose Armut in Amerika gesehen, dreckige Slums und die Angst vor Drogen und Kriminalität, wie wir es in der DDR nicht haben. Ich habe natürlich auch Sachen gesehen, die mit unserer Propaganda nicht übereinstimmten. Aber zugegeben: Ich habe mich nicht kritisch in der Öffentlichkeit geäußert. Aber warum sollte ich das auch tun?

LUIK Sagt Ihnen der Name Walter Janka etwas?

WITT Ja, ich habe von ihm gehört.

LUIK Er war der Leiter des renommierten «Aufbau-Verlags» in Berlin, der Verleger von Thomas Mann, Bert Brecht und Heinrich Mann in der DDR. In den fünfziger Jahren wurde er in einem Schauprozeß verurteilt auf Grund einer absolut hanebüchenen Anklage. Enge Freunde von ihm, Anna Seghers, damals die berühmteste Frau der DDR, und auch Brechts Witwe Helene Weigel wußten, daß die Anklage haltlos war, aber sie schwiegen.

WITT Das klingt ja nun, als ob ich mich durch Schweigen schuldig gemacht hätte. Das ist eine bodenlose Frechheit. Nochmals: Warum sollte ich etwas sagen? Ich bin eine Eisläuferin, keine Politikerin, und warum werde ich für die Fehler der alten Regierung ständig kritisiert? Auch in der BRD, nicht nur in meinem Land, wenden sich viele Leute von mir ab und sagen: «Was die gepredigt hat, ist falsch!» Ich habe doch nicht gepredigt. Ich habe versucht, meinen Job als Eisläuferin gut zu machen. Ein Strauß, ein Kohl, ein Vogel haben vor Honecker einen Kniefall gemacht. Und Kohl ist jetzt der große Macher. Aber vor nicht allzulanger Zeit, aber das scheint plötzlich vergessen, ist er um den Honekker herumscharwenzelt und hat einen Hofknicks gemacht. Das ist doch eine Heuchelei, wenn ich jetzt so massiv angegriffen werde. Ich möchte auch nicht

> „Ich soll mich durch mein Schweigen schuldig gemacht haben? Das ist eine bodenlose Frechheit"

wissen, wie viele westliche Firmen mit der alten Regierung getechtelt haben und genau wußten, was da lief. Und sie haben nichts gesagt, weil sie verdienen wollten. Ich war ein Kind, eine 18-, 20jährige Sportlerin. Sollte ich aufstehen und sagen: alles Lüge! Ich war doch ehrlich der Meinung, daß vieles, was in unserem Staat passiert, richtig ist. Ich finde es eine Sauerei, daß ich mich ständig verteidigen muß. Für was bin ich Rechenschaft schuldig und wem? Ich bin ein Mensch, der in diesen stürmischen Zeiten versucht, Haltung zu bewahren, ohne ein billiger Wendehals zu sein.

> „Strauß, Kohl und Vogel haben vor Honecker einen Kniefall gemacht. Das ist doch eine Heuchelei, wenn ich jetzt angegriffen werde"

LUIK Und deswegen als Sündenbock mißbraucht wird?
WITT Mir macht es auch furchtbare Angst zu sehen, wie die breite Masse reagiert: Solange du Erfolg hast, rennen sie dir nach. Sobald aber eine Kleinigkeit an deinem Image nicht mehr stimmt, fallen sie über dich her.

LUIK Dennoch: Was hat Sie denn gehindert, auf Mißstände hinzuweisen, die Sie am eigenen Leib erfuhren?
WITT Ich habe ja nicht soviel gesehen. Ich bin morgens in meinem Auto zum Stadion gefahren oder in die Schule. Abends kam ich nach Hause und habe mich in meiner Bude verbarrikadiert, Fernsehen geguckt oder gelesen. Auf eine gewisse Weise, dieser Vorwurf stimmt vielleicht, habe ich mich vom DDR-Alltag weggelebt und unter einer Käseglocke gelebt. Ich habe mir auch gesagt: Die Politiker sind da, um die Probleme zu lösen.

LUIK Aber das entbindet Sie doch nicht vom eigenen kritischen Denken?
WITT Ich hab ja auch viel nachgedacht. Ich bin auch in die Partei eingetreten und habe auf Mißstände hingewiesen. Und ich ging natürlich davon aus, daß das eine Wirkung hat. Ich habe mir also keine Vorwürfe zu machen, daß ich nichts getan habe. Ich muß mir aber dennoch Vorwürfe machen, weil andere mir jetzt soviel vorhalten. Auf mich wird nun soviel abgeladen. Das geht so weit, daß bestimmte Firmen und Veranstalter in der BRD nichts mit mir zu tun haben wollen. Sogar mein Filmproduzent wird angerufen und ihm wird vorgeworfen, «mit der da» einen Film zu machen. Das sind Sachen, die verletzen.

LUIK Wie ist es für Sie, wenn Sie

das Ausmaß des Betrugs erfahren, der im Namen des Sozialismus passierte?

WITT Das ist eine Frechheit, eine bodenlose Frechheit. Ich begreife nicht, wie das möglich war.

LUIK Nach allem, was passiert ist und was sie jetzt wissen: Sind Sie noch Sozialistin?

WITT Ich bin noch ein Anhänger dieser Politik.

LUIK Was heißt Sozialismus für Sie?

WITT Ich glaube an die humanitären Ideale dieser Utopie. Daß eine menschenwürdige Gesellschaft möglich ist. Daß bei dem gesellschaftlichen Reichtum, den es gibt, niemand zu hungern braucht. Daß niemand auf der Strecke bleibt.

LUIK Ihr SED-Parteibuch geben Sie also nicht zurück?

WITT Nee. Ich habe es noch behalten, und ich bin der Meinung, man sollte den Genossen, die sich bei uns mit voller Kraft einsetzen, auch eine Chance geben.

LUIK Auf wen hoffen Sie heute noch?

WITT Ich setze auf Modrow und Gysi. Diese Leute sind mir vom ganzen Auftreten her einfach sympathisch. Ich teile auch den Traum von Christa Wolf: «Stell dir vor, es ist Sozialismus, und niemand läuft weg.»

LUIK Nun ist viel von Wiedervereinigung die Rede.

WITT Das stimmt mich manchmal etwas traurig. Ich finde, die DDR soll eine Chance bekommen, als ein eigenständiges Land zu existieren. Ich habe keine große Sehnsucht danach, ein zwölftes Bundesland der BRD zu werden.

LUIK Haben Sie vielleicht Angst vor einem, wie es in der DDR-Hymne heißt, «einig Vaterland»?

WITT Nicht unbedingt Angst. Das ist mein Land – die DDR. Es ist für mich einfach so, als ob Österreich plötzlich zur BRD gehören müßte, bloß weil sie dort deutsch sprechen.

LUIK Sie hegen also richtige Heimatgefühle für die DDR?

WITT Ja, richtig tiefe, ausgeprägte Gefühle. Die DDR ist meine Heimat. Ich bin hier aufgewachsen. Die DDR soll ihren eigenen Weg finden mit Hilfe von außen. Aber warum soll sie eingekloppt werden in ein gesamtes Deutschland? Zum alten Deutschland haben auch noch andere Gebiete gehört. Und diese ganze Diskussion, die da aufkommt, macht mir angst.

LUIK Für Ihre Goldmedaillen haben Sie den Vaterländischen Orden mit der Ehrenspange bekommen. Der Theaterregisseur Peymann hat einmal einen Orden von Bundespräsident Weizsäcker abgelehnt. Begründung: Ich will mir keinen Ring durch die Nase ziehen lassen. Ich will unabhängig von der Politik bleiben.

WITT Ich hab mich trotz dieses Ordens nicht gängeln lassen. Diese Auszeichnung ist für mich kein Nasenring, im Gegenteil. Es ist für mich eine Anerkennung meiner Leistungen. Ich habe mich

gefreut und war stolz. Ein Lob dafür, daß ich in meinem Metier die Beste war.
LUIK Aber vielleicht haben diese Anerkennungen Sie abgehalten, Ihr Land öffentlich zu kritisieren?
WITT An wen hätte ich mich wenden sollen? Hätte ich ein Interview im Fernsehen geben sollen?
LUIK Vielleicht.
WITT Vielleicht. Vielleicht hätte ich auch bei der 40-Jahr-Feier einfach rauslaufen sollen, wie ich es tatsächlich wollte. Dann wäre ich jetzt der Nationalheld. Aber ich hatte da nicht die Courage dazu.
LUIK «Wer zu spät kommt, den bestraft das Leben», sagt Gorbatschow.
WITT Ich bin nicht der Meinung, daß ich zu spät dran bin. Als das im November mit den Demonstrationen losging, da muß ich schon zugeben, daß ich mir zunächst mal die Nächste war. Man wußte ja gar nicht, wo das hingeht. Man hat ja auch Sachen gehört, was der Staatssicherheitsdienst mit den Leuten gemacht hat, die ins Gefängnis kamen. Ehrlich: Meine Knochen waren mir da zu schade. Ich brauche sie für meinen Job.
LUIK Hatten Sie etwa Angst um Ihr Leben?
WITT Ich hatte ganz konkrete Angst, daß mir meine Projekte gestrichen würden. Daß ein Traum von mir, mein Film «Carmen auf dem Eis», in die Binsen gehen würde. Angst auch, daß sie zu mir sagten: Du darfst nicht mehr Schlittschuhlaufen. Es hätte ja sein können, daß die auch mit Waffengewalt reagiert hätten, und ich gebe zu: Davor hatte ich Angst. Angst auch vorm Gefängnis. Mein Vorwurf an mich: Ich habe einfach zu lange geglaubt, was ich gelesen habe und was mir gesagt wurde.

> „Als es mit den Demonstrationen losging, da war ich mir die Nächste. Meine Knochen waren mir da zu schade"

LUIK Die Abneigung gegen DDR-Sportler wird nun handgreiflich. Der Schwimm-Olympiasiegerin Heike Friedrich beispielsweise zertrümmerten erboste DDR-Fans eine Autoscheibe.
WITT Nee, nee. Da steht bei euch viel in den Zeitungen, was so nicht stimmt. Richtig ist: Über die Sportler wird gehetzt. Ich kriege auch mit, daß gesagt wird: Die Witt kann ich in der Zeitung nicht mehr sehen, die hätte auch früher etwas sagen können. Manchmal bin ich schon deprimiert, weil ich mir sage: Du hast es doch nicht bloß für den Staat und die Regierung gemacht, sondern vor allem für das Land und die Leute.

Nach Calgary habe ich Zehntausende von Briefen gekriegt, und die Leute waren aus dem Häuschen, das war ein richtiger Freudentaumel. Die sind nachts für die Olympischen Spiele aufgestanden – und da sage ich mir: Das können sie doch nicht alle vergessen haben. Sie können doch nicht alle gegen dich sein.

LUIK Dieser plötzliche Liebesentzug bringt Sie nicht dazu, zu sagen: Okay, ich verlasse das Land.

WITT Nee! Aber man muß einen Schutzwall um sich aufziehen. Sonst gehst du kaputt. Ich gehe im Augenblick durch Himmel und Hölle.

LUIK Muß ich Sie nun bedauern, weil Sie ein Idol sind?

WITT Nein. Und ich gebe auch zu, es ist schön, wenn die Leute dich ansprechen. Andererseits aber ist es – im Augenblick sowieso – schwer, ein Allgemeingut zu sein. Jeder glaubt, dir auf die Schulter klopfen zu dürfen und sagen zu können: «Das ist meine Kati. Das ist unsere Kati.» Und dann stellen sie ihre Forderungen an dich, knallhart. Ich kann nicht einfach eine Entscheidung treffen, ich muß immer erst daran denken: Was sagen die Leute bei mir in der DDR und im Ausland?

LUIK Na und?

WITT Das ist nicht so einfach. Nehmen Sie jetzt mal die Frage, ob ich noch eine Genossin bin. Natürlich will ich noch in der Partei bleiben. Aber die anderen sagen: «Ist die noch immer da drin?» Bei allen Entscheidungen, die ich treffe, habe ich das Gefühl, für Millionen mitverantwortlich zu sein ...

LUIK Bereitet Ihnen das schlaflose Nächte?

WITT Sicher. Als ich damals zu Holiday on Ice ging, lag ich nächtelang wach im Bett. Das war damals fast schon eine Revolution. Die Kati Witt geht ins Ausland! Aber dann sagst du dir: Das ist doch Wahnsinn. Ich muß mich doch so entscheiden, wie es für mich richtig ist. Und dann brettern plötzlich tausend Reaktionen auf dich ein: Warum? Wieso? Was glaubst du eigentlich! Und plötzlich bist du wieder so vielen Leuten Rechenschaft schuldig.

LUIK Noch ein Vorwurf an Sic als marxistische Modellathletin: Sie hätten, heißt es, ein allzu glamouröses Leben geführt ...

WITT ... aber das stimmt doch nicht! Bis zum 22. Lebensjahr – also meinem Olympiasieg in Calgary – hatte ich in Karl-Marx-Stadt eine kleine Wohnung. Eine Ein-Raum-Wohnung mit einer kleinen Schlafnische.

LUIK Und ein Auto, auf das DDR-Bürger zehn Jahre lang warten müssen.

WITT Okay, das war ein Vorteil gegenüber Gleichaltrigen. Aber was hat ein Boris Becker für verdiente Vorteile gegenüber einem gleichaltrigen BRD-Bürger?

LUIK Ein anderes Thema: Die Pirouetten elegant auf dem Eis zu springen, setzt jahrelangen knallharten Drill voraus. Das ist Kinderarbeit, sagen Pädagogen.

WITT Für mich war das nie Arbeit. Vom ersten Eiskontakt an, als ich fünf Jahre alt war, wußte ich: Das ist meine Welt. Meine Liebe. Man mußte mich nie zum Training zwingen. Es gab für mich am Anfang überhaupt keine Unterstützung.

LUIK Das überrascht mich. Die Überlegenheit der DDR-Athleten wurde bei uns bisher immer so erklärt, daß der DDR-Sport vom Kindesalter an effizient durchorganisiert ist.

WITT Das ist völliger Quatsch. Klar, wir wurden schon unterstützt. Meine Trainingsbedingungen in Karl-Marx-Stadt waren sehr gut. Aber ich kenne auch ganz andere Bedingungen für unsere Sportler: Katastrophale Hallen, in denen der Kraftraum veraltet, die Maschinen verdreckt und die Duschen fast unbrauchbar sind, Hallen ohne Personal, duster und dunkel. Und wenn ich das mit dem vergleiche, was ich in Amerika oder der BRD gesehen habe, was da für Möglichkeiten sind, all diese herrlichen Hallen und all diese Topgeräte: Da hat's mich auf den Arsch geknallt. Wenn ich dann bedenke, unter was für Verhältnissen wir Weltklasseleistungen gebracht haben, dann staune ich schon.

LUIK Wie erklären Sie sich, daß das kleine 17-Millionen-Land zu einer derartigen Sportmacht avancieren konnte?

WITT Ich kann es mir nur so erklären: Das war dieser innere Antrieb in den einzelnen Athleten. Diese Sehnsucht nach einem etwas besseren Leben. Das Wissen eben, daß du, wenn du etwas Besonderes sein willst in diesem Staat, es primär durch Sport möglich wird. Das Wissen, wenn du reisen willst, dann geht das durch den Sport.

LUIK Der ehemalige Skisprung-Olympiasieger Hans-Georg Aschenbach erklärt den Erfolg viel profaner. Er hat massive Vorwürfe gegen DDR-Sportler erhoben und sprach von «flächenübergreifender Doping-Praxis». In der DDR wurden, sagt er, Anabolika «gespritzt und geschluckt, was das Zeug hielt».

WITT Er hat mich ja in diesen Vorwurf mit reingezogen. Da kann ich nur sagen, das ist eine totale Schweinerei. Wenn er selber Anabolika genommen hat, ist es seine Sache. Aber er muß nicht mich mit in den Schmutz ziehen.

LUIK Wie erklären Sie sich, daß er Sie des Doping-Mißbrauchs beschuldigte?

WITT Er ist rüber in die BRD gegangen – Republikflüchtling hieß es damals noch – und hatte sicherlich eine Riesenwut im Bauch. Um seinen Artikel verkaufen zu können, brauchte er ein paar bekannte Namen. Also hat er mich genommen. Da geht wahrscheinlich auch bei der «Bild»-Zeitung die

Schublade auf: «Rote Eisprinzessin dopt sich nach vorn.» Er hätte – dieser Stinkstiefel – mit seinen unverschämten Anschuldigungen meine Karriere beenden können.

LUIK Sie sind tatsächlich clean?

WITT Absolut. Da müssen Sie sich ja nur die Bilder von mir ansehen. Meine weibliche Figur ist da Zeuge genug: Bei Anabolikaeinnahme geht die Brust zurück, und ich habe einen gut entwickelten Busen.

LUIK Doch der Verdacht ist seit Jahren nicht auszurotten: In der DDR wird systematisch mit Anabolika experimentiert.

WITT Ich persönlich weiß nichts davon. Natürlich kannte ich Schwimmerinnen oder Kugelstoßerinnen, die eine auffällig tiefe Stimme hatten und bei denen die Hände aussahen wie bei Männern. Aber darüber wurde nicht geredet. Es durfte niemand etwas sagen. Und es hat niemand etwas gesagt.

LUIK Glauben Sie, daß ein «sauberer» Sport jemals wieder möglich sein wird?

WITT Das setzt voraus, daß der Sport wieder auf «normalere» Bahnen kommt. Für den Zuschauer bedeutet dies, die Erwartungen etwas zurückzuschrauben. Konkret: zufrieden zu sein, wenn einer im Stadion gewinnt, ohne einen neuen Weltrekord aufzustellen.

LUIK Aber das Problem bleibt bestehen: Alle Welt schaut nur auf den Sieger.

WITT Richtig. Ob du Erster oder Zweiter bist, das ist ein himmelweiter Unterschied. Das kann ich kaum mit Worten erklären, so brutal ist das. Ich war '84/85 Weltmeisterin und das Jahr danach wurde ich «nur» Zweite.

LUIK Und dann flossen die Tränen.

WITT Ich habe geweint, weil ich bei meiner Kurzkür einen vermeidbaren Fehler gemacht hatte. Aber plötzlich merkte ich, was es heißt, nur noch Zweite zu sein. Die Freunde sagen: toll, okay, und in ihrer Stimme schwingt Mitleid mit. Aber die Medien und die Öffentlichkeit behandeln dich plötzlich völlig anders, sie ignorieren dich. Du merkst es an deinen Prämien, deinem Wertezerfall. Es sind Kleinigkeiten, die an deinem Selbstwertgefühl nun nagen: Beim Schaulaufen läufst du nicht mehr am Ende mit den Gewinnern, so wie du es gewohnt bist. Du läufst schon im zweiten Teil ganz vorn. Das ist so ein unbeschreibliches Gefühl der Degradierung.

LUIK Was haben Sie eigentlich für Ihren Olympiasieg in Calgary bekommen?

WITT 25 000 Ostmark – ein Witz zu dem, was im Westen üblich ist, Micky-Maus-Geld, entwürdigend.

LUIK Aber das war doch wohl nicht alles?

WITT Es gab noch ein paar Forum-Schecks (DDR-Zahlungsmittel für Intershops). Ein Witz, wie schon gesagt, zu dem, was ein Olympiasieger im Westen mit ein paar Werbeverträgen verdienen kann.

LUIK Verbittert?

WITT Nee, für mich war das damals schon viel Geld. Ich konnte mir ein Auto kaufen. Aber in gewisser Weise bin ich einfach sauer, daß ich Angebote, die ich damals hatte, nicht annehmen durfte. Aus moralischen Gründen sei das nicht möglich, wurde mir eingeredet. Die Angebote bewegten sich immerhin in Millionenhöhe. Mir fiel es allerdings auch nicht schwer, die Offerten auszuschlagen. Ich war damals ja noch der Meinung, daß es richtig ist, sich nicht kaufen zu lassen.

LUIK Aber heute denken Sie: Hätte ich doch bloß …

WITT Nee, es tut mir einfach leid, weil ich jetzt erfahre, wie dieser Staat – der von mir diese hehre Moral verlangte – sich selbst Geld verschaffte mit Waffenhandel und allen möglichen Deals. Für mich ist das nur noch eine schreckliche Heuchelei, wie die damals sagten: Wir verkaufen unseren Sport nicht. Wir sind auf ganz üble Weise verkauft worden.

LUIK Und wie bitte?

WITT Indem wir als Aushängeschild mißbraucht worden sind für unmoralische Politiker.

LUIK Was meinen Sie, wie viele Millionen Sie verloren haben, weil Sie nach Calgary keine Verträge abschließen durften?

WITT Das interessiert mich nicht mehr. Dieses Kapitel ist für mich abgeschlossen. Es sind sicherlich einige Millionen. Aber ich bin jung. Ich stehe am Anfang einer neuen Karriere, und ich kann glücklicherweise auch sagen: Geld ist nicht das Wichtigste in meinem Leben. Ich weiß natürlich, daß Geld wichtig ist – auch in meiner Gesellschaft wird es immer wichtiger. Ich merke plötzlich – und das macht mich richtig traurig –, wie hier der Run auf das Materielle losgeht: Man muß nun mehr haben als der Nachbar.

> **„Das gegen Debie Thomas war der totale Klassenkampf. Es war der Kampf der Systeme"**

LUIK Aber Sie sagten einmal, Luxus ist wichtig für Sie.

WITT Was heißt Luxus? Ich brauche keine goldenen Wasserhähne. Ich brauche eine warme Wohnung, etwas zu essen …

LUIK Sie haben ein Grundstück bei Berlin, eine Wohnung in Berlin und …

WITT … für die DDR ist das schon ein Luxus. Aber …

LUIK … Sie sind nun nicht auf der Jagd nach den Millionen?

WITT Bin ich sicherlich nicht. Ich

brauch das nicht für mein persönliches Glück.

LUIK Aber wenn jetzt Werbeangebote kämen, die …

WITT … würde ich die annehmen – ohne moralische Skrupel.

LUIK Schamgrenzen gibt es in der neuen Zeit nicht mehr?

WITT Doch, doch. Es gibt schon noch ethische Grenzen für mich. Ich hatte ein Angebot vom «Playboy», und die hätten mir alles Geld der Welt bieten können. Da habe ich nur gelacht.

LUIK Aber für Coca-Cola, Symbol des American way of life, könnten Sie ohne Skrupel werben?

WITT May be, wenn es für Diät-Cola wäre – warum nicht? Aber okay: Es gibt für mich schon noch Grenzen, die ich nicht überschreiten werde.

LUIK Zum Beispiel?

WITT Nehmen Sie die «Bild»-Zeitung. Da sage ich für mich: Hands off! Da weiß ich genau, was das für ein Blatt ist. Und es macht mich auch sehr traurig, daß nun die «Bild»-Zeitung ein Fußball-Turnier in Dresden sponsert. Daß mein Land so weit geht, da mitzumachen, daß mein Land da so die Hosen runterläßt, kein Schamgefühl hat, das finde ich einfach …

LUIK … schade?

WITT Peinlich. Man kann doch nicht seinen Stolz verlieren und vergessen, wie die uns jahrzehntelang behandelt haben. Darüber komme ich nicht hinweg.

LUIK Zurück zum Eis: Glauben Sie, daß Sie wegen Ihres Schlittschuhlaufens etwas Wichtiges in Ihrem Leben versäumt haben?

WITT Ich liebe meinen Sport. Eiskunstlauf ist ein bewegungsfreudiger Sport, der sich aus so vielem zusammensetzt: Musikalität, Choreographie, Kreativität. Für mich als Kind war das einfach spannend. Ich konnte meinen Bewegungsdrang voll ausleben.

LUIK Jugendliche gehen in die Discos, gemeinsam auf Reisen.

WITT Ich habe das als 14-, 15jährige nie vermißt. Ich war lieber auf dem Eis. Dort habe ich für mich jedes Jahr die Ziele neu abgesteckt.

LUIK Und irgendwann war Ihnen dann klar: Ich werde die beste Eiskunstläuferin der Welt?

WITT Mit 13 wußte ich, daß ich das schaffen konnte. Ich sah damals die Annett Pötzsch auf dem Siegerpodest bei den Europameisterschaften, und sie war die Beste. Ich schloß die Augen und sagte zu mir: Da oben willst du auch mal stehen. Und dafür habe ich dann alles getan.

LUIK Pädagogen sagen nun, daß Kinder, die Leistungssport betreiben, emotional verkümmern.

WITT Im Studium habe ich erstmals gespürt, daß ich in meiner Kindheit etwas verpaßt habe. Meine Phantasie ist wegen des Sports auf der Strecke geblieben. Wir sollten im Studium Geschichten erfinden, und da habe ich plötzlich gemerkt, daß ich immer mit sehr realen Problemen zu tun hatte. Plötzlich wurde mir klar, daß ich keine «normale» Kindheit hatte. Ich habe zuwenig Märchen gehört. Ich kam um sechs müde nach Hause. Dann gab's Abendbrot, Sandmännchen und ab ins Bett. Da blieb keine Zeit für Gute-Nacht-Geschichten.

LUIK Hatten Sie eigentlich mal Lust, Ihre Schlittschuhe einfach in die Ecke zu werfen?

WITT Nie. Allerdings gab es mit 16, 17 Jahren, als die ersten Männerbekanntschaften anfingen, schon mal Augenblicke, in denen ich sagte: Mensch, jetzt willst du mal in die Disco und lang aufbleiben. Da gab es also eine Zeit der Entbehrungen, Liebeskummer.

LUIK Hatten Sie eigentlich mal einen Freund, der sagte: Entweder ich oder das Eis?

WITT Meine erste große Liebe mit 18 ging in die Brüche wegen des Sports. Mein Freund konnte nicht begreifen, daß mir der Sport so wichtig war. Es gab für mich auch Augenblicke, in denen ich sagte: Daß darf doch nicht wahr sein, daß am Sport alles hängt. Aber ich habe mich für diesen Weg entschieden, und den bin ich dann auch konsequent gegangen.

LUIK Hart, hart.

WITT Du mußt hart gegen dich sein, anders geht es nicht.

LUIK War es eigentlich egal, ob Ihnen fünf Fans oder Hunderttausende zuschauten?

WITT Sobald ich auf dem Eis war, spielte nichts, gar nichts mehr eine Rolle. In Calgary war kurz vor der Kür der Gedanke in mir, daß mir nun Millionen zuschauen werden. Und für einen Augenblick kam die Angst in mir hoch, daß die jetzt von dir erwarten, daß du dich auf den Hintern setzt.

LUIK In Calgary gab es diesen Zweikampf zwischen Ihnen und der Amerikanerin Debie Thomas. War das so etwas wie ein Klassenkampf auf dem Eis für Sie?

WITT Der totale Klassenkampf. Auch für die Amis. Die Amis wollten natürlich, daß die Debie für sie gewinnt. Und bei uns war es genauso. Es war ein Kampf der Systeme.

LUIK Sport, heißt es gemeinhin, ist völkerverbindend.

WITT Sicherlich nicht im Augenblick eines Finales. Aber das olympische Dorf war für mich immer ein Modell, wie die Welt sein könnte.

LUIK Sie haben in ihrer Disziplin alles erreicht, was ein Sportler erreichen kann. Stellt sich für Sie da nicht manchmal die Frage: Was kann mir das Leben eigentlich noch bringen?

WITT Genau diese Frage hat sich mir nach Calgary und den Weltmeisterschaften gestellt. Ich wußte, daß ich den absoluten Höhepunkt meines Lebens erreicht hatte: einen riesigen Medaillenspiegel, riesengroße Popularität. Ich wußte damals sofort, daß ich nie mehr in meinem Leben so sehr im Mittelpunkt des weltweiten Interesses stehen werde.

LUIK Viele Spitzensportler haben Schwierigkeiten mit dem Leben abseits des Rampenlichts ...

WITT Anders als so viele Sportler, bin ich nach diesem Höhepunkt in kein Loch gestürzt. Für mich ging es ja immer weiter. Ich bin stolz auf mich, daß ich für mich weiterhin Ziele und Aufgaben habe setzen können.

LUIK Aber waren diese neuen Ziele nicht begrenzt durch die rigide DDR-Politik?

WITT Ich fühlte, daß die DDR für meine Zukunftspläne sicherlich zu klein war. Gleichzeitig war mir immer bewußt, daß ich – wenn ich etwas wirklich hundertprozentig will – es auch durchsetzen kann. Ich bin für meine Projekte, auch für meinen Film «Carmen auf dem Eis», durch Himmel und Hölle gegangen. Von ganz oben sollten meine Projekte abgeblockt werden.

LUIK Es macht sich ja auch nicht gut, wenn sich die marxistische Musterathletin im kapitalistischen Ausland verwirklicht und den real existierenden Verlockungen des Dollarsegens erliegt.

WITT Warum soll ich mit meinem Können und auch als – etwas großspurig ausgedrückt – Kommunistin nicht mein Geld im Ausland verdienen? Ich habe mich dafür auf die Hinterbeine gestellt. Ich sehe mich als Pionier für andere DDR-Sportler, die daraufhin gesagt haben: Jetzt wollen wir auch Geld verdienen. Aber für mich ging es damals um viel mehr: Ich wollte mich von einer Sportlerin zu einer Künstlerin entwickeln.

LUIK Damit haben Sie viele Fans verschreckt.

WITT Ich habe zu Hause viele, sehr viele Fans verschreckt. Aber ich kam an einen Punkt, an dem ich gesagt habe: Jetzt machst du Schluß. Jetzt denkst du nur an dich. Und du möchtest mit dem Eiskunstlaufen dein Geld verdienen, weil es dir Spaß macht. Es gibt Sänger und Musiker, es gibt Tänzer, die mit ihrem Beruf, der ihr Hobby ist, Geld verdienen. Warum sollte ich wegen ein paar tausend Leuten, die mich nicht mehr verstehen, auf das verzichten, was mir so wichtig ist? Warum sollte ich auf diese Leute hören und selber total unglücklich sein? Ich sagte: Vergiß das alles Mach alles, damit du für dich glücklich wirst!

LUIK Katarina Witt – die Powerfrau!

WITT Nee, nee. Manchmal hatte ich schon das Gefühl, daß mein Land meine Entwicklung nicht handhaben könnte. Daß ich scheitern würde. Denn nach den Olympischen Spielen war ich – ich will mich jetzt nicht loben – ein Weltstar, ein Novum für die DDR.

LUIK Eine bundesdeutsche Zeitung schrieb damals, Ihre Vermarktung sei von den Funktionären «generalstabsmäßig geplant» worden.

WITT Quatsch. Wenn sie das

gemacht hätten, hätten sie die Vermarktung einem gewieften West-Manager in die Hand gegeben. Aber so war das völlig unprofessionell, das war immer Klein-Klein. Und immer mit der Angst im Nacken, daß die Bevölkerung erfährt, daß ich mit dem Eislaufen mein Geld verdiene.

LUIK Sie sagten: Es war schwierig für Sie, Ihre Pläne durchzusetzen. Was heißt das?

WITT Meine Sachen waren bei der höchsten Stelle angebunden, also bei Honecker und dann bei Krenz. Die wußten immer Bescheid, was ich machte. Ich konnte nicht mal in Urlaub fahren, ohne daß die Bescheid wußten! Ich mußte mit vielen Dingen, die ich machen wollte, einfach mit dem Kopf durch die Wand rennen. Dank meines Bekanntheitsgrades hatte ich Gott sei Dank einige Trümpfe in der Hand.

LUIK Warum haben Sie bei Ihren Möglichkeiten dann den Abstieg in den billigen Tingeltangel durchgesetzt? Warum Holiday on Ice – diesen zu Eis geronnenen Disney-World-Kitsch?

WITT Sagen wir mal so: Revue ist für viele Läufer ein Traum. Ich wollte das einfach mal ausprobieren. Für mich war es die einzige Chance, in dieses Geschäft einzusteigen.

LUIK Haben Sie die Revue auch deswegen gemacht, weil sie so gut bezahlt war? Ihre Gage, so hieß es, betrug immerhin sieben Millionen Mark.

WITT Das ist nicht wahr. Mein Vertrag verbietet mir, über Geld zu reden. Aber soviel kann ich sagen, damit diese Gerüchte endlich mal aus der Welt kommen: Es war nicht mal, bei weitem nicht, eine Million Mark. Mit ein paar Schauläufen verdiene ich mehr. Mir ging es aber damals nicht ums Geld: Mir ging es um die Erfahrung, und jetzt weiß ich: Ich will eigene Sachen auf die Beine stellen. Ich will ein anderes künstlerisches Niveau. Und ich gebe es auch gerne zu: Mir fiel es schon schwer, jeden Abend mit dressierten Pudeln aufs Eis zu gehen.

LUIK Bei den Olympischen Spielen 1988 in Calgary und Seoul gewann die DDR insgesamt 127 Medaillen, sie war die zweitstärkste Sportmacht. Wird 1992 bei den Olympischen Spielen die DDR-Hymne ausgespielt haben?

WITT Vielleicht gibt es bis dahin ja keine DDR mehr, was ich allerdings nicht hoffe. Aber wir werden nicht mehr so stark sein. Der Zenit ist überschritten – einfach, weil die bisherige Unterstützung auf jeden Fall zurückgehen wird.

LUIK Die Topathleten der DDR werden im Augenblick verscherbelt wie in schlechten Zeiten das Meißner Porzellan. Im Westen, so der Glaube, liegt das große Glück.

WITT Ich finde es schade, daß die Spitzensportler zu euch weggegeben werden. Ich bin mir sicher, daß die Sportler – auch wenn sie noch eine Zeitlang die DDR-

Staatsbürgerschaft haben – nicht mehr wiederkommen. Warum geht es nicht, daß sie in den eigenen Clubs bleiben können und die Sponsoren dort auftreten? Mein Wunsch: Westliche Sponsoren sollen bei uns im Sport investieren. Nur so kann, glaube ich, der Spitzensport bei uns wirklich überleben. Und wir haben ja was zu bieten: Sehr viele Weltmeister und Olympiasieger, die werbemäßig auch lukrativ sind. Für die Zukunft des DDR-Sports sehe ich dennoch rabenschwarz. Es ist ja nicht nur Andreas Thom, der in den Westen gegangen ist. Es sind ja viele gegangen, die in der zweiten oder dritten Reihe stehen, die aber wichtig sind für einen gesunden Sport. Die Lage ist total kritisch: Die Basis für eine richtige Leistungspyramide bricht bei uns zusammen.

LUIK Können Sie es den Athleten verdenken, daß sie von Millionengagen träumen?

WITT Es ist ja auch richtig, daß die Athleten mit ihren besonderen Leistungen ordentliches Geld verdienen wollen. Jeder sollte es mit seinem Gewissen vereinbaren, wo er das Geld verdienen will. Aber dennoch wünsche ich mir, daß mehr Sportler hierbleiben.

LUIK Das sagen Sie, die im Ausland ihr Geld verdient?

WITT Ich weiß, daß ich in dieser Frage nicht überzeugend argumentieren kann. Aber mein Herz hängt am DDR-Leistungssport. Ich lebe in der DDR, und ich verdiene mein Geld auch mit für die DDR. Aber viele Athleten haben im Augenblick, und das verstehe ich sehr gut, das Gefühl der Ausweglosigkeit. Dagegen kann nur etwas getan werden, wenn die Sportmanager hier endlich lernen, mit möglichen Sponsoren professionell zu verhandeln. Daß sie nicht über den Tisch gezogen werden, daß sie unsere Athleten nicht unter Wert verkaufen: daß die guten Leistungen, die wir im DDR-Sport zu bieten haben, auch gutes Geld bringen.

LUIK Eine Forderung kommt nun auf in der DDR: Die Gelder des Leistungssports müssen fortan in den Breitensport gehen.

WITT That goes without saying! Wir brauchen bei uns die Möglichkeiten – genau wie bei euch –, daß der normale Mensch Tennis spielen, Aerobic-Kurse besuchen, daß jeder schwimmen gehen kann – ohne die Erwartung, Weltklasseleistung bringen zu müssen.

LUIK Gab es für Sie in Calgary eigentlich nie die Versuchung, den real existierenden Verlockungen des Westens zu erliegen?

WITT Nee, überhaupt nicht. Ich wußte, daß meine Zukunft in der DDR gesichert war. Mir war dieses Gefühl der Sicherheit wichtig, daß ich nie auf der Straße landen werde.

LUIK Angst vor der Kälte des Westens?

WITT Ein bißchen vielleicht. Ich will nun nicht sagen, daß im Westen jeder auf der Straße landet. Aber es gibt andererseits viele Beispiele von Sportlern, die übers Ohr gehauen wurden und deren Ruhm verblaßte, die in Armut starben. Die DDR hat für mich auch Wärme bedeutet. Und ich wußte, daß mir – wenn ich darum kämpfe – alle Türen aufstehen.

LUIK Marita Koch hat neulich moniert, daß die DDR-Sportler sich nur in «Floskeln und Hülsen» mit ausländischen Athleten unterhalten durften.

WITT Ich habe mich nie darum geschert. Ich sah nicht ein, nur guten Tag, guten Weg zu den Athleten aus dem Westen zu sagen.

LUIK Erklären sie mal: Warum hielten sich die DDR-Athleten, erwachsene Menschen, an die auferlegten Sprachregelungen? Wie kann man die Vorzüge eines Staats loben, während man von ihm gleichzeitig wie ein kleines Kind gegängelt wird?

WITT Sagen wir mal so: Durch deine ganze Erziehung fandest du das völlig normal. Aber irgendwann stellst du das in Frage und wunderst dich, daß du das alles akzeptiert hast. Ein Beispiel, wie diese Erziehung in Fleisch und Blut übergeht: Wenn ihr aus dem Westen in die DDR kamt, habt ihr eure Fahrtroute immer anmelden müssen. Nun war ich in Amerika und habe ein Auto ausgeliehen und bin losgefahren und habe dann abgebremst und zu mir gesagt: Das geht doch nicht, du mußt doch vorher anmelden, wenn du woanders hinfahren willst.

LUIK Jetzt erst recht: War angesichts solcher kleiner Freiheiten die Versuchung nicht groß, einfach im Westen zu bleiben?

WITT Nee, nee. Ich habe mich ja über die Verbote hinweggesetzt. Ich habe die Interviews gemacht, die mir wichtig schienen. Ich habe immer gesagt, was ich denke. Ich habe mich getroffen, mit wem und wann ich wollte. Ich habe zu den Funktionären gesagt: «Hört mal her, ich lebe hier. Ich fahre für dieses Land ins Ausland, und ihr müßt soviel Vertrauen haben, daß ich mich da frei bewegen kann.» Und ich habe das dann einfach gemacht.

LUIK Es gibt aber auch DDR-Sportler, die sich mit Athleten aus dem Westen getroffen haben und …

WITT … deswegen aus dem Kader geflogen sind. Von solchen Leuten wußte ich. Aber ich habe es trotzdem gemacht.

LUIK War die Katarina Witt selbst für die mächtigen Funktionäre zu mächtig?

WITT Vielleicht. Aber vielleicht war es auch eine Frage der Zivilcourage. Ein Beispiel: Mir wurde gesagt, wenn ich Post aus dem Ausland kriege, muß ich jede einzelne Adresse angeben. Nach den Olympischen Spielen bekam ich Zehntausende von Briefen aus der ganzen Welt. Sollte ich die Adressen alle aufschreiben? Was für eine Bürokratie beschäftigt sich denn damit? Ich habe gesagt: «Jetzt ist damit Schluß!» Dann ist meine ganze Post aufgemacht worden. Da habe ich gesagt: «Jetzt langt's!» Dann kamen die Briefe ungeöffnet zu mir. Ich habe mich eben stärker durchgesetzt als etwa Marita Koch, die sich an all die Auflagen gehalten hat. Mir ist nichts passiert. Vielleicht habe ich Schwein gehabt. Aber manchmal denke ich auch: Wenn vielleicht mehr Leute so wie ich gehandelt hätten, vielleicht wäre dann das Leben in der DDR ein bißchen anders gewesen.

LUIK Gibt es Dinge, vor denen Sie Angst haben?

WITT Ich habe Angst, allein zu bleiben.

LUIK Das sagt eine Frau, die weltweit ein Objekt der Begierde ist?

WITT Ich trenne mich gerade von einer Beziehung, die jahrelang gehalten hat. Ich gehe jetzt das Risiko ein, daß ich einen tollen Menschen verliere. Ich will jetzt zwar allein sein, aber gleichzeitig habe ich Angst davor.

LUIK Angst vor einer zu engen Bindung?

WITT Vielleicht. Ich möchte auch mal eine Familie, ein schönes Heim und Kinder. Aber im Moment bin ich nicht dazu bereit. Es ist schwierig, das meinem Freund zu vermitteln, der mehrere Jahre älter ist als ich.

LUIK Was wollen Sie denn?

WITT Ich will frei sein, unabhängig sein. Ich will mir selbst keine Schranken setzen müssen, auch was Männerbeziehungen anbelangt.

LUIK Sie haben mal gesagt, es macht Ihnen Spaß, Männer zu verführen.

WITT Ja, macht mir auch unheimlich Spaß.

LUIK Wie weit geht der Spaß?

WITT Soweit ich das mit meinem Gewissen vereinbaren kann, gehe ich bis zum Schluß. Doch das hört sich jetzt an, als ob ich ständig Männer verführte. Aber in der Tat: Sie sind für mich eine Herausforderung. Am Anfang ist es immer ein Spiel, eine Art Selbstbestätigung. Aber sobald es ernst wird, ist es problematisch für mich. Denn ich weiß, daß ich mich mit Haut und Haaren hingeben kann, und das ist auch kritisch für mich. Ich brauche meinen Freiheitsdrang für meinen Beruf. Ich kann mich jetzt noch nicht hundertprozentig binden, denn sonst mache ich mich unterwegs kaputt. Wenn ich fünf Wochen weg bin und weiß, da ist jemand zu Hause, den ich so fest und toll liebe, dann gehe ich kaputt

LUIK Kommt zuerst der Job und dann die Liebe?

„Es macht mir unheimlich Spaß, Männer zu verführen"

WITT Im Moment ist mir der Beruf wichtiger. Gleichzeitig habe ich Angst davor, mich zu verlieben. Denn ich weiß, daß ich dann alles hinschmeißen würde. Und das ist mein Dilemma: Ich will mir zwar keine Schranken setzen, muß mir aber einfach welche setzen.

LUIK Karriere, Karriere über alles?

WITT Die Karriere ist mir im Augenblick sehr wichtig. Ich bin ehrgeizig.

LUIK Und das heißt?

WITT Ich will den Leuten zeigen, daß Eiskunstlaufen mehr ist als bloß Sport, nämlich auch ein Kunstakt.

LUIK Bitte etwas weniger künstlerisch ...

WITT Okay. Ich will die Leute mit meinem Film «Carmen auf dem Eis», der dem Eislauf eine völlig neue Dimension eröffnet, überraschen. Und im April mit einer neuen Art Eis-Show, die ich mit dem Olympiasieger Brian Orser zusammenstelle. Bill Graham, ein Amerikaner, der bisher Rockkonzerte organisierte, hat uns dafür das Geld gegeben und gesagt: «Macht damit, was ihr wollt.» Das ist eine irre Chance. Ich habe jetzt die Freiheit, mich auf dem Eis zu verwirklichen.

LUIK Und was soll dabei herauskommen?

WITT Ich will die Leute mit meiner Kunst anrühren. Ich will sie zum Lachen bringen, und ich will sie zum Weinen bringen. Ich möchte, daß man im Stadion eine Nadel fallen hören könnte, wenn ich es will. Und nach der Show möchte ich in die Gesichter der Menschen gucken, und ich möchte dann dort ihre Freude oder ihre Tränen sehen. Wenn ich das schaffe, dann geht für mich ein Lebenstraum in Erfüllung.

Kati Witt

Geboren am 3. Dezember 1965 in Staaken bei Chemnitz. Keine andere Sportlerin war in der DDR so beliebt wie die Eiskunstläuferin Kati Witt, die in ihrer Sportkarriere mit einem Dutzend Goldmedaillen dekoriert wurde. Der Aufstieg zum weltweiten Superstar der Eisarenen war das Ergebnis jahrelangen, intensiven Trainings. Schon als fünfjähriges Kind schloß sich Witt dem SC Karl-Marx-Stadt an und kam 1975 zur Erfolgstrainerin Jutta Müller, die auch schon Annett Pötzsch sowie Jan Hoffmann in die Weltspitze geführt hatte. Die Stärken von Kati Witt lagen nicht ausschließlich in spektakulären Sprüngen, von denen sie den dreifachen Salchow bereits als Zehnjährige beherrschte. Witt konzentrierte sich in ihrer Kür stets auf die künstlerischen Elemente, und der Erfolg gab ihr recht: 1984 wurde sie Olympiasiegerin und konnte ihren Triumph 1988 gegen die Amerikanerin Debie Thomas (Witt: «Das war der totale Klassenkampf») wiederholen. Wenige Wochen später holte sie bei der WM in Budapest ihren zwölften und letzten internationalen Titel, mit etwas über 22 Jahren. Die amerikanische Show «Holiday on Ice» bot Witt, wie von ihr schon seit langem gewünscht, die Möglichkeit, ihre Eiskunstlaufkarriere – wenn auch nicht um Medaillen – fortzusetzen und den Einstieg ins Showgeschäft zu verwirklichen. Im November 1989 drehte sie den Film «Carmen auf dem Eis», der in Deutschland ein Flop war, in den USA jedoch mehrmals im Fernsehen wiederholt wurde. Derzeit arbeitet Witt an einer eigenen Eisrevue.

Ich bin der Sonnenkönig

Reinhold Messner

Was hat er nicht schon alles gemacht: mehr als 3000 Gipfel und sämtliche Achttausender bestiegen, die Antarktis durchquert und jede Menge unwirtliche Gegenden unter die Füße genommen. Wer ist Reinhold Messner? Ein Spinner, weil er aus freien Stücken 2600 Kilometer weit durch die eisige Hölle zum Südpol marschiert ist? Ein Masochist, weil er sich auf die höchsten Berge quält? Narr, Philosoph, Naturfreund oder Showman, vielleicht von allem ein bißchen?
War das noch ein Gespräch, damals in seinem Münchener Penthouse, im Februar 1990? Wohl eher ein Schlagabtausch, sieben Stunden dauerte die Klettertour durch das zerklüftete Innenleben des Alpinisten, der freimütig Stellung bezieht: zu Leben und Leistung, Einsamkeit und Eitelkeit, zu Anarchie, Angst und Alter, Sex und Sensationen.

LUIK Herr Messner, ich habe einen Verdacht: Sie und Ihre Abenteuer haben sich überlebt. Sie laufen Ihrem eigenen Leben hinterher und …

MESSNER … vor sieben Jahren hätte ich diese freche Unterstellung akzeptiert. Damals trat ich auf der Stelle. Ich war in einer Sinnkrise, diese Kletterei war für mich zur Last geworden: Ich hatte meinen Traum, alle 14 Achttausender zu besteigen, nicht verwirklicht, und ich wußte trotzdem: «Ich bin am Ende meines Weges angelangt.» Aber dennoch habe ich dann den Abstieg aus den Bergen noch sechs Jahre hingezogen und nur eine neue kühne Sache gemacht, die niemand verstand, die mir aber sehr am Herzen lag: die Doppelübersteigung von zwei Achttausendern. Gott sei Dank habe ich jetzt den Umstieg in neue sportliche Abenteuer geschafft. Hätte das nicht geklappt und wäre ich in der Tat immer wieder dieselben Berge hinaufgestiegen, wäre ich wirklich lächerlich geworden.

LUIK Das Abenteuer Südpol, das Sie werbemäßig sehr geschickt als «letzten Trip auf Erden» verkauft haben, hat Ihnen böse Häme eingebracht. Die «Zeit» wollte wissen, wann Sie ohne Sonnenbrille durch die Sahara oder nur mit dem Tanga bekleidet durch den Amazonasurwald wandern wollen.

MESSNER Diese Sätze sind doch nur dumm – hingeschrieben von einem Schwätzer. Das nehme ich nicht ernst.

LUIK Sie haben also keine Angst, in der Öffentlichkeit bald dazustehen wie Casanova, der für seine Lieblingsabenteuer erst bewundert, schließlich aber zum Gespött der Gesellschaft wurde?

MESSNER Nein.

LUIK Ihr Kollege Bubendorfer sieht das anders. Er sagt: «Was Messner macht, ist unter seiner Würde – einfach peinlich.»

MESSNER Bubis sind nicht meine Kollegen: Der Herr Bubendorfer soll das doch nachmachen. Nur nachmachen. Und da kann ich ihm auch gleich sagen: Es ist nicht leicht. Warum hat es denn niemand vorgemacht? Sie sollen's nachmachen, die Kids.

LUIK Was bringt's? Was soll's?

MESSNER Sollen wir uns streiten, ob diese Expedition sinnvoll war? Ist es sinnvoll, die «Zeit» oder SPORTS zu produzieren? Ich mache, was ich mache, weil es mir Spaß macht.

LUIK Sind Sie auf der Suche nach der ewigen Jugend?

MESSNER Nein. Aber es ist einfach so, daß ich aus der Antarktis ungeheuer gestärkt zurückkam. Ich fühle mich heute so stark, daß ich sage: Jeder Junge soll mit mir mal mitlaufen. Ich bin als fast 50jähriger in der Lage zu sagen: In der Super-Ausdauer schlage ich wahrscheinlich jeden 25jährigen. Und das ist mir eine Riesengenugtuung. Und da steckt auch eine gute Botschaft für die Älteren drin: Ich beweise, daß ein 50jähriger Bankmann oder Computerspezialist sich keine Sorgen zu machen braucht: Er hat potentiell die gleiche Energie, die gleiche Kraft und die gleiche Ausdauer wie irgendein Jungspund.

LUIK Sie haben also keine Angst vorm Altern?

MESSNER Nein.

LUIK Aber das Problem bleibt: Sie haben die große Wendemarke «40» weit hinter sich gelassen. Ihr Körper baut ab, er zerfällt, wird schwächer. Wie lange wollen Sie diese kräfteverschleißenden Abenteuer noch auf sich nehmen?

MESSNER Mir geht es im Augenblick so gut, daß sich diese Frage nicht stellt. Ich bin in die Antarktis gefahren – und das gebe ich gern zu – mit der Angst, es nicht zu packen.

LUIK Machen Sie mal einen Zeitplan: Wie viele Jahre wird Messner die Öffentlichkeit mit spektakulären Aktionen unterhalten?

MESSNER Ich habe Abenteuerpläne genug für die nächsten zehn Jahre. Ich habe in der Antarktis gemerkt, daß Gehen meinem Wesen entspricht. Deshalb werde ich in dieser Richtung weitermachen. Der Mensch ist ein Fußgänger, und das ist meine Hauptkritik am Auto, abgesehen von den Umweltschäden: Die seelischen Schäden, wenn der Mensch nicht geht, sind ungeheuer groß. Wenn wir nicht am Umweltdreck eingehen, gehen wir eines Tages kaputt, weil wir zu faul sind, zu Fuß zu gehen.

> „Ich bin in die Antarktis mit der Angst, es nicht zu packen"

LUIK Den Fahrstuhl zu Ihrer Penthouse-Wohnung benutzen Sie also nicht?

MESSNER Ich benutze ihn, weil er da ist. Aber in München steht mein Auto immer in der Garage, mache ich fast alles zu Fuß. Ich gehe zu Fuß ins Kino und zum Einkaufen. Wenn mir beim Schreiben nichts einfällt, gehe ich ein Stück an der Isar entlang und komme auf neue Gedanken.

LUIK Sie sind ein durch und durch rationaler Mensch. Aber etwas

paßt nicht in dieses Bild: Haben Sie tatsächlich hoch oben in den Bergen den Yeti gesehen?
MESSNER Ich habe nie gesagt, daß ich den Yeti gesehen habe.
LUIK Doch, doch – das haben Sie schon öfters gesagt. Und die ganze Welt hat darüber gelacht.
MESSNER Das ist mir egal. Man muß mir genau zuhören: Ich habe gesagt, daß ich ein Tier gesehen habe, das genau dem entspricht, was die Sherpas in ihren Legenden als Yeti bezeichnen.
LUIK Ein Viech richtig aus Fleisch und Blut?
MESSNER Ja, und ich werde irgendwann beweisen, daß es diese zwei Tiere aus der Legende tatsächlich gibt.
LUIK Wie bitte? Es gibt nicht nur einen, sondern gleich zwei Yetis?
MESSNER Es sind eine schwarze Bären- und eine rote Affengattung. Der schwarze Yeti ist etwas größer als der Mensch und der rote etwas kleiner.
LUIK Sind sie gefährlich?
MESSNER Das weiß ich nicht. Die Tibeter sind da unterschiedlicher Ansicht. Ich glaube, sie sind nur gefährlich, wenn man sie aufscheucht. Dann muß man bergabwärts laufen, denn sie haben keine Angst vor Menschen.
LUIK Sie sind doch sonst so fix mit der Kamera, warum haben Sie uns kein richtiges Foto von den Yetis mitgebracht?
MESSNER Weil ich von dem schwarzen Viech überrascht wurde: Du gehst durch den Wald, du denkst an nichts, und da steht es plötzlich vor dir. Ich bin dann später nochmals mit der Kamera hin und habe tagelang gewartet. Aber die Viecher sind viel schlauer, als ich gedacht habe, und sie haben auch einen extrem guten Geruchssinn. Ich bin nicht nah genug an sie herangekommen, und es war schon dunkel, ich hatte auch keine Infrarot-Kamera dabei. Deshalb sind die Bilder nur unscharf.
LUIK Wie viele Yetis gibt es?
MESSNER Ich habe große Angst, daß es von den roten nur noch ein paar Dutzend gibt. Von den schwarzen, die in einem Gebiet leben, in denen noch nie ein westlicher Wissenschaftler war, gibt es noch Hunderte.
LUIK Das soll ich Ihnen glauben?
MESSNER Ich werde es der ganzen Welt beweisen. Ich habe dafür Zeit, sehr viel Zeit. Dieses Projekt liegt mir sehr am Herzen. Es ist mir so wichtig wie die Besteigung der Achttausender oder die Durchquerung der Antarktis. Ich werde es beweisen – egal, wie alt ich dann bin: ob 60 oder 70, egal. Nur zwei Dinge könnten mich davon abhalten: Ich müßte umkommen, oder die Chinesen sind so brutal und lassen Tibet für immer gesperrt.
LUIK Seit 20 Jahren loten Sie immer wieder Ihre Leistungskraft aus. Was müssen Sie sich eigentlich beweisen?
MESSNER Gar nichts.
LUIK Sie fühlen sich auf dem höchsten Berg oder in der kältesten Kälte einfach am wohlsten?

MESSNER Ja. Aber es muß nicht so sein, daß ich dabei umkommen könnte, etwa durch einen mehrtägigen Sturm. Dann habe ich Ängste und Zweifel, und in so einem Fall würde ich sagen: Das brauche ich nun wirklich nicht.

LUIK Sie sind also nicht, wie Psychologen immer wieder vermuten, todessehnsüchtig?

MESSNER Nein. Keiner von uns Abenteurern sucht den Tod. Und wenn es zu einer lebensgefährlichen Situation kommt, das kann ich Ihnen sagen, krallt man sich ans Leben – man tut alles, um zu überleben. Mir hat es auf 8200 Meter Höhe mal das Zelt zerrissen, und es war im Grunde schon aus. Aber selbst im hoffnungslosesten Augenblick gibt man sich nicht auf. Das ist dann auch nicht so, daß man sich sagt: Jetzt sterb ich, und ich hab ein Testament und so. Das ist alles weg, und ich sage Ihnen: Man will leben. Man krallt sich fest – mit allem, was man hat.

LUIK Richtige Cowboys, heißt es, sterben in ihren Stiefeln.

MESSNER Das ist oberflächliches Gerede. Doch unausgesprochen schwingt mit: Helden haben so und so zu leben und zu sterben. Ich fühle mich nicht als Held, ich fühle mich nicht als Supermann, wie mir immer wieder von Leuten unterstellt wird.

LUIK Anders ausgedrückt: Was Sie machen und für uns Normalbürger erschauernd spektakulär erscheint, ist im Grunde …

MESSNER … einfach mein Beruf.

LUIK Und für Sie so gefährlich wie für andere die Überquerung einer Straße?

MESSNER Ja, so kann man es ausdrücken. Wenn ich etwas wirklich beherrsche, dann ist es mein Beruf. Und mein Beruf heißt Abenteuer. Dieses Abenteuer sehe ich durchaus brüchig: Es ist nicht mehr das, was es einmal war. Wir haben zum Beispiel in der Antarktis streckenweise ein Funkgerät dabei gehabt. Am Südpol ist außerdem eine Station, wo wir im Notfall hätten telefonieren können. Es ist nicht mehr so wie zu Amundsens Zeiten, leider.

LUIK Der letzte Trip – ein ziemlich langweiliger Spaß?

MESSNER Es wäre schöner gewesen, wenn die Bedingungen anders gewesen wären, archaischer. Ich werde ja auch kritisiert, wenn ich sage, daß diese wilden Landschaften wild bleiben sollen – auch, daß wir Sie fürs «Abenteuerspiel» benützen können.

LUIK Sie sind ganz schön egoistisch.

MESSNER Ich stehe zu diesem Egoismus.

LUIK Aber der trägt ja schon krankhafte Züge.

MESSNER Warum denn?

LUIK Ist es nicht verrückt zu sagen: Laßt die Antarktis in Ruhe, damit ich meine Abenteuer ausleben kann?

MESSNER Warum soll dieser Egoismus denn krankhaft sein? Dieser Vorwurf ist typisch

deutsch! Der Deutsche ist nicht zufrieden, wenn er nicht alles irgendeinem Idealismus unterstellen kann! Ich bin ein Tat-Zeuge.
LUIK Konkret: Sie sind zum Südpol marschiert ohne ökologische Hintergedanken, ohne die Botschaft: Rettet die Antarktis?
MESSNER So ist es. Der Umweltschutzgedanke kam nach meiner Rückkehr hinzu. Um es ganz klar zu sagen: Ich ging dorthin, um meine Abenteuer zu erleben. Ich kann nichts dafür, daß Ihr Deutsche ein gebrochenes Verhältnis zu Abenteuern habt. Daß Ihr das alles so negativ seht. Zweckfreies Tun ist in diesem Land nicht erlaubt! Aber ich finde es faszinierend. Und ich will noch etwas erreichen: Ich will den kalten Fakten über die Antarktis eine menschliche Dimension verleihen. Und ich möchte in meinen Publikationen klarmachen, warum ich jetzt für den Weltpark Antarktis eintrete. Ich möchte dieses Land als wilde Landschaft erleben und erhalten.
LUIK Ich verstehe: Ihre Abenteuerlust verlangt's.
MESSNER Nicht nur. Diese Antarktis hat ein riesiges und verführerisches Potential. Und sie darf nicht ausgebeutet werden. Sie ist die Klimaanlage für unsere Erde. Und deshalb muß man – nicht mal die Greenpeace-Leute haben das bisher erkannt – verhindern, daß dieser Kontinent unter einzelnen Ländern aufgeteilt wird. Wenn das passiert, dann ist alles zu spät.
LUIK Bei der nächsten Antarktis-Konferenz werden Sie auftreten und sagen: Hört mal, laßt alles, wie es ist!
MESSNER Ich kann da nicht auftreten. Aber ich werde versuchen, die wesentlichen Politiker in diesem Sinne zu beeinflussen. Ich habe eine Einladung des italienischen Ministerpräsidenten, und mit ihm werde ich darüber reden.
LUIK Und das wird helfen?
MESSNER Wir brauchen nur noch zwei, drei Länder, und dann klappt das mit dem Weltpark. Außerdem glaube ich, daß der Arved Fuchs und ich mit unseren Auftritten in Neuseeland einige Millionen Menschen für den Weltpark begeistern konnten – und das sind alles Wähler. Wir müssen die Politiker über die Stimmabgabe zwingen, dafür einzutreten.
LUIK Werden Sie doch Politiker.
MESSNER Ich schließe das nicht aus. Aber wenn, dann nur für Südtirol. Und nicht in der nächsten Zeit. Denn in den kommenden zehn Jahren werde ich diesen mehr oder weniger «verrückten, krankhaften» Abenteuern nachlaufen.
LUIK Und das heißt für Sie: sich schinden, quälen, schwitzen, Angst haben?
MESSNER Ja, der Körper muß das Letzte geben. Sonst ist es kein Abenteuer. Zum Beispiel mit Hundeschlitten durch die

Antarktis zu laufen, reizt mich nicht. Da bringt der arme Hund die sportliche Leistung. Ich würde auch keine Schiffsabenteuer machen wollen. Einfach auf dem Schiff sitzen und sagen: Der Wind wird das Ding schon weitertreiben, das hat nichts mit meinem Verständnis von Abenteuer zu tun.

LUIK Stehen Sie unter dem Zwang, sich ständig überbieten zu müssen?

MESSNER Das wird immer wieder behauptet. Auch, ich sei ein Opfer der Leistungsgesellschaft. Ich bin kein Opfer. Ich mache, was ich will und wann ich will, und ich lebe – wie vielleicht nur wenige Menschen auf dieser Erde – meine Träume aus. Daß ich einen immer größeren Kitzel brauche, um befriedigt zu sein – das mag ich nicht ausschließen. Und wenn es so ist, dann stört es mich nicht im geringsten.

LUIK Die Frage ist: Würden Sie auch ohne Beifall Ihre Aktionen durchziehen?

MESSNER Das ist die interessante Frage.

LUIK Wir bitten um Antwort.

MESSNER Vielleicht möchte ich dieser Sehnsucht nach Beifall entsprechen. Andererseits ist die Steigerung für mich verführerisch: Kann ich noch weitergehen, das Rad noch ein Stück weiterdrehen? Das ist ungemein verführerisch.

LUIK Nochmals: Würden Sie auch ohne Beifall Ihre Abenteuer bestehen wollen?

MESSNER Okay. Ich gehe in den Himalaya und bin monatelang allein. Da ist es dir dann ziemlich egal, ob daheim in den Fernsehstuben Leute sitzen, die dir irgendwann mal Beifall klatschen werden. Dann spielt es keine Rolle mehr, daß du durch diese Aktion an Prestige gewinnst. Es verliert sich alles. Was bleibt, ist eine Motivation, die ich nicht aufschlüsseln kann.

LUIK Eigenliebe?

MESSNER Ich weiß es wirklich nicht.

LUIK Auffällig bei Ihnen ist, daß Sie, wenn Sie zurückkommen, Ihre tollen Abenteuer sofort publizieren ...

MESSNER ... anders geht es nicht ...

LUIK ... und auch nicht vergessen, auf neue, noch spektakulärere Aktionen hinzuweisen, Devise: Fortsetzung folgt.

MESSNER Okay, ich gebe zu: Ich brauche den Beifall der Öffentlichkeit. Wenn ich keine Liebe finde, gehe ich ein. Aber draußen in der Wildnis spielt das alles keine Rolle. Meine lieben Kollegen sollten das auch zugeben. Es soll mir keiner erzählen, daß er diesen Beifall nicht bräuchte.

LUIK Sagen Sie mal: Was fasziniert Sie so an der Wildnis?

MESSNER Sie gibt mir zum Beispiel die Möglichkeit, anarchische Situationen zu erleben. Es gibt dann keinen Gesetzgeber mehr über mir. Es gibt nur noch mich, vielleicht noch einen Partner. Und wir machen uns die Gesetze alle Tage selber. Da ist der Mensch dann nur noch Mensch.

LUIK Sie stilisieren sich zum Wilden außerhalb aller Normen, aber …

MESSNER … ich lebe genau so wie der Mensch vor hunderttausend Jahren.

LUIK Nein: Sie brechen ein bißchen aus der Zivilisation aus. Das ist alles.

MESSNER Ja und nein. Mein Leben ist eine Frechheit, gleichzeitig eine Versuchung für die meisten Bürger. Ich bin jemand, der wirklich die Anarchie, die totale Freiheit leben kann. Ich lebe in der Natur. Die erkenne ich an, und nur sie: Ihr unterwerfe ich mich. Die Gesellschaft erkenne ich nur mit dem Verstand an, aber nicht mit dem Herzen. Ich benutze die Möglichkeiten der Leistungsgesellschaft, die ich im Grunde belächle, um mein Leben zu leben. Und sonst nichts. Ich springe zwischen der Wildnis und der Leistungsgesellschaft hin und her und spiele mein Spiel bis zur letzten Konsequenz. Und diese Klarheit meines Lebens stört die meisten. Daran beißen sich vor allem die Intellektuellen die Zähne aus.

LUIK Tatsächlich?

MESSNER Ja, denn die Konsequenz meines Lebens besteht darin, daß ich für mich alle Ketten gesprengt habe. Diese Frechheit lebe ich, und zwar hemmungslos. Und ich genieße es.

LUIK Einspruch!

MESSNER Abgelehnt. Ich weiß, Sie wollen auf Widersprüche in meinem Leben hinweisen.

LUIK Sie geben sich als Außenseiter der Gesellschaft, aber …

MESSNER … nicht nur das: Ich bin ein Anarchist in meinem Herzen.

LUIK Tatsächlich? Sie spielen das geforderte Spiel doch bestens mit.

MESSNER Nein, nein. Ich fahre zwar auf der Straße rechts. Ich zahle auch die Steuern. Ich ordne mich sogar unter.

„Ich war ein Triebtäter – fanatisch und besessen"

LUIK Kurz: Sie tun alles, um Erfolg zu haben.

MESSNER Falsch. Ich benutze diese Gesellschaft für meine Ziele.

LUIK Sie haben die Werte der Gesellschaft bestens verinnerlicht. Sie sind erfolgreich, ein Star, Sie haben ein Schloß, einen Bauernhof, ein Auto und so weiter.

MESSNER Ich habe die Werte nicht verinnerlicht. Ich lebe nur vordergründig nach den Regeln dieser Gesellschaft, aber ich nutze sie für mich aus, um außerhalb der Zivilisation mein Leben führen zu können.

LUIK Sie sind auf der Top-Referentenliste von vielen Industrieunternehmen. Konzerne, die auf der Suche nach Rohstoffen Ihren Abenteuerspielplatz Wildnis zerstören können.

MESSNER Ich weiß. Ich halte für Manager Vorträge, um deren Willpower oder Durchschlagskraft zu steigern.

LUIK Sie stärken Ihre eigenen Feinde?

MESSNER Das mag sein. Aber die guten Leute in der Industrie, die mir zuhören, sind mir viel näher als viele Grüne, die nicht kapieren, um was es geht. Die Kreativen in der Industrie sind ihrer Zeit weit voraus und deswegen einerseits gefährlich, andererseits sehr wichtig für ökologische Konzepte. Aber ich habe nie auch nur ein I-Tüpfelchen von meiner Philosophie und meinen Umweltvorstellungen zurückgenommen, weil mir etwa IBM oder Daimler-Benz für einen Vortrag einen Haufen Geld geben. Sicher, sie wollen Tricks von mir lernen, um effektiver zu werden. Aber ich sage, was ich denke. Und ich gebe mich ihnen nicht als willenlose Hure hin.

LUIK Ein Selbstbetrug vielleicht?

MESSNER Ich weiß genau, was ich mache, und ich bin für sie ein Trojanisches Pferd.

LUIK Vielleicht sind Sie – mit Bart und wild wie Sie aussehen – auch nur ein unterhaltsamer Hofnarr?

MESSNER Auch Walther von der Vogelweide hatte die Rolle eines Narren. Aber er hat Politik gemacht und die Welt weitergebracht.

LUIK Reinhold Messner bringt die Welt weiter?

MESSNER Mit meinen Taten bringe ich der Welt bei: Die Antarktis muß gerettet werden. Die Herren bei der Deutschen Bank oder IBM hören mir zu. Und ich bringe sie durcheinander. Vielleicht steigere ich deren Durchschlagskraft. Vielleicht machen die mein Spielfeld kaputt. Aber vielleicht bewege ich auch etwas in ihren Köpfen. Ohne die Industrie geht es nicht: Man muß sie zwingen, grüne Ideen zu akzeptieren. Ich setze meine Energien ganz zielgerichtet ein, um meine Spielfelder zu verteidigen: die großen Berge, die Antarktis, die Wüste – die wilden Landschaften.

LUIK Und Sie machen – mitten in der Antarktis – Werbung für eine Autofirma. Ist das kein Widerspruch für Sie?

MESSNER Warum sollte ich nicht für unseren Marsch zum Pol einen Sponsor nehmen, den wir brauchen?

LUIK Weil Autos, wie Wissenschaftler kritisieren, durch ihren Schadstoffausstoß mitverantwortlich sind gerade auch für das Ozonloch über dem Südpol.

MESSNER Wie das Ozonloch entsteht, weiß noch niemand genau. Ich habe den Namen einer Autofirma getragen, aber diese Firma hat keine bestimmten Aussagen von mir verlangt. Ich konnte und kann meine Gedanken zum Thema Umweltschutz frei äußern.

LUIK Ein Gedankenspiel: Ich gebe

Ihnen eine Million Dollar cash auf die Hand. Würden Sie dafür die Opel-Fahne in den Südpol rammen?

MESSNER Nein. Ich würde auch nicht mit dem Opel am Südpol rumfahren. Maschinen haben da unten nichts verloren. Ich wehre mich auch immer gegen eine Überbewertung des Autos. Und wenn die Bundesbahn mich gesponsert hätte: Mir wäre das lieber gewesen.

LUIK Was hat Sie davon abgehalten, mit einem Sticker von Greenpeace am Pol Werbung zu machen?

MESSNER Greenpeace hätte das nicht finanzieren können. Die machen ihre eigenen Expeditionen – dafür brauchen die ihre Mittel, übrigens unter anderem auch von der Industrie. Ich mache meine Sache auf meine Weise, fühle mich aber durchaus mit Greenpeace in einem Boot.

LUIK Sie sind ein wandelnder Widerspruch: Sie singen das Hohelied von der Erhabenheit der Natur, und tragen dadurch dazu bei, daß der Tourismus in vorher unberührtes Gebiet kommt.

MESSNER Das ist ein Vorurteil. Fakt ist: Der Himalaya ist nicht überlaufen – mit Ausnahme der Plätze, wo Hubschrauber hinfliegen. Es ist doch alles nur eine Frage, wie sich die Touristen verhalten. Wenn wir uns richtig verhalten, gehen Berge und Wildnis nicht kaputt.

LUIK Sagen Sie mir: Was ist richtig?

MESSNER Was in den Alpen so schlimm ist, sind die Maschinen. Jede Maschine, die läuft, braucht Brennstoff, stößt Gift aus.

LUIK Und Sie selbst machten Werbung für Off-Road-Autos.

MESSNER Ja. Ich lebe oben am Berg.

LUIK Gibt es eigentlich Augenblicke, in denen Sie nachdenklich sagen: Um Gottes willen, was machst du da bloß?

MESSNER Nein.

LUIK Könnte es sein, daß Sie nach folgenden Regeln leben? Paragraph eins: Reinhold Messner hat immer recht. Paragraph zwei: Hat er mal nicht recht, tritt Paragraph eins in Kraft?

MESSNER Das Tragische ist, daß ich meistens recht habe. Das ist wirklich tragisch.

LUIK Ich nehme an, auch im aktuellen Streit mit Ihrem Partner Fuchs sind Sie – natürlich – unschuldig.

MESSNER Ich streite mich mit Fuchs nicht. Sein Manager, wie er sich nennt, hat einen «Krieg» gegen mich angefangen: eine Lügenkampagne, gegen die ich mich wehre.

LUIK Sie tun immer so unschuldig. Aber als ausgebuffter Medienmann wissen Sie genau, wie man Schlagzeilen inszeniert. Wenn Sie Ihr Tagebuch im «Spiegel» veröffentlichen lassen und man liest dann folgende Klagen: «Drei Dinge gehen mir auf die Nerven: 1. das Wecken ohne Reaktion von Arved; 2. das ständige Warten auf Arved unterwegs; 3. das Antreibenmüssen jeden Tag. Ich möchte kein Sklaventreiber sein», dann wissen Sie ganz genau, wie das in der Öffentlichkeit wirkt. Frage: Sagt man so etwas über seinen Partner? Muß man dreckige Wäsche in aller Öffentlichkeit waschen?

MESSNER Dies ist keine dreckige Wäsche. Dies ist die Realität. Wenn ich ein Tagebuch führe, dann schreibe ich meinen Ärger, meine Wut, meine Trauer hinein, denn das Tagebuch ist ein Ventil für mich.

LUIK Ein Tagebuch, sollte man meinen, ist eine private, intime Sache.

MESSNER Ich brauche es bei einer Expedition nicht zu führen, wenn ich es nicht veröffentlichen will.

LUIK Der Sportpsychologe Eberspächer hat Sie als «einen Exhibitionisten der Sonderklasse» bezeichnet. Sie seien unangenehm laut und lärmend.

MESSNER Wenn ich in meinen Berichten gut schreiben will, muß ich die privatesten Nuancen aus mir herausholen. Und wenn ich schreibe, «ich ärgere mich, weil ich warten muß», dann ist das nicht mal so arg privat. Die privaten Sachen gehen weiter und betreffen nur mich. Über Privates, Intimes von Fuchs weiß ich nichts. Und ich hätte auch nicht den Mut, Privates von ihm an die Öffentlichkeit zu tragen. Über mich muß ich Intimes erzählen dürfen. Je tiefer, desto besser bin ich als Schreiber. Warum glauben Sie, war Tolstoi so gut? Weil er die privatesten Regungen in seine Romane gepackt hat.

LUIK Aber wenn Sie schreiben: «Ich muß auf Arved warten», bleibt beim Leser im Kopf zurück: Reinhold Messner, der große Held, hat einen Fußlahmen durch die kalte Eiswüste geschleppt.

MESSNER Aber dieses Bild habe nicht ich gezeichnet. Dieses Bild hat der «Spiegel» entworfen. Und im Fernsehfilm, der jetzt ausgestrahlt wird, werden die Menschen fast nur Arved sehen. Und ich werde mich darüber nicht aufregen. Nochmals: Für mich war das Tagebuch ein Beichtvater.

LUIK Beichten trägt man nicht marktschreierisch an die Öffentlichkeit.

MESSNER Aber wenn ich meinem Tagebuch gegenüber nicht ehrlich sein kann, wem gegenüber denn sonst? Es war, das gebe ich zu, und das weiß auch Fuchs, nicht zur Veröffentlichung vorgesehen. Ich habe dem «Spiegel» sogar explizit verboten, es zu veröffentlichen. Es sollte dem Reporter nur als Unterlage für die Geschichte dienen.

LUIK Sie sind vom «Spiegel» hintergangen worden?

MESSNER Ja, aber das ist rechtlich geklärt.

LUIK Bedauern Sie also die ganze Geschichte?

MESSNER Nein, ich stehe zu dieser Wahrheit. Und ich werde wegen der Lügenkampagne die ganze

Wahrheit erzählen, denn das ist nur die halbe. Die ganze Wahrheit ist viel härter, sie ist brutal.

LUIK Ich lade Sie ein: Erzählen Sie uns die ganze Wahrheit. Haben Sie etwa Arved Fuchs getragen?

MESSNER Eine dumme Frage. Niemand kann in der Antarktis jemanden tragen.

LUIK Nochmals: Was ist das Brutale, von dem niemand weiß?

MESSNER Nicht nur, daß ich von den 2800 Kilometern 2750 vorausgelaufen bin und die Detailnavigation gemacht habe: Ich habe auch den schwereren Schlitten gezogen. Ich habe Arved Material abgenommen, so um die zehn Kilo. Daß ich also streckenweise 20 Kilo mehr geschleppt habe – und das ist unter diesen extremen Bedingungen sehr viel. Aber anders hätten wir es nicht geschafft. Trotzdem: Ohne Arved wäre auch ich nicht durchgekommen. Er ist mein Lehrmeister im Eiswandern.

LUIK Und Sie, Herr Messner, hatten nie eine Schwächeperiode? Einen Augenblick, an dem Sie aufgeben wollten?

MESSNER Ich wollte nie umkehren. Ich habe alles getan, daß wir nicht aufgeben mußten.

LUIK Fuchs sagte neulich: «Ich wollte nicht umkehren», und da schwingt mit: Messner wollte aufgeben.

MESSNER Es ist nicht richtig, wenn Arved sagt, er wollte nicht umkehren. Die Wahrheit ist: Er wollte aufgeben, die Expedition abbrechen und zwar am Gateway.

LUIK Sie haben keine Angst, daß in Fuchs' Tagebuch steht: Am Soundsovielten machte Messner schlapp.

MESSNER Nein, diese Angst habe ich nicht, denn ich kenne die Tatsachen.

LUIK Aber immer wieder läuft das gleiche Spiel ab: Es gibt Streit zwischen Ihnen und Ihren Expeditionspartnern.

MESSNER Das ist nicht wahr.

LUIK Sie haben sich zum Beispiel mit Ihrem Everestbegleiter Habeler heillos überworfen.

MESSNER Da gab es, das gebe ich zu, einen Vertrauensbruch. Mit ihm würde ich nichts mehr machen. Ich brauche ihn auch nicht.

LUIK Ist Ihnen schon mal der Gedanke gekommen, daß Sie sich wie ein Sonnenkönig verhalten?

MESSNER Stimmt. Ich bin der Sonnenkönig. Heute ist das nicht mehr zu ändern. Sie müssen wissen, wie viele Expeditionen ich gemacht habe – mehr als 50 Reisen. Und wenn ich morgen einen Jungen mitnehme, und er ist der Beste im deutschen Sprachraum, dann wird er nach der Expedition in meinem Schatten stehen …

LUIK … getreu Ihrer Devise: Du sollst keine anderen Götter neben dir haben?

MESSNER Er wird in meinem Schatten stehen, ob ich das will oder nicht: Ich bin einfach bekannter. Mein Gesicht, mein Name sind ein eingeführtes Markenzeichen. Warum hat denn SPORTS bei seiner Geschichte über Arved Fuchs meinen Namen groß geschrieben? Soll ich es Ihnen sagen: Ich werde benutzt, damit sich andere an mir profilieren können.

LUIK Sie müssen sich also keine Vorwürfe machen, sich auf Kosten anderer profiliert zu haben?

MESSNER Nein. Ich habe auch in meinen Büchern immer versucht, radikal ehrlich zu sein. Ich habe immer geschrieben, wann ich schwach war, ob ich «nur» der Zweite war. Gerade dann sind meine Bücher gut: Ich will nicht der Held sein – schon gar nicht auf Kosten anderer.

LUIK Edel, edel. Dennoch: Im «Stern» hat sich neulich Ihr Kollege Habeler bitter beklagt, daß er Sie – was Sie nicht zugäben – heulend vom Mount Everest heruntergeführt habe.

MESSNER Und genau das und nichts anderes habe ich in meinem Buch damals geschrieben. Sind die Journalisten unfähig, richtig zu recherchieren? Oder ist das ein gezielter Rufmord? Daß der «Stern» nun meine Aussagen um 180 Grad dreht – in dieser Geschichte gleich zweimal –, ist schon eine eigenartige Leistung.

LUIK Ist das nun Paragraph eins oder Paragraph zwei, den Sie hier bemühen?

MESSNER Weder noch. Es ist einfach so, wie ich sage. Aber ich habe mal eine Frage: Mit was für einem Bild von mir, Herr Luik, kamen Sie eigentlich hierher?

LUIK Als ich zu Ihnen fuhr, sagte eine Kollegin zu mir: «Zieh dich warm an.» Ich glaube, das ist Ihr Bild in der Öffentlichkeit: Sie haben tolle Sachen gemacht, Respekt. Sie sind rhetorisch ausgebufft, ebenfalls Respekt. Aber dann ist da ein ganz großes ABER, hart formuliert: Sie sind ein sympathisches Schwein.

MESSNER Sehen Sie: Ihre Kollegin urteilt über mich, ohne mich zu kennen. Nichts gegen harte Kritik. Aber ich habe mich schon mit dem «Spiegel» angelegt, wenn er die Fakten verdreht hat; mit der «Bild»-Zeitung rede ich nicht mehr.

„Ich will kein Held sein – schon gar nicht auf Kosten anderer"

LUIK Man könnte auch sagen: Sie sind ein eitler Fatzke, der wie von der Tarantel gestochen hochgeht, wenn ihm jemand am Lack kratzt.

MESSNER Nein. Ich will nur für meine Person Gerechtigkeit –

und damit habe ich viele Schwierigkeiten. Ich hasse Lug und Trug. Ich lasse mich nicht unterbuttern, und ich reagiere emotional.

LUIK Amerikanische und auch deutsche Untersuchungen besagen, daß Extremsportler ängstliche Typen sind. Je kränker, desto höher, je schwerer die Neurose, desto steiler muß die Wand sein.

MESSNER Darüber kann ich nur lächeln. Bergsteiger oder Leistungssportler sind ganz normale Menschen. Ich glaube auch, kein potentieller Selbstmörder könnte sich in einer Wand umbringen. Mit jedem Schritt nach oben gewinnt er neue Energie, die ihn mehr am Leben hängen läßt, so daß es mit dem Sprung nach unten einfach nicht mehr klappt.

LUIK Waren Sie schon mal beim Psychologen?

MESSNER Nein.

LUIK Haben Sie etwa Angst, etwas über Ihre Abgründe zu erfahren?

MESSNER Überhaupt nicht. Wenn du draußen in der Wildnis allein bist mit dir und deinen Gedanken, erfährst du genügend über dich. Ich brauche also keine Psychologen. Ich brauche auch keine Religionsstifter. Ich muß über die Leute lachen, die dem Bhagwan oder irgendwelchen Gurus nachlaufen.

LUIK Oder in die Kirche gehen?

MESSNER Das respektiere ich aus der Tradition heraus. Ich brauche das nicht.

LUIK Sie sind Ihr eigener Gott?

MESSNER Überhaupt nicht. Ich brauche natürlich andere Menschen, ich brauche sie als Spiegelbild. Ich kann nicht allein leben. Das ist übrigens eine der Fähigkeiten, die ich am meisten bewundere. Milarepa, mein Lieblingsdenker, hat vor 1000 Jahren am Fuße des Everest über zehn Jahre allein in einer Höhle verbracht. Er hat ganz allein vor sich hingedacht. Das bewundere ich, und ich kann das nicht. Ich würde verzweifeln und eingehen, wenn ich nur mit mir zurechtkommen müßte.

LUIK Im Blick zurück: Glauben Sie, daß Sie durch Ihre Bergsteigerei etwas Wichtiges in Ihrem Leben versäumt haben?

MESSNER In der Antarktis hatte ich sehr viel Zeit zum Nachdenken. Ich habe intensive Innenschau betrieben, und ich muß sagen: Ich habe konsequent mein Leben gelebt, ich war auch – wenn Sie so wollen – ein Triebtäter. Fanatisch, oder genauer: besessen vom Klettern und von Abenteuern. So wie andere Leute Hunger haben, habe ich Hunger nach Abenteuer. Ich habe deswegen vieles verloren. Aber war es falsch, daß ich es verlor? Hätte ich meine Ehe retten können, wenn ich nicht mehr geklettert wäre? Vielleicht für einen kurzen Augenblick. Doch heute weiß ich: Hätte ich das gemacht, hätte ich mich später umgebracht. Denn die Beziehung war nicht wegen meiner Kletterei, sondern wegen ganz anderer Dinge kaputt.

LUIK In den Berichten von Bergsteigern erscheint der Berg häufig als kalte, abweisende Frau, die von einem «ganzen» Mann erobert werden muß.

MESSNER Von vielen wird der Berg als Frau vergöttert. Ich kann das gut nachvollziehen, weil es mir ebenfalls so erging.

LUIK Der Matterhorn-Erstbesteiger Wymper verglich den Berg mit einer «gefallsüchtigen Schönen», die «oben reizend, unten aber sehr geheimnisvoll aussieht». Und Sie selbst sahen in einem Berg mal «eine ehemalige Geliebte, deren Anziehungskraft mir immer noch ein Rätsel ist».

MESSNER Das habe ich am Anfang meiner «Karriere» geschrieben. Es ist naiv, aber gut, weil es von innen kommt. So habe ich damals empfunden. Ich war ein Spätentwickler, ich habe mit 18, 19 Jahren noch nichts mit Frauen gehabt. Ich hatte nichts mit den Mädchen, weil ich meine ganze Energie in diese Wände gesteckt habe. Natürlich war ich sexuell entwickelt – der Berg wurde von mir mit aller Begeisterung umworben, der Berg wurde meine Geliebte, meine Frau. Inzwischen lache ich darüber – der Berg ist ein männliches Symbol.

LUIK Wer hat Ihnen in Ihrem Leben mehr geschadet – Männer oder Frauen?

MESSNER Frauen haben mich immer weiter gebracht. Und je intensiver meine Beziehungen waren, desto besser waren meine Abenteuer. Wenn ich als Abenteurer einen großen Erfolg hatte, dann auch deshalb, weil ich einige gute Frauen hatte.

LUIK Sind Sie heute zufrieden?

MESSNER Wenn es da eine Skala von Null bis Zwölf gäbe, würde ich meine bei Sechs ansiedeln. Als ich draußen in der Antarktis war, hätte ich mich ganz oben angesiedelt. Ich war da so glücklich wie selten zuvor, euphorisch. Ich bin in der Zivilisation einfach nicht daheim. Bei minus 30 Grad fühle ich mich wohler als in einem beheizten Wohnzimmer. Und ich ahne, ich werde die Antarktis mal im Alleingang durchqueren – ein Traum.

LUIK Wenn von Ihnen in Deutschland die Rede ist, wird meist verschwiegen, daß Sie Italiener sind. Als was fühlen Sie sich: als Deutscher, Italiener oder Südtiroler?

MESSNER Ich habe meine Schwierigkeiten mit dem verlogenen Begriff Heimat. Ich fühle mich zuallererst als Mensch, als Weltbürger, und dann, wenn wir es politisch eingrenzen wollen, fühle ich mich als ein Mitteleuropäer, der zwischen Florenz und München daheim ist und sich dort auch wohl fühlt. Weiter nördlich ist es mir zu kalt – menschlich. Und schließlich bin ich auch noch Südtiroler, mit Leib und Seele. Aber das ist jetzt wichtig: Ich bin ein Südtiroler und italienischer Staatsbürger zugleich. Als solcher setze ich mich, und das bringt mir oft Haß ein, für eine deutsch-italienische Doppelkultur ein.

LUIK Themenwechsel: Verraten Sie uns mal – wie halten Sie sich fit?

MESSNER Ich halte mich gar nicht fit, ich lebe – ich trainiere nicht.

LUIK Wie bitte?

MESSNER Okay, wenn ich etwas für meinen Körper tun will, mähe ich Gras oder gehe in den Stall. Und zwei Wochen, bevor ich in die Antarktis ging, bin ich ein bißchen die Berge rauf- und runtergelaufen.

LUIK Ein Fitness-Programm à la Messner könnten Sie niemand empfehlen?

MESSNER Das könnte ich nicht und würde ich auch nicht. Ich kann den Leuten nur sagen: Das einzige, was wirklich gesund ist für den Körper, ist Gehen. Einfach gehen. Nicht mal rennen.

LUIK Sie stoßen an die absoluten Leistungsgrenzen vor. Spitzensportler begründen immer wieder ihre Erfolge mit vegetarischen Eßgewohnheiten. Was essen Sie?

MESSNER Ich halte nichts von Kasteiung.

LUIK Sie lieben den Luxus?

MESSNER Luxus ist der falsche Ausdruck. Ich liebe es, mich ganz auszuleben. Und meine besten Leistungen habe ich nur dann vollbracht, wenn ich völlig befriedigt war. Körperlich, geistig, sexuell befriedigt.

LUIK Mit Genuß zum Erfolg?

MESSNER Ich lebe, sagen wir es ruhig: in Saus und Braus – zumindest nach bürgerlichen Maßstäben. Ich gehe nicht ins zweitbeste Restaurant, wenn ich in Paris bin. Ich gehe ins beste. Das Schlüsselwort zum Erfolg ist jedoch nicht Essen oder Trinken. Das Wichtigste ist das eigene Selbstverständnis. Man muß sich und sein Tun über alle Kritik hinweg als das einzig Richtige empfinden können. Aber das setzt voraus, daß man sich selbst gegenüber radikal ehrlich ist. Man darf nicht sagen, ich habe eine gute sexuelle Beziehung und gleichzeitig sind in der Beziehung viele Wünsche unbefriedigt. Das lähmt. Erfolg kann man nur haben, wenn man ehrlich ist und weiß, was der eigene, richtige Weg ist. Ich glaube nicht, daß man in seinem Leben hundert Möglichkeiten hat. Wir haben eine, und die muß man verwirklichen. Das ist auch der Grund, weshalb ich oft beneidet werde: Ich verwirkliche mich; aber so viele, das ist die soziale Ungerechtigkeit der Gesellschaft, darben in ihren ungeliebten Berufen vor sich hin.

LUIK Und bekommen dafür einen Bruchteil von dem, was Sie verdienen. Was machen Sie eigentlich mit dem furchtbar vielen Geld, das Sie mit Vorträgen, Filmen und Abenteuern eingenommen haben?

MESSNER Ich habe gar nicht soviel

verdient. Meine Abenteuer haben mich rund fünf Millionen Mark gekostet.

LUIK Muß ich nun Mitleid mit Ihnen haben? Nagen Sie am Hungertuch?

MESSNER Nein, sicherlich nicht. Aber was glauben Sie, wieviel mehr Geld ich hätte verdienen können, wenn ich mich als braver Bürger präsentiert hätte? So wie der von mir sehr geschätzte Beckenbauer, geschniegelt und gebügelt, mit Krawatte und kurzem Haarschnitt. Was ich alles verdienen könnte, wenn ich mich nicht laut als Anarchist bezeichnen würde?

„Sexuell befriedigt, bringe ich die besten Leistungen"

LUIK Da klingt Enttäuschung durch. Hätten Sie denn gern eine bürgerlichere Existenz?

MESSNER Nein und nochmals nein. Ich lebe mein Leben so frech wie möglich, und es macht mir Spaß. Ich zahle keine Versicherung. Ich habe mir nie überlegt, was ich mit 65 Jahren mache. Ich hatte in meiner Jugend ein bissel Sorge, was passiert, wenn mein Körper nicht mehr mitspielt. Dafür hatte ich mal, lang ist's her, eine bürgerliche Existenz vorbereitet: Ich hatte eine Bergsteigerschule und ein Sportgeschäft. Beides habe ich schon vor Jahren weggegeben.

LUIK Und das Geld in Aktien investiert?

MESSNER Das sagt mir nichts, und das interessiert mich nicht. Ich habe mein ganzes Geld in einen Bauernhof und eine heruntergekommene Burg investiert. Und wenn ich als Buchautor oder als Vortragsredner kein Geld mehr verdiene, weil mich niemand mehr hören und sehen will, dann habe ich immer noch ein Schaf, Milch, Obst und Gemüse.

LUIK Ihr Bauernhof und Ihr Schloß Juval sind für Sie so etwas wie Rückzugsgebiete inmitten der Zivilisation?

MESSNER Mehr als das. Wir leben dort, meine Angestellten und ich, als Großfamilie. Das ist für mich ein Modell, wie die Gesellschaft funktionieren könnte.

LUIK Wie muß man sich das vorstellen?

MESSNER Wir sind eine Art Clan und versuchen eine Art Utopie zu leben: daß jeder von uns erkennt, daß er dem anderen, der es vielleicht nicht schafft, helfen muß.

LUIK Schöne Worte. Und über allem thronen Sie als Boss und Gutsherr?

MESSNER Ich trage die Verantwortung für die 15 Leute da oben auf dem Berg. Aber ich bestimme nicht. Ich bin nicht der Boss. Befehlen liegt mir nicht. Wir in Juval sind gleichwertige Partner ...

LUIK ... in Messners Freier Republik Juval?

MESSNER Ganz genau. Und die hat anarchistische Züge: Niemand hat das Sagen, es gibt kein oben und unten.

LUIK Und da fühlen Sie sich wohl und sicher?

MESSNER Das ist für mich die Sicherheit. Wenn kein Buch mehr gedruckt wird und wenn Daimler schon längst Pleite gemacht hat und die mitteleuropäische Welt im Smog versunken ist, wachsen bei mir noch Kartoffeln. Und die ernten wir dann und essen sie mit Genuß.

Reinhold Messner

Geboren am 17. April 1944 in Brixen/Südtirol. Messner, der ursprünglich Architekt werden wollte, erwarb sich schon in den frühen 60er Jahren den Ruf eines Ausnahme-Alpinisten. 1969 absolvierte er eine Anden-Expedition; 1971 startete er zu seiner ersten Himalaya-Expedition: Mit seinem jüngeren Bruder Günther bestieg er ohne Sauerstoffgerät den Nanga-Parbat (8125 Meter) über die bis dahin unbezwungene Rupalflanke. Beim Abstieg kam sein Bruder in einer Lawine um, Messner selbst erlitt schwere Erfrierungen: sechs Zehen mußten amputiert werden. Trotzdem gab Messner 1971 seinen Beruf als Mittelschullehrer auf und nennt sich seither «Abenteurer und Schriftsteller». 1972 kam es bei der Besteigung der Manaslu-Südwand (8156 Meter) wieder zu einer Tragödie: Messner stieß zwar zum Gipfel vor, verlor aber zwei Mann seines Teams im Schneesturm. Bis 1986 bestieg Messner als erster alle 14 Achttausender, darunter zweimal den Mount Everest. Ohne Sauerstoffgerät hatte er den 8848 Meter hohen Gipfel des höchsten Berges der Erde erreicht und damit bewiesen, daß es bei entsprechendem Training möglich ist, ohne Atemhilfe bis in solche Höhen vorzudringen. Namhafte Wissenschaftler hatten vor der Besteigung erklärt, daß dies nicht gelingen könne. Weitere herausragende Leistungen: 1974 Durchsteigung der Aconcagua-Südwand (mit 6959 Metern der höchste Gipfel Südamerikas); 1986 ein 3000-Kilometer-Marsch durch Tibet, wo er den Yeti gesehen haben will; Besteigung des höchsten Antarktis-Gipfels (5140 Meter) und 1990 Durchquerung der Antarktis zu Fuß (3500 Kilometer) mit Arved Fuchs.

Ich muß! Ich will! Ich will schneller sein!

Gerhard Berger

Er dürfte gar nicht mehr leben. Im Grunde war er schon tot. Er selbst sagt: «Als ich ins Leben zurückkam und aufwachte, dachte ich: ‹Du bist im Urlaub!›»
Mit 280 Stundenkilometer war der Formel-1-Pilot Gerhard Berger beim Grand Prix 1989 in Imola gegen eine Betonwand geknallt; das Bild des grauenhaften Unfalls ging um die Welt: Der Formel-1-Bolide ist zertrümmert, ausgelaufenes Benzin explodiert, Qualm steigt auf, bewußtlos hängt der Fahrer hilflos im Cockpit.
Den grauenhaften Unfall von Imola, sagt der Österreicher Gerhard Berger, hat er schon längst verdaut. Okay, manchmal sträuben sich seine Haare, wenn er die feuerfeste Rennkluft anzieht. Aber daß es wieder einmal krachen könnte? Daran denkt er nicht. Sicher, das Geschäft ist brutal und blutig. Der Einsatz ist hoch, Milliardenbeträge stehen auf dem Spiel. Allein der britisch-japanische Rennstall, für den Gerhard Berger an den Start geht, läßt sich den Kampf um das Championat in der Formel 1 über 100 Millionen Mark kosten. Angst? Unsinn, sagt Berger. Jeder könnte es doch sehen, vom unbestechlichen Computer errechnet: in den schnellen, den besonders gefährlichen Kurven, sei er, Berger, schneller, merklich schneller als Weltmeister und Teamgefährte Ayrton Senna. Was? Das Risikospiel zwischen Tod und Titel und Geld sei wahnsinnig? Schmarrn. Manchmal, wenn der Kopf bremsen will und die Haare sich wieder sträuben, steigt er mit dem Kupplungsfuß aufs Gas: «Damit ich nicht bremse!»

LUIK Herr Berger, verfluchen Sie manchmal den Herrgott, daß er Sie so groß werden ließ?
BERGER Kommt drauf an: Wenn ich mit einem Mädel ausgehe, bin ich froh über meine Einsfünfundachtzig. Wenn ich aber im Rennwagen sitze, dann bin ich sauer – und wie!
LUIK Was würden Sie mir für ein Wundermittel bezahlen, das Sie ein paar Zentimeter schrumpfen ließe?
BERGER Keinen Schilling, keinen Cent! Ich bin, wie ich bin, und das ist gut so. Mir ist meine Größe recht – auch wenn sie mich in meinem Job ein bißchen stört.
LUIK Ein bißchen? Weil Ihnen die Beine einschliefen, sind Sie beim Grand Prix in Phoenix von der Bahn geflogen.
BERGER Stimmt, meine Füße haben sich zwischen den Pedalen verklemmt. Aber der Fehler liegt eindeutig im Reglement. Es dürfte kein Nachteil sein, wenn man groß ist wie ich. Mir tut nach einer halben Stunde alles weh; das Blut in den Füßen zirkuliert nicht mehr; ich habe «tote Pedale» – ich werde zur Gefahr für mich und andere.
LUIK Und im Kopf ist die Angst, nicht richtig bremsen zu können?
BERGER Ich weiß nie, ob ich das Pedal rechtzeitig erreiche. Und weil ich mich unsicher fühle, fange ich automatisch früher an zu bremsen.

„Das Blut zirkuliert nicht mehr in den Beinen – ich werde zur Gefahr"

LUIK Im Klartext: Ihre verklemmte Position verhindert, daß Sie Weltmeister werden?
BERGER Es ist tragisch: Es geht um fünf Zentimeter – dann könnte ich richtig arbeiten. Dafür müßte die FISA (Fédération Internationale du Sport Automobile) mit einer Reglementänderung sorgen. Dann könnte auch ein Herr Stuck, der noch ein bißchen größer ist als

ich, ein richtiger Rennfahrer werden. Aber so, wie es im Augenblick ist, ist es einfach unfair. Das ist keine richtige Weltmeisterschaft, was wir jetzt haben. Dennoch: Ich kann nicht sagen, daß ich wegen dieser Probleme langsamer fahre.

LUIK Wenn es so ist, Herr Berger, dann müssen Sie ja dieses Jahr Weltmeister werden.

BERGER Wieso denn?

LUIK Mit einem Siegerauto, haben Sie letztes Jahr verkündet, werde ich Weltmeister. Jetzt haben Sie das beste, das schnellste Auto der Formel 1.

BERGER Wenn du in der vordersten Reihe der Formel 1 bist, dann gibt es da ein paar Leute, die gleich gut sind – vielleicht sogar ein bißchen besser. Und wenn dann noch der Senna dein Teamkollege ist, dann weißt du: du hast den Besten neben dir. Außerdem weiß ich, daß auch der Prost mir von der Erfahrung her noch überlegen ist. Ich kann also nicht sagen, ich werde dieses Jahr Weltmeister. Nur Träumer könnten so etwas tun. Allerdings gebe ich gern zu: Zum erstenmal in meiner Karriere habe ich jetzt ein Auto, mit dem ich gewinnen kann. Bisher war es immer frustrierend, in die Rennen zu gehen mit dem Wissen: Du hast keine Chance – es sei denn, ein McLaren-Honda fällt aus. Da ist man sauer, da ist man frustriert.

LUIK Erklären Sie uns mal: Warum ist Senna schneller als Sie?

BERGER Ich glaube, daß ich vom Speed her keine Probleme mit ihm habe. Ich kann also nicht sagen: Er ist schneller als ich. Was ich sagen kann: Er hat mehr Erfahrung als ich, er hat mehr Überblick. Ich muß noch viel lernen, um dahin zu kommen, wo Senna ist: Ich gehe jetzt bei ihm in die Lehre.

LUIK Soll ich Ihnen das glauben? Senna hat einen eindeutigen Ruf in der Formel 1. Ihr Landsmann Niki Lauda hält Sie, da Senna in Ihrem Team ist, für «einen armen Hund», denn: «Senna hat noch jeden zerbrochen.» Unmoralisch und brutal, ja, rücksichtslos sei der Brasilianer.

BERGER In diesem Sport kannst du nicht freundlich sein und sagen: «Bitte, fahr an mir vorbei!» Die Formel 1 ist ein beinhartes Geschäft, der Einsatz ist hoch. Das Image von Weltkonzernen steht auf dem Spiel. Es geht um wahnsinnig viel, und deshalb ist die Formel 1 irrsinnig hart. Jeder ist auf seinen Vorteil aus.

LUIK Devise: Immer durch – ohne Rücksicht auf Verluste?

BERGER Na klar! Es wird auf keinen und niemand Rücksicht genommen. Die Schwächeren bleiben liegen – das ist die Formel 1. Wenn du in diesem Gewerbe vorn mitmischen willst, mußt du ganz konsequent deinen Weg verfolgen.

LUIK Und das heißt?

BERGER Du mußt der totale Egoist sein. Dein Hemd muß dir am nächsten sein. Du mußt deine Ideen durchziehen – wurschtegal,

wem sie dienen; wurschtegal, wem sie schaden. Wichtig ist nur: Sie müssen dir nützen.
LUIK Wenn Ihre Freundin Sie vor die Wahl stellen würde: Ich oder das Rennen – wie würden Sie sich entscheiden?
BERGER Rennen. Rennen.

> „Wenn's mir was bringt, fahre ich durch andere durch. Die Schwächeren bleiben liegen"

LUIK Was macht für Sie diese Faszination aus?
BERGER Autorennen ist mein Leben.
LUIK Oder auch der Tod?
BERGER Oder auch der Tod. Aber der könnte mich überall und jederzeit treffen. Ich sehe das so: Alles, was ich bin, verdanke ich dem Auto. Und mein Leben ist so, daß mich jeder Tag unbändig freut. Ich führe ein Leben, wie es eigentlich nur im Film vorkommt.
LUIK Wo ist die Konkurrenz denn härter? In Ihrem Geschäftsleben als Fuhrunternehmer oder in der Formel 1?
BERGER Die Formel 1 ist eindeutig brutaler. In der Geschäftswelt wird zwar auch mit harten Bandagen gekämpft – je mehr Geld im Spiel ist, desto härter –, aber in der Formel 1 gibt es einen ganz besonderen Druck: Da sind Körper und Geist gleichermaßen gefragt, und Körper und Geist werden gleichermaßen ausgelaugt.
LUIK Wenn man euch im Fernsehen im Kreis herumfahren sieht, hat man nicht das Gefühl, daß Ihr dabei ins Schwitzen kommt.
BERGER Ich gebe zu: Es sieht nicht anstrengend aus. Aber nach einem normalen Rennen wiege ich drei Kilo weniger. Doch die Hauptarbeit leistet der Kopf.
LUIK Kopf heißt Konzentration?
BERGER Es geht nicht nur ums Lenken, Bremsen und Gasgeben, obwohl auch das enorm anstrengend ist: Auf einem Stadtkurs schaltest du 4000mal in zwei Stunden. Jeder Kupplungsdruck hat fünf, sechs Kilo – bei einem Rennen bewege ich also ein paar Tonnen, das macht müde. Aber das eigentlich Anstrengende ist das Wissen, daß du ständig abfliegen kannst.
LUIK Die Angst vorm Tod?
BERGER Nein, einfach das Wissen, daß du dir weh tun kannst – diese Konzentration laugt dich völlig aus. Je näher du ans Limit herangehst, desto anstrengender wird es. Denn nach dem Limit kommt die Betonmauer, und das kann sakrisch weh tun.
LUIK Dieser Stress fordert seinen Tribut: Wenn Sie Senna anschauen, sehen Sie Ihre eigene Zukunft. Vor ein paar Jahren

sah Senna noch jung und unverbraucht aus. Heute hat er das zerfurchte Gesicht eines alten Mannes. Ist es das wert?

BERGER Sicher. Ich mache das alles vielleicht noch fünf Jahre, und ich tröste mich damit, daß es dann mit dem Stress für mich vorbei ist. Daß ich dann noch 30, 40 Jahre lang mein Leben in vollen Zügen genießen kann, während die anderen noch Jahrzehnte in der Maloche stecken. Ich weiß, daß das Rennen alt macht. Ein Beispiel: In Imola habe ich gegen Senna um Tausendstelsekunden gekämpft. Das war ein Riesenstress. Ich wußte, ich war im Grunde überm Limit, ich hab eine Bombenzeit hingelegt – 23,7; aber ich wußte auch, daß Senna mich nochmals übertreffen würde. Da kriegst du nasse Hände. Der Puls geht hoch – auf zwozwanzig, zwodreißig, schätz ich. Irgendwann kam dann der Punkt, an dem wir sagten: Wenn wir uns gegenseitig weiter so puschen, sind wir am Ende des Rennens zehn Jahre älter. Und dann fährt Senna 23,2. Dann bin ich wieder raus auf die Bahn – mit Herzklopfen.

LUIK Was geht da in Ihrem Kopf vor?

BERGER Da ist nur ein Gedanke: Ich muß! Ich will! Ich will! Ich will schneller sein!

LUIK Am Ende dieser Puscherei kann das große Finale stehen. Das endgültige «Auf Nimmerwiedersehen».

BERGER Ja, sicher. Nur: Für den Teamchef ist es das Wichtigste, daß die Autos so schnell wie möglich sind. Daß du als Fahrer eben alles aus dem Auto und aus dir selbst herausholst und alles gibst.

LUIK Dieser Kitzel, in größter Gefahr einen kühlen Kopf zu bewahren, ist das der Reiz, der Sie zwingt, immer wieder ins Auto zu steigen?

BERGER Genau. Die Kunst ist es, das Auto ans Limit zu bringen, ohne wegzufliegen. Das wirklich Brutale sind die zwei Runden im Qualifying. Da geht es zur Sache. Wenn du aber in so einem Qualifying deinen Teamkollegen geschlagen hast, ist das eine Riesenbefriedigung, ein Gefühl, das ich nicht beschreiben kann.

LUIK Ihre Freundin sagt: Nach so einem Rennen sehen Sie aus, wie nach drei durchwachten Nächten. Aber was sie besonders verblüfft: Nach so einem Rennen haben Sie plötzlich Bartstoppeln im Gesicht.

BERGER Das ist Wahnsinn! Ich hab mit ihr noch nie darüber geredet, obwohl ich mich auch schon oft darüber gewundert habe: Nach so einem Rennen habe ich immer Stoppeln im Gesicht. Als ob ich mich tagelang nicht rasiert hätte!

LUIK An was denken Sie in den letzten Minuten vor dem Start?

BERGER Ich habe Senna im Kopf.

Er führt in der Weltmeisterschaft, ich bin dahinter.

LUIK Da kommt dann das Stoßgebet: Herr, laß mich schneller sein!

BERGER Nein, dafür ist keine Zeit. Ich weiß dann nur, daß ich jetzt die totale Leistung bringen muß, die absolute Leistung. Und dann ist da das Wissen, daß du die größten Zeiten nur an den gefährlichsten Stellen machen kannst. Da zeigt sich, ob ein Fahrer den richtigen Speed hat oder nicht.

LUIK Speed?

BERGER Speed – die wichtigste Eigenschaft für den Fahrer. Speed trennt die Spreu vom Weizen. Es ist das Talent, das einen Fahrer zum Fahrer macht: die Reflexe, die Reaktionsschnelligkeit. Entweder hast du Speed oder nicht. Alles andere kannst du lernen, Kondition und so weiter, nur eins nicht: diesen Speed.

LUIK Wer hat ihn in der Formel 1?

BERGER Senna, Prost, Mansell mit Abstrichen, Alesi zum Teil, außerdem noch Martini und wohl auch Patrese.

LUIK Und Berger?

BERGER Ich urteile nicht über mich.

LUIK Die genannten Fahrer haben das Zeug zum Weltmeister?

BERGER Ja.

LUIK Wissenschaftler haben sich die Köpfe zerbrochen, weshalb bestimmte Menschen Risikosportarten betreiben. Erklärung des US-Professors Roy Rosenthal von der Universität Chicago: das Spiel mit dem Tod erzeuge einen Rausch, euphorische Glückszustände und wirke wie eine Droge.

BERGER Das Risiko schätze ich als nicht allzuhoch ein, ich bin mit der Geschwindigkeit groß geworden. Für mich ist das ein Job, der mir extrem viel Spaß macht. Ein Job, der vielen Leuten Spaß bereitet, denn die Einschaltziffern sind ja enorm.

LUIK Trotz aller Faszination: Die Formel 1 ist umstritten wie keine andere Sportart. Nach einer SPORTS-Umfrage sind 60 Prozent der Bundesbürger dafür, Autorennen zu verbieten.

BERGER Gut, daß es auf der Welt nicht nur Deutsche gibt! Macht doch diese Umfrage mal in Italien, in Japan oder in England! Ihr würdet staunen! Wie erklären Sie sich denn, daß 150 Millionen Sonntag für Sonntag die Formel 1 im Fernsehen verfolgen?

LUIK «Der präsumtive Blutzoll», vermutet die Fachzeitschrift «Auto, Motor und Sport», locke die Hälfte der Zuschauer an. Das Spektakel ineinanderkrachender Wagen, brennender Fahrer und mit Sirenengeheul anbrausender Rettungswagen fülle die Ränge.

BERGER Eine alte Theorie, die mich überhaupt nicht interessiert.

LUIK Und wie erklären Sie sich das Interesse der Zuschauer?

BERGER Dem einen gefällt die Technik, der andere mag den ganzen Zirkus drumherum, wieder andere mögen den Krach oder die Geschwindigkeit.

LUIK Bevor ich zu Ihnen kam, habe ich Sportjournalisten gefragt, was sie von Autorennen halten. Ergebnis der Stichprobe: Jeder zweite lehnt diesen Sport vehement ab. Da fielen Ausdrücke wie: Machosport ...

BERGER ... lächerlicher Vorwurf ...

LUIK ... oder: Potenzgehabe durch PS ...

BERGER ... das ist doch Unsinn ...

LUIK ... beziehungsweise: unnötige Spielwiese für gelangweilte Millionärssöhnchen ...

BERGER ... jetzt reicht's.

LUIK Noch ein Vorwurf: Ihr bringt den Autokult der Gesellschaft zum dröhnenden Höhepunkt.

BERGER Das ist völliger Quatsch. Kann ich einem Krimi-Autor vorwerfen, er stifte seine Leser zum Morden und Killen an? Kann ich das Fernsehen verbieten, weil es Banküberfälle zeigt und Banken immer wieder ausgeraubt werden?

LUIK Ich nehme an, auch der Vorwurf, ihr seid Umweltverschmutzer, trifft Sie nicht?

BERGER Diesen Schuh ziehe ich mir schon an – mit Einschränkungen allerdings. Wenn mir einer vernünftig erklären kann, wodurch wir die Umwelt belasten und wie wir, falls wir sie denn belasten, etwas dagegen tun können, dann bin ich schon dafür, daß wir alles technisch Machbare einsetzen. Doch ich glaube, die Umweltbelastung durch uns ist Nullkommanull ...

LUIK Wie bitte? Ihr verbrennt 80 Liter Super auf 100 Kilometer.

BERGER Aber das ist doch ein Klacks im Vergleich zu dem, was es weltweit so an Umweltbelastung alles gibt.

LUIK Ich nehme an, Sie sind kein Freund von Tempo 130 auf Autobahnen?

BERGER Nein, überhaupt nicht. Ich fahre 130, weil es in Österreich vorgeschrieben ist.

LUIK Tatsächlich 130?

BERGER Tatsächlich! Wer fährt denn schon 130? Für mich ist es vernünftiger, wie es bei euch in Deutschland ist. Daß man da die Möglichkeit hat ...

LUIK ... zu rasen?

BERGER Nein, sein Auto mal richtig ausfahren zu können. Manchmal sind 130 zuviel, manchmal dürfen's ruhig 200 sein – oder mehr.

LUIK Könnten Sie sich eine Gesellschaft ohne Autos vorstellen?

BERGER Was soll diese Diskussion? Die Leute hab ich gern, die das Auto verteufeln, aber dann die fünf Kilometer zum Büro im Auto fahren. Ich fahre Auto, weil es mir Spaß macht. Die Umweltverschmutzung ist sicher ein Thema, und darüber muß ernsthaft nachgedacht werden.

LUIK Anders ausgedrückt: Formel-1-Wagen brauchen einen Katalysator?

BERGER Ich kenne die Abgaswerte der Rennautos nicht. Wenn ein Kat aber etwas bringen würde – dann sehe ich keinen Grund, weshalb die Formel 1 darauf verzichten sollte.

LUIK Ein anderes Thema: Kann es in der Formel 1 beim Kampf um Sieg, Cash und Kurswert noch Freundschaften geben?

BERGER Bisher hielt ich das für unmöglich. Bisher war die Formel 1 für mich eine Schlangengrube. Aber mit Senna, und das ist für mich ein Wunder, geht es ohne Probleme. Er ist mein erster Kollege, bei dem ich noch keine Sekunde gespürt habe, daß er etwas gegen mich hat. Zum erstenmal in meinem Leben habe ich einen Kollegen, von dem ich lernen kann und der auch bereit ist, mir etwas zu zeigen.

LUIK Kann ich nicht glauben.

BERGER Es ist aber so. Es ist in der Tat zum Lachen, wie gut unser Verhältnis ist.

LUIK Seien Sie doch ehrlich: Das ist PR-Gerede.

BERGER Wenn Sie mir nicht glauben wollen, können wir aufhören, miteinander zu reden. Ich komme mit Senna glänzend aus: Wir fliegen gemeinsam vom Training zurück, wir fahren zusammen Moped. Und wenn das Rennen in Rio ist, wohne ich bei ihm.

LUIK Sie haben einmal völlig anders über ihn gedacht. Senna, sagten Sie noch vor einem Jahr, sei einer, der einem rücksichtslos durchs Auto fährt, wenn es ihm nützt.

BERGER Ich fahr auch durch. Das mache ich auch, wenn's mir was bringt.

LUIK «Dein Teamkollege ist dein größter Feind» – das ist die eherne Regel in der Formel 1. Oder wie es Niki Lauda mal ausgedrückt hat: «Wenn du etwas werden willst, mußt du deinen Teamkollegen plattmachen.» Und nun kommen Sie und sagen: Senna ist mein Kumpel!

BERGER Vielleicht kommt es ja noch zum Showdown zwischen mir und ihm. Vielleicht passiert das noch. Ich bereite mich darauf vor, denn es stimmt schon: Du mußt deinen Kollegen niederfahren! Aber nicht mit Intrigen, nicht mit fieser Politik. Senna hat einfach viele Neider, weil er hart gearbeitet hat, weil er gut ist. Weil er verdammt gut ist.

LUIK Senna ist für Sie die Herausforderung?

BERGER Das ist er für mich, keine Frage. Er ist der Schnellste und Stärkste im Augenblick – und das reizt mich. Von ihm kann ich lernen. Ich weiß jetzt, er ist besser, weil er mehr einsetzt. Er kennt jede Einstellung seines Autos, er kennt jeden Millimeter. Beim Testtag sitzt er nicht sechs oder acht Stunden im Auto, sondern zehn oder mehr.

LUIK Ein Besessener?

BERGER Ich würde das nicht so negativ sehen. Er fährt nicht, er lebt die Formel 1. Und das färbt auf mich ab: Ich habe noch nie so viel Zeit für die Formel 1 aufgewendet wie im Augenblick. Momentan setze ich dreimal

soviel ein wie bei Ferrari. Senna kitzelt einen neuen Ehrgeiz aus mir heraus.
LUIK Sie staunen über sich selbst?
BERGER Ja, ich weiß auch nicht, ob ich das durchstehe, ob ich nicht irgendwann sage: Ich mach's jetzt wie Piquet und gehe schwimmen oder in die Disco. Aber für mich gibt es jetzt nur noch die Formel 1. Schon das Schlafen ist für mich eine Zeitverschwendung.
LUIK Nun sind auch Sie besessen?
BERGER Wenn Sie so wollen: Ja, ich bin besessen.

> „Mit Senna habe ich keine Probleme. Aber vielleicht kommt's noch zum Showdown"

LUIK Der britische Grand-Prix-Pilot Stirling Moss hat mal gesagt, das Autofahren sei «eine Leidenschaft, die alle seine privaten Beziehungen zerstört hat». Das Autofahren habe ihn schrecklich einsam gemacht.
BERGER Das Rennen hat auch viele meiner Beziehungen zerstört. Meine Interessen haben sich im Laufe der Zeit geändert. Je mehr ich fuhr, desto weniger Bock hatte ich, mit Freunden auszugehen und einen zu trinken. Außer Autorennen interessiert mich nichts mehr. Denn nur, wenn du hundertprozentig hinter diesem aufreibenden Job stehst, kommst du auf diese Höhe, wo ich jetzt bin. Du mußt ...
LUIK ... tierisch ehrgeizig sein?
BERGER Ja, sicher. Du mußt anders als die Norm sein. Da gehen Freundschaften drauf, ganz klar. Die Freunde kommen nicht mehr zu dir, weil sie eh schon wissen: Der Kerl hat keine Zeit, er muß Rennen fahren.
LUIK Da klingt Trauer durch.
BERGER Überhaupt nicht. Ich tröste mich mit dem Gedanken, daß ich in ein paar Jahren alle Zeit der Welt für mich habe.
LUIK Um dann festzustellen: Ich bin allein.
BERGER Wer weiß? Davor habe ich keine Angst.
LUIK Die Formel-1-Welt ist mythenumrankt: mutige Männer in starken Geschossen, bewundert von schicken Frauen, nichts als Champagner in Rio oder Monaco, Bourbon in Phoenix, fremde Betten, fremde Drinks und Zigaretten ...
BERGER ... ein Klischee. Vielleicht wird dieses Image auch gepflegt, um uns interessanter zu machen. Fakt ist: Mit der Wirklichkeit hat das nichts zu tun.
LUIK In Ihrer Autobiographie heißt es jedoch, daß sie stets von «einem Schwarm Weiber» umgeben seien.
BERGER Diese Zeiten sind vorbei. Da läuft nichts mehr.

LUIK Ja wie? Ist der Formel-1-Zirkus plötzlich ein keuscher Männerverein?

BERGER Soll ich jetzt in eine Disco gehen? Soll ich jetzt da drüben bei «Jimmy's» Hasen aufreißen? Mann, ich habe heute 160 Runden getestet. Das ist Arbeit, harte Arbeit. Die Autos sind schnell geworden, verdammt schnell, zu schnell. Da ist keine Zeit mehr zum Rumtechteln. Die Autos sind so anstrengend, daß du es dir nicht mehr leisten kannst, nicht vollkommen fit und ausgeschlafen zu sein – anders überlebst du nicht.

LUIK Was ist eine Frau für Sie? Ein Blitzableiter für den Stress, der sich beim Rennen aufbaut?

BERGER Bei meiner Freundin suche ich selten Trost oder Hilfe für den Job.

LUIK Haben Sie schon daran gedacht, daß Ihr risikoreicher Job es für eine Frau schwer machen könnte, mit Ihnen liiert zu sein?

BERGER Das darf doch keine Rolle spielen.

LUIK Die Ex-Freundin von Niki Lauda, Mariella Reininghaus, sieht das anders. Sie hat über ihr Leben mit dem Rennfahrer gesagt: «Dieses Leben und dieser Sport, der aus Menschen brutale Roboter macht, die nur noch Maschinen bedienen können, ruiniert mich.»

BERGER Das trifft mich überhaupt nicht. Wen das Rennen zum Roboter macht, der wäre auch in jedem anderen Beruf ein seelenloser Roboter geworden. Das einzige Argument, das gegen eine Rennfahrerbeziehung spricht, ist, daß fast jedes Wochenende kaputt ist. Die eine oder andere Frau wird vielleicht auch nicht mit dem Gedanken an den möglichen Tod fertig.

LUIK Sie wäre, brutal formuliert, die erste hinterm Sarg.

BERGER Das ist sicher ein Argument. Ich möchte mit meiner Freundin alt werden. Ich sehe in der Frau Freizeit, Kinder, Familie. Wenn ich irgendwo ein altes Ehepaar sehe, dann freut mich das ungemein.

LUIK Die kleinbürgerlichen Träume des rasenden Rennfahrers?

BERGER Für mich gibt es in der Tat nichts Schöneres als die Vorstellung, mit meiner Partnerin alt zu werden. Außerdem hätte ich gerne noch einen Haufen Kinder, am liebsten acht.

LUIK Sie haben – jetzt muß ich tief Luft holen – eine Yacht am Mittelmeer, ein Motorboot am Gardasee, eine 180-Quadratmeter-Wohnung in Monte Carlo, ein Traumhaus in Österreich, einen eigenen Jet: ein Leben in Luxus. Warum gefährden Sie das alles durch dieses Risikospiel zwischen Tod und Titel?

BERGER Ganz einfach: Es macht mir Spaß, wahnsinnig Spaß, einfach Spaß. Und solange es mir Spaß macht, bin ich dabei.

LUIK Oder sind Sie einfach dabei,

weil Sie damit soviel Geld verdienen?
BERGER Das ist nur ein angenehmer Beigeschmack, der den Spaß allerdings noch erhöht.
LUIK Eine Zeitschrift hat neulich Ihr Salär mit 14 Millionen Mark jährlich veranschlagt – mindestens, hieß es.
BERGER Die Summe stimmt nicht.
LUIK Ist es zu wenig?
BERGER Kein Kommentar. Manchmal sage ich mir, eigentlich brauche ich das alles nicht. Und dann hätte ich am liebsten nur eine kleine Wohnung und nur ein bißchen Geld zum Leben.
LUIK Der große Traum vom Ausstieg – verwirklichen Sie ihn doch!
BERGER Ich mache es nicht, weil es ein Witz wäre. Es ist doch so: Man will halt immer das, was man nicht hat.

> „Mit der Partnerin möchte ich alt werden. Ich hätte gerne einen Haufen Kinder"

LUIK Warum braucht ein Mann wie Sie ein eigenes Flugzeug?
BERGER Weil ich als Rennfahrer der Topklasse ohne Flugzeug keine Chance hätte.
LUIK Wie bitte?
BERGER Es ist einfach so. Ich muß jetzt am Freitag in England sein und …
LUIK … soviel ich weiß, fliegt die Lufthansa auch dorthin.
BERGER Jaja! Aber ich muß dann weiter nach Spanien zum Testen, und das ist alles furchtbar umständlich und dauert ewig. So steige ich jetzt in Nizza in meinen Jet und bin in zweieinhalb Stunden in Jerez.
LUIK Die eigene Yacht, nehme ich an, ist auch ein notwendiges Requisit für einen Rennfahrer der Topklasse?
BERGER Ich gebe zu: Das ist ein Kreislauf, in dem ich bin. Du hast ein Boot und dann brauchst du dafür einen guten Kapitän. Der gute Kapitän kostet viel Geld, und er ist dann so gut, daß du ein größeres Boot brauchst. Dann hast du ein größeres Boot …
LUIK … mir kommen die Tränen …
BERGER … es ist einfach eine Spirale. Und dann habe ich oft Lust – das ist schon lange mein Traum –, das alles nicht zu haben, frei zu sein, unabhängig. Dann will ich derjenige sein, der mit Jeans, Rucksack und Zelt nach Spanien fährt und die große Freiheit erlebt, Sonne, Meer und Strand.
LUIK Schöne Worte, doch von Ihnen weiß man: Sie sind knallhart im Gehaltspoker.
BERGER Ich fighte um jeden Schilling.

LUIK Wenn ein Mansell das Doppelte wie Sie verdiente ...

BERGER ... das würde mich schon wurmen. Ich würde fragen: Bringt er die doppelte Leistung? Das Geld ist Ausdruck der Hierarchie in der Formel 1.

LUIK Was leisten Sie denn für das furchtbar viele Geld, das Sie verdienen? Ein bißchen im Kreis herumfahren?

BERGER Ein bißchen im Kreis herumfahren! Ich hätte gern einen Formel-1-Zweisitzer und würde Sie dann mal mitnehmen. Und dann fahren wir durch Monte Carlo – mit zwosechzig durch einen Tunnel! Im Drift! Dann sagen Sie nicht mehr: ein bißchen im Kreis herumfahren!

LUIK Dennoch: Macht Ihnen die Diskrepanz zwischen Ihrem Einkommen und dem Ihrer Fans nicht manchmal zu schaffen?

BERGER Nein. Und wenn Sie mich jetzt fragen, ob ich es gerecht finde? Ich finde es gerecht! Ich bin nicht überbezahlt, im Gegenteil. Ich muß so schnell wie möglich das Auto bewegen. Ich muß das beste Resultat holen, um das Image meiner Sponsoren zu verbessern. Das Image von Weltkonzernen – Honda, Boss, Marlboro und so weiter. Dieses Image verbreite ich weltweit im Fernsehen und durch die Zeitung, weil ich bekannt bin. Würden die Firmen dieses Bild anders verbreiten wollen, müßten Sie viel Geld, noch viel mehr, bezahlen.

LUIK Wissen Sie, was die Bundesbürger im Schnitt verdienen?

BERGER Ich weiß das sehr genau, denn ich habe zu Hause einen Betrieb. Mein Ingenieur jammert, daß er weniger verdient als ich. Da sag ich zu ihm: Hättest halt was Gescheites lernen sollen! Wärst halt auch Autorennfahrer geworden!

LUIK Ich habe Ihr Team die vergangenen Tage beobachtet. 20 Leute laufen da in rotweißen Marlboro-Anzügen herum. Aber nur ein einziger hat in diesen Tagen – und auch das nur einmal – geraucht. Man könnte ja fast den Eindruck gewinnen, Rauchen sei schädlich.

BERGER Jetzt muß ich aufpassen, was ich sage. Warum rauche ich nicht? Vielleicht, weil im Team der Spruch gilt: Wer raucht, hat nur eine Hand zum Arbeiten.

> „Ich bin nicht überbezahlt. Ich muß das Image von Weltkonzernen verbessern"

LUIK Noch etwas fiel mir in Ihrem Team auf: In allen Boxen – bei Benetton oder Ferrari, bei Tyrrell oder Brabham – wurde gelacht und geschäkert. Ganz anders bei McLaren: Todernst wie bei einer Beerdigung geht es da zu.

BERGER Wahnsinn, gell! Am Anfang, als ich frisch von Ferrari kam, war ich richtig geschockt über diese Stimmung. Ich bin noch nicht drauf gekommen, ob diese Kälte der Grund für den Erfolg ist. Wenn es so ist, dann ist es okay. Wenn nicht, dann versäumt das Team sehr viel. Denn ich bin schon der Meinung, daß man auch mit Lachen und Freude Erfolg haben kann.

LUIK Die Sportstadien der Welt werden immer mehr zu Profilierungsbühnen für Politiker. Wer da so alles auf den Ehrentribünen herumsitzt …

BERGER Ich habe damit Probleme. Die Politiker wollen Aufsehen erregen, sie wollen Wählerstimmen. Aber es ist nicht meine Aufgabe, Politiker populärer zu machen.

LUIK Hat Sport etwas mit Politik zu tun?

BERGER Ich bin ein wahnsinnig einseitiger Mensch. Politik interessiert mich kaum.

LUIK Läßt es Sie kalt, wenn ein Atomkraftwerk in Tschernobyl hochgeht?

BERGER Sagen wir so: Was mich trifft, interessiert mich. Alles andere interessiert mich nicht, ist mir wurscht – da bin ich der Egoist, von dem wir vorhin geredet haben.

LUIK Anders ausgedrückt: Politik interessiert Sie erst, wenn es um Steuererhöhungen geht?

BERGER Auch das berührt mich nicht, denn da habe ich schon vorgesorgt.

LUIK Ich verstehe: Sie leben im Steuerparadies Monaco.

BERGER Nein, ich bin nicht wegen des Geldes hier, ich bin hier wegen des Bundesheeres.

LUIK Gerhard Berger ist ein Kriegsdienstverweigerer?

BERGER Ich konnte einfach nicht zum Bundesheer, sonst hätte ich in der Formel 1 keine Chance mehr. Ich hätte nicht zu Ferrari sagen können: «Enzo, es tut mir leid, ich muß jetzt leider dienen.» Schlußendlich haben wir uns mit dem zuständigen Minister geeinigt. Der war schon zuvorkommend, der war in Ordnung. Aber manchen Leuten kann man das schlecht erklären …

LUIK … in der Tat.

BERGER Ich sehe das so: Das Bundesheer ist eine Einrichtung des Staates, für den du dienst und für den du arbeitest. Ich diene dem Staat auf meine Art. Wenn ich in Brasilien ein Rennen gewinne und die österreichische Flagge hochhalte, dann nütze ich Österreich mehr, als wenn ich irgendwo hinter irgendeinem Haus mit dem Gewehr rumrobbe.

LUIK Hat eigentlich dieser fürchterliche Unfall letztes Jahr in Imola, als Sie mit 280 Sachen gegen eine Betonwand knallten und beinahe verbrannten, Sie irgendwie verändert?

BERGER Er hat mich sicherlich vernünftiger gemacht. Außerhalb meines Jobs gehe ich keine Risiken mehr ein. Mein privater Ferrari fährt 320, 340 – da bin ich früher immer Vollgas gefahren. Jetzt fahre ich auch noch 320, aber dann denke ich: So 'n Blödsinn – und gehe vom Gas.

LUIK Experten sagen, man kann so ein Unglück nicht allein verarbeiten. Man braucht die Hilfe eines Psychotherapeuten.

BERGER So ähnlich sahen es auch die Leute bei Ferrari, die glaubten, daß ich nicht mehr so schnell würde fahren können. Die hatten schon, und das hat mich geärgert, einen Ersatzmann für mich bestimmt. Ich bin also zum Testen gegangen und hab mir vorgenommen, einen Rundenrekord zu fahren. Als ich mir die feuerfeste Unterwäsche anzog, stellten sich mir, und das war ein unglaubliches Gefühl, am ganzen Körper die Haare auf. Der Körper also realisierte, daß bei diesem Material so Furchtbares passiert war. Da merkte ich: Es ist nicht so einfach, diesen Unfall wegzustecken. Und im Training gab es eine richtig schnelle Kurve, die du mit 250 nimmst. Und da ist mein Fuß einfach nicht am Gas geblieben. Er kam immer wieder hoch. Aber dennoch war ich nach zehn Runden schon über eine Sekunde schneller als mein Ersatzmann.

LUIK Als Niki Lauda nach einem gefährlichen Unfall ebenfalls wieder ins Cockpit kletterte, kommentierte dies der Sportjournalist und Kabarettist Werner Schneyder mit den Worten: «Einfach hirnverbrannt.»

BERGER Blödsinn. Da gibt's ja auch diesen Spruch: «Was ist der Unterschied zwischen Berger und Lauda? Antwort: Der Berger brennt schlechter.» Aber im Ernst: Sie hatten doch sicherlich auch mal einen Verkehrsunfall, und Sie fahren doch auch weiterhin Auto?

LUIK Könnte es nicht sein, daß Sie wegen des Unfalls einen Tick langsamer sind als Senna:

BERGER Nein. Aus unseren Analysen weiß ich, daß Senna in den langsamen, den ungefährlichen Kurven etwas schneller ist als ich. Aber ich bin in den schnellen, den gefährlichen Kurven schneller als er. Ich weiß also, daß ich den Unfall verarbeitet habe. Ich bin sicherlich nicht mehr der Extremist von früher. Ich fahre am Limit, aber ohne zusätzliches Risiko. Ich setze also nicht meine Räder auf die Wiese – ich bin ein bißchen vorsichtiger geworden.

LUIK Das Feuer hat Sie geläutert?

BERGER Ich weiß jetzt einfach, wie schnell es aus sein kann: Schneller, viel schneller, als man glaubt.

LUIK Was ging in Ihnen vor, als Sie auf diese Mauer zurasten?

BERGER Ich versuchte verzweifelt, den Aufschlagswinkel zu verbessern. Das ist soviel Arbeit, soviel Stress, daß du gar nicht an die Folgen denken kannst. Und plötzlich wachst du auf, und alles ist vorbei.

> **„Du bist im Urlaub' – dachte ich, als ich aufwachte und ins Leben zurückkam"**

LUIK Wie war dieses Aufwachen?
BERGER Ich dachte, ich bin im Urlaub, und ich fragte mich: Wo bin ich bloß im Urlaub? Aber dann sah ich diese Leute um mich rum, Leute mit Atemmasken und komischen Anzügen, und ich sah all das Zeugs, die Schläuche und die Apparaturen, und ich sagte mir: Nein, Urlaub kann das wohl nicht sein. Schließlich sagte mir einer, ich hätte einen Unfall gehabt. Und dann, ganz langsam, kam meine Erinnerung zurück: Da war der Patrese vor mir, da war diese Kurve, da war am Auto etwas gebrochen.
LUIK Erinnern Sie sich genauer?
BERGER Im Kopf ging das – innerhalb von zwei Zehntelsekunden und bei Tempo 280 – so ab: Vorne – Reifen – geplatzt – Scheiße – jetzt – ist's – aus – Feierabend – au – das – wird – ein – kräftiger – Vibration – vorne – Scheiße – das – Auto – kommt – vorne – hoch – Rad - aufhängung – hinten – gebrochen – einlenken – Winkel – ändern – nichts – geht – mehr – Hände – weg – vom Lenkrad – Hände – über – der – Brust – kreuzen – sonst – brechen – sie! Und dann hat's geknallt und ich sehe noch das Vorderrad auf mich zufliegen. Schnitt. Aus. Fertig.
LUIK Sie sagen nun: vorsichtiger fahren. Heißt das: mit mehr Kopf fahren?
BERGER Das stört mich: mit mehr Kopf fahren. Als ob ich vorher blind gefahren wäre! Nein, ich habe die Weltmeister der letzten Jahre studiert: Der Piquet, der Prost, der Lauda, der Senna – sie alle waren mal Weltmeister. Der Mansell war nie Weltmeister, der Villeneuve war nie Weltmeister – Draufgänger werden offensichtlich selten Weltmeister. Und das ist für mich eine Lehre: Weltmeister werden die, die sich hinsetzen, die kalkulieren, die etwas ausrechnen können. Die ausrechnen, daß ein dritter Platz im Endeffekt zum großen Sieg reicht.
LUIK Weltmeister zu werden, ist schon wichtig für Sie?
BERGER Es ist das Ziel meiner Träume. Einmal Weltmeister, dann hätte ich meinen Job erledigt – fertig aus.
LUIK «Es gibt zwei Tragödien im

Leben eines Menschen», sagt der Philosoph Nietzsche, «die eine, sein Ziel nicht zu erreichen, die zweite, schlimmere Tragödie, es erreicht zu haben.»

BERGER In diesem Fall hätte ich lieber die schlimmere Tragödie. Weltmeister zu werden ist mein Ziel, und ich will es erreichen. Ich will einfach.

Gerhard Berger

Geboren am 27. August 1959 in Wörgl/Österreich. Durch Erfolge in der Formel 3 und der Tourenwagen-Europameisterschaft schaffte Berger 1986 den Sprung in die Formel 1 und feierte schon am 12. Oktober seinen ersten Grand-Prix-Sieg in Mexico-City. In der Fahrerwertung belegte Berger, der für das Benetton-BMW-Team fuhr, schließlich Rang sieben. 1987 wechselte Berger zu Ferrari und beendete mit Siegen in Suzuka und Adelaide die Saison; im Endklassement wurde er Fünfter (36 Pkte.). 1988 kam er hinter Ayrton Senna und Alain Prost, die mit technisch überlegenen McLaren-Honda-Fahrzeugen antraten, mit 41 Zählern auf Rang drei der Fahrerwertung, seit der Saison '90 fährt Berger für Honda und wurde im selben beim Kampf um die Weltmeisterschaft Dritter. Anders als seine Konkurrenten ist Berger kein Vollprofi. Seine Spedition Europatrans macht mit 80 Mitarbeitern und 25 Lastwagen 15 Millionen Mark Jahresumsatz; außerdem baut er zusammen mit seinem Vater eine Fabrik für Lkw-Bremshilfen auf. Berger, dessen Jahresverdienst in der Formel 1 auf mindestens 15 Millionen Mark geschätzt wird, wohnt in Monaco – nicht bloß aus Steuergründen, sondern weil er vor den Einzugsbefehlen des österreichischen Bundesheeres geflohen ist.

Ich will mit Schmerzen sterben

Franz Beckenbauer

Nehmen Sie doch noch ein bißchen Blutwurscht, das schmeckt, oder hätten Sie doch lieber eine Leberwurscht? Da, nehmen Sie auch noch die Gurke dazu. Ein paar Freunde aus Amerika sind heute zu Besuch, hinterm klobigen Holztisch sitzt der Hausherr, Franz Beckenbauer, im schwarzen Adidas-Pullover und Trainingsanzug, und rechts überm Tisch, oben in der Ecke hängt Jesus am Kreuz. Es ist Sonntag, halb elf, vor einer Woche ist die deutsche Nationalelf Weltmeister geworden, und Deftiges gibt's jetzt zum Frühstück. Bierkrüge stehen rum, Schnapsgläser sind auch da, ein guter Obschtler ist das, sagt Beckenbauer, und schmecken soll's, greift's also zu. Heute wird ja, sagt der Ex-Teamchef, ums richtige Essen so 'n Wirbel gemacht, eine richtige Wissenschaft sei das geworden: a Schmarrn. Früher, vor jedem Spiel, noch Freitag abends, da haben er und der Gerd noch Schnitzel mit Pommfritz gegessen, und am anderen Tag gewonnen. Sie haben doch keine Ahnung gehabt von Kohlenhydraten, Vitaminen und all dem Zeugs. Gegessen haben wir, was uns g'schmeckt hat, sagt er, ja, so war's! Aber das dürfe man ja heute nicht mehr sagen. Komm, greift's zu, sagt Beckenbauer, und jetzt noch einen Schnaps hinterher.

LUIK Herr Beckenbauer, was über Sie derzeit in Deutschland geschrieben wird, ist bloß noch enthusiastisch. Sie werden als vom Glück geküßt, als genial und begnadet, kurz als Lichtgestalt des deutschen Fußballs und Deutschlands überhaupt bezeichnet.

BECKENBAUER Ich fühle mich aber nicht als deutscher Supermann. Doch diese Weltmeisterschaft ist natürlich der absolute Höhepunkt in meiner Karriere. Vielleicht, weil ich es jetzt auch als Trainer geschafft habe und bei diesem Erfolg die Verantwortung getragen habe.

LUIK Diese Mannschaft ist also völlig Ihr Produkt?

BECKENBAUER Das ist meine Mannschaft – anders als 1986 in Mexiko. Auf diese Mannschaft bin ich stolz. Nicht nur, weil sie erfolgreich war, sondern weil sie in acht Wochen geleistet hat, was andere in 16 Jahren nicht geschafft haben.

LUIK Sagen Sie uns mal: Was ist das besondere an dieser Mannschaft?

BECKENBAUER Die Jungs haben Unglaubliches geleistet in bezug auf Image ...

LUIK ... sie sind brave, angepaßte Kicker.

BECKENBAUER Nein, so seh ich das nicht, und das verbitte ich mir auch. Heute – und das ist deren Verdienst – spricht man wieder positiv über den Fußball in diesem Land. Sehen Sie: Ich habe diese Euphorie erlebt beim Empfang in Frankfurt. So etwas hat es doch noch nie gegeben!

LUIK Sie haben diese jubelnden Massen auf die Straßen gebracht ...

BECKENBAUER Ich bin wirklich stolz, bei dieser Mannschaft dabeigewesen zu sein: denn der einzelne kann nix ausrichten.

LUIK Keine falsche Bescheidenheit: Der WM-Sieg, so heißt es allenthalben, ist Ihr Verdienst.

BECKENBAUER Fußball ist ein Mannschaftssport.

LUIK Ja, und der Ball ist rund.

BECKENBAUER Im Ernst: Als ich 1984 von DFB-Chef Hermann Neuberger gefragt wurde, den Job des Teamchefs zu übernehmen, da habe ich mich zuerst geweigert. Ich hab gesagt: «Ich bin kein ausgebildeter Trainer, ich will das nicht machen.» Aber dann hat Herr Neuberger mich überzeugt, er hat gesagt: «Wir brauchen Sie. Der deutsche Fußball braucht Sie.» Der Fußball war hierzulande am Boden, er steckte in einer Krise. Da mußte also jemand her, der vom Namen und Image renommieren konnte.

LUIK Bevor Legenden gebildet werden: Erzählen Sie uns mal genau, wie Sie tatsächlich zum Teamchef ernannt wurden.

BECKENBAUER Alle haben damals gemerkt, wenn wir jetzt so weitermachen, ist der Fußball endgültig am Ende: Es mußte etwas passieren.

> „Auf diese Mannschaft bin ich stolz. Sie hat Unglaubliches geleistet – Euphorie im Land ausgelöst"

LUIK Nochmals: War es Ihre eigene Entscheidung, Teamchef zu werden? Ein paar einflußreiche Leute in Hamburg, so erzählt man, haben Ihr Schicksal damals in die Hand genommen. Der Journalist Peter Stützer hat das neulich im «Kölner Stadt-Anzeiger» so beschrieben: «Wir haben zusammen im Flugzeug gesessen, Paris–München, im Sommer 1984, am Tag, nachdem die Deutschen ausgeschieden sind bei der Europameisterschaft. Reporter-Kollegen am vorzeitigen Ende einer Dienstreise, Franz Beckenbauer, der Mann von ‹Bild›. Frage: ‹Na, Franz, was hast du gestern geschrieben?› Antwort: ‹Weiß nicht. Mal schaun, was drin steht heut in der Zeitung.› Der Kontakt zum Ghostwriter scheint nicht der beste gewesen zu sein; an diesem Tag hat vielmehr Manager Robert Schwan seine guten Kontakte spielen lassen. Das Ergebnis bekamen wir nach der Zollkontrolle in riesigen Schlagzeilen-Lettern serviert: ‹Franz: Ich bin bereit.›» Konkret: Andere haben Ihnen die Suppe eingebrockt.

BECKENBAUER Okay, das Ganze ist ein bißchen lanciert worden – das ist schon richtig. Die Situation war ja aber auch unangenehm: Der DFB stand ohne Verantwortlichen da, denn Jupp Derwall hatte über Nacht aufgehört.

LUIK Aufgehört? Er wurde weggejagt. Eine Schlagzeile in der «Bild»-Zeitung hieß damals: «Derwall, sei gnädig: Geh!»

BECKENBAUER Es mußte einfach etwas passieren. Die Situation war einfach verfahren.

LUIK Sie hatten damals keine Angst, als Coach der erfolglosen Brachial-Kicker Ihr Image zu ruinieren?

BECKENBAUER Daran hab ich keine einzige Sekunde gedacht. Die Frage war doch nur: Machst du das oder machst du das nicht? Ob das schiefgehen oder mein Name darunter leiden könnte – mich hat das nicht gekümmert. Ich war plötzlich mitten drin in der Verantwortung. Das war für mich auch eine große Herausforderung, die mich reizte.

LUIK Sechs Jahre später sind Sie Weltmeister. Ist mit diesem Titelgewinn der Franz, das Kind einfacher Leute aus dem Münchner Arbeiterviertel Giesing, am Ziel seiner Träume?

BECKENBAUER Was mich als Sportler anbelangt, muß ich sagen: ja. Da gibt es für mich – auch als Trainer – keine neuen Ziele mehr. Ich möchte mich jetzt in einem anderen Kreis verwirklichen.

LUIK Genauer bitte.

BECKENBAUER Ich werde mich mit Sport-Marketing und Sponsoring beschäftigen. Genaues weiß ich noch nicht. Aber darin habe ich ja einige Erfahrung. Es hat zum Beispiel lange Diskussionen gegeben, Mercedes davon zu überzeugen, daß dieser Konzern der ideale Sponsor für die Nationalmannschaft ist.

LUIK Sie sind gesund und tatkräftig, Sie sind in einer außergewöhnlichen Situation: Ihr Privatvermögen wird auf mehr als 30 Millionen Mark geschätzt, Sie könnten sich zurücklehnen und ...

BECKENBAUER ... Moment, Moment. Ich habe in meinen 26 aktiven Jahren vielleicht 30 Millionen verdient, brutto. Aber wenn davon zehn Prozent geblieben sind, dann ist das viel.

LUIK Sie nagen am Hungertuch?

BECKENBAUER Nein, aber ich zahle 50 Prozent Steuern. Und ich habe einen gewissen Lebensstandard, leiste mir gewisse Dinge.

LUIK Was bedeutet Ihnen Geld?

BECKENBAUER Ich kann nicht sagen: Geld bedeutet mir nichts. Aber ich bin davon bestimmt nicht abhängig.

LUIK Also: Sie könnten sich doch nun einen geruhsamen Lebensabend mit Ihrer Frau leisten. Warum machen Sie nun mit der ganzen Hektik weiter?

BECKENBAUER Ich habe keine besondere Mission zu erfüllen. Ich muß mir – egal, was für einen Job ich in der Zukunft auch annehme – nichts mehr beweisen. Ich habe allerdings noch ein besonderes Ziel: Ich will mein Leben so abschließen, daß ich von mir sagen kann: «Franz, du warst ein anständiger Kerl.»

LUIK Auf wen hören Sie, wenn es um die wichtigen Dinge in Ihrem Leben geht?

BECKENBAUER Auf mein Inneres. Manchmal reicht die Ratio nicht aus. Dann kommt der Instinkt, die Intuition – ich entscheide mich oft nach Gefühl.

LUIK Und Sie sind sich gegenüber ehrlich?

BECKENBAUER Ich denke schon. Aber ich muß noch schwer an mir arbeiten. Ich habe noch viel zu tun, um dahin zu kommen, wo ich hin will.

LUIK Verraten Sie uns mal: Was sind Ihre größten Schwächen?

BECKENBAUER Ich bin viel zu ungeduldig. Ich verlange oft viel zuviel. Mein Lebensrhythmus muß stabiler werden; ich möchte ruhiger und gelassener werden.

LUIK Der «Stern» hat Sie neulich auf dem Titelbild als «Geld-Meister Franz Beckenbauer» apostrophiert.

BECKENBAUER Den Artikel habe ich nicht gelesen.

> „Ich will mein Leben so abschließen, daß ich sagen kann: ‚Franz, du warst ein anständiger Kerl'"

LUIK Aber das Titelbild haben Sie doch wohl gesehen? Ihr Kopf über einem Kragen aus Geldscheinen.

BECKENBAUER Ich habe das Ding wirklich nicht gesehen.

LUIK Vertragen Sie keine Kritik? Laufen Sie vor der Realität davon?

BECKENBAUER Nein.

LUIK Als ich Bekannten sagte, daß ich ein Interview mit Ihnen machen werde, lautete die stereotype Frage: «Wieviel will er?» Daß Sie nichts wollten, konnte niemand glauben.

BECKENBAUER Vielleicht ist es ja üblich, daß man für Interviews bezahlt wird? Andere Sportler, soweit ich weiß, verlangen für jedes Gespräch Geld.

LUIK Aber das scheint Ihr Image draußen zu sein: Franz Beckenbauer, durch die Werbung in allen Medien vertreten, ist ein Raffer.

BECKENBAUER An diesem Bild kann ich wohl nichts ändern. Aber wichtig ist doch nur, wie ich selbst über mich urteile.

LUIK Viele Sportler haben versucht, Ihre Images zu durchbrechen. Paul Breitner war ein Rebell, Ewald Lienen oder Günther Netzer waren die Unangepaßten. Doch an Ihnen, hat die Journalistin Ingrid Kolb mal geschrieben, ist «nichts Widerspenstiges, nichts Eigenwilliges, keine Ecke, keine Kante».

BECKENBAUER Ich hab auch mal einen Bart gehabt, einen Schnauzer. Da war ich dann der «Gockel von Giesing» – es gab einen Aufschrei …

LUIK … und Sie haben sofort den Bart abgemacht.

BECKENBAUER Zu Gunsten der Glücksspirale und der Olympischen Spiele in München!

LUIK Sie haben sich stets bemüht, gefällig zu sein. «Kein Kunstwerk», hat der «Stern» mal beobachtet, würde besser vermitteln, «was der ständige Umgang mit den Medien bei einem Menschen anrichtet, der sich ihnen so willig überläßt».
BECKENBAUER Es ist amüsant für mich zu hören, wie andere über mich urteilen. Nur: Diese Leute sollen mal über sich selbst nachdenken. Diese Leute kennen mich doch gar nicht. Wie wollen die mich also beurteilen können?
LUIK Dennoch: Mir fiel Ihr gehetzter Blick auf. Da ist die Angst in Ihren Augen, angesprochen, belästigt und berührt zu werden.
BECKENBAUER Ich denke, das sind noch die Nachwirkungen von der Weltmeisterschaft. Ich habe mich zwei Monate lang sehr konzentriert, Tag für Tag. Da ist in mir noch eine innere Unruhe, die aber nach und nach abklingt.
LUIK Sagen Sie mal: Was für ein Teufel hat Sie in Italien geritten, als Sie nach dem Finale sagten: «Wenn jetzt noch Ostdeutschland hinzukommt, sind wir auf Jahre hinaus unbesiegbar. Es tut mir leid für den Rest der Welt.»
BECKENBAUER Das war doch witzig gemeint.
LUIK Komischer Witz.
BECKENBAUER Sehn's: Ich hab dabei gelacht, als ich das sagte. Sie müssen auch die ganze Situation sehen: Du sitzt da vor einem Haufen …

LUIK Einem Haufen?
BECKENBAUER Ja, der internationalen Presse, du bist Weltmeister geworden, und da herrscht eine Stimmung wie bei einer Beerdigung. Mit versteinerten Gesichtern sitzen die da – da ist kein Humor, da ist kein Spaß dabei. Und da sag ich halt: «Es tut mir furchtbar leid für den Rest der Welt, und wir werden für ein paar Jahre unschlagbar sein.» Das ist natürlich ein Blödsinn! Du kannst, das weiß doch jedes Kind, jedes Fußballspiel jederzeit verlieren! Aber Humor darf nicht sein!
LUIK Ein Humor, der Ängste im Ausland schürt? Nachdem die Fußballseligkeit massiv Flagge zeigte, hat die «Süddeutsche» besorgt gefragt, ob es so gut war, «die Wiedervereinigung und die WM im gleichen Jahr stattfinden zu lassen».
BECKENBAUER Nur der Schwache hat Angst. Vor wem muß sich irgend jemand fürchten? Vor den Deutschen etwa? Da braucht doch niemand Angst zu haben!
LUIK Meinen Sie?
BECKENBAUER Ich hoffe aber, daß andere Nationen den Satz nicht so ernst genommen haben: Ich habe ihn wirklich spaßig gemeint.
LUIK Was geht in Ihnen vor, wenn die Zehntausende von Zuschauern im Stadion rhythmisch brüllen: «Sieg! Sieg!»
BECKENBAUER Jede Nation hat ihren Schlachtruf. Und im

Moment ist es bei uns eben dieser Schlachtruf.

LUIK Er hat ja etwas Drohendes an sich und ...

BECKENBAUER ... wenn man will, dann kann man natürlich zu phantasieren anfangen und gewisse Parallelen zu einer dunklen Vergangenheit ziehen.

LUIK Die Holländer in den Stadien antworteten prompt: «Sieg Heil!»

BECKENBAUER Ach, es gibt so viele Narren auf dieser Welt. Aber ich würde das alles nicht überbewerten.

LUIK Sie haben keine Angst, daß da nationalistischer Überschwang durchschlägt?

BECKENBAUER Nein, nein. Das ist ganz einfach die Begeisterung der Leute, die da hinfahren und körperliche und finanzielle Strapazen auf sich nehmen. Die schreien halt ihre Begeisterung raus!

LUIK Sind Sie mit Ihrer Mannschaft auch deswegen so zufrieden, weil es diesmal im Team keine eigenwilligen Charaktere gegeben hat?

BECKENBAUER Da gab es durchaus eigenwillige Typen. Matthäus zum Beispiel ist nicht einfach. Und Jürgen Klinsmann ist erst recht kein einfacher Typ.

LUIK Warum?

BECKENBAUER Der Jürgen Klinsmann hat ein großes Problem: Er braucht seine Freiheit. Den kannst du nicht einsperren. Für so einen Mann wie Klinsmann ist dieses enge, permanente Zusammensein über zwei Monate einfach tödlich. Er macht sich dann zu viele Gedanken.

LUIK Matthäus sieht das genauso und klagt: «Klinsmann denkt zuviel.» Muß ein guter Spieler dumm sein?

BECKENBAUER Nein. Aber der Jürgen denkt in der Tat zuviel. Er muß raus aus dem Trainingslager. Er trifft sich dann mit seinen Freunden beim Essen, und ich weiß nicht, über was die dann reden.

LUIK Entgegen bisherigen Gepflogenheiten, durften die Spieler relativ häufig aus dem WM-Lager.

BECKENBAUER Ich habe ihnen frei gegeben, denn ich weiß aus eigener Erfahrung: Die brauchen andere Gespräche, die brauchen ihre Kinder und Freundinnen, die brauchen jemand, an den sie sich anlehnen können. Das hat nix mit Sex zu tun! Und wenn ich dann am nächsten Tag die Schlagzeile sehe: «Danke für die Liebesnacht». Das ist doch Schwachsinn.

LUIK Kurz vor der Weltmeisterschaft sagten Sie: «Für mich bedeutet der WM-Titel nichts!» Aber das hat ja wohl nicht so gestimmt. Man hat Sie schließlich im Fernsehen gesehen, wie Sie tobten, fluchten, schimpften, hingerissen waren, wie Sie wie Rumpelstilzchen am Spielfeldrand herumgehüpft sind. Wenn Sie ausgeschieden wären – das hätte Sie doch furchtbar gewurmt?

BECKENBAUER Ich habe mit dieser Mannschaft gelebt, mich voll mit dem Team identifiziert; man geht auf in dem Job: Ich mußte mich da hundertprozentig einsetzen. Da fiebert man mit, da leidet man mit, da freut man sich. Doch ohne den WM-Titel würde ich genauso leben wie jetzt.

LUIK Wie wichtig ist Ihnen der Beifall? Die hymnischen Kritiken? Die Fanpost?

BECKENBAUER Ich freue mich natürlich über die Sympathie der Leute. Natürlich gefällt es mir besser, wenn sie sich mit mir freuen als wenn sie, grob ausgedrückt, sagten: «Schau her, der Komiker da!»

LUIK Was kritisieren jene, die enttäuscht oder neidisch sind?

BECKENBAUER Am Tag kommen über 100 Briefe, die kann ich beim besten Willen nicht alle lesen. Meine Mutter hilft mir bei der Autogrammpost.

LUIK Und es kommt nie vor, daß Ihre Mutter mal sagt: «Das muß mein Bub aber auf jeden Fall lesen!»

BECKENBAUER Hie und da passiert das. Wenn die Briefe besonders nett sind. Die ganz sympathischen hebt meine Mutter für mich auf, und die lese ich dann auch. Die unangenehmen schmeißt sie allerdings gleich weg. Ich habe jedenfalls noch nie einen bösen Brief gelesen.

LUIK Im Blick zurück auf Ihre Karriere: Staunen Sie manchmal, was aus Ihnen so geworden ist?

BECKENBAUER Ich bin nur dankbar – und das jeden Tag. So wie es der liebe Gott mit mir gemeint hat, da muß er mich schon sehr mögen: Daß er mir diese Möglichkeiten und Fähigkeiten gegeben hat! Schaun Sie mal: Ich war Volksschüler, Versicherungskaufmann. Ich hätte es im normalen Leben vielleicht zum Abteilungsleiter bringen können. Aber ich konnte nun mal Fußball spielen – und das auch noch besser als viele andere. Und das auch noch in einer Zeit, als der Fußball sich vom Proletensport – die Hotels machten damals ja die Türen dicht, wenn wir kamen – auf ein ganz anderes Niveau verbesserte. Ich hab das mitgemacht: von ganz unten nach ganz oben!

LUIK Da beten Sie dann und sagen: «Herr, ich danke dir!»?

BECKENBAUER Ja, klar. Der Glaube an Gott ist bei mir da.

LUIK Wie eitel sind Sie?

BECKENBAUER Es hat lange gedauert, bis ich die Brille aufsetzen konnte. Erst als ich von der Trainerbank die Rückennummern nur noch verschwommen wahrgenommen habe, habe ich gedacht: Jetzt mußt du die Brille aufsetzen, die du schon mehr als ein Jahr in der Tasche trägst.

LUIK Ein Mann Mitte 40 hat doch noch andere Eitelkeiten?

BECKENBAUER Ich beobachte natürlich meinen Haarausfall. Ich hoffe, daß sich der in Grenzen hält. Eine Glatze, finde ich, muß nicht unbedingt sein!

LUIK Machen Sie etwas gegen die Lichtung da oben?

BECKENBAUER Natürlich! Ich habe sämtliche Haarwasser ausprobiert, dies und jenes! Alles umsonst. Ich schmier und reib, und ich sag immer zu meinem Friseur: «Mensch, erfind endlich mal was, daß das da oben aufhört!»

LUIK Haben Sie Angst vorm Älterwerden?

BECKENBAUER Nein, überhaupt nicht. Ich bin jetzt knapp 45, und ich muß sagen: Ich war noch nie so glücklich wie im Augenblick – das ist die schönste Zeit in meinem bisherigen Leben. Und ich hoffe, daß jedes Alter seine besonderen Reize hat.

LUIK Denken Sie daran, daß Ihnen immer weniger Jahre bleiben?

BECKENBAUER Klar: Je älter ich werde, desto intensiver beschäftige ich mich mit dem Tod.

LUIK Haben Sie Angst vorm Tod?

BECKENBAUER Nein.

LUIK Warum nicht?

BECKENBAUER Der Tod ist ein Bestandteil unseres Lebens. Ich glaube auch, daß es in irgendeiner Form nach dem Sterben weitergeht.

LUIK Sie glauben an ein Leben nach dem Tode.

BECKENBAUER Ja, und sei es auch in geistiger Art.

LUIK Das heißt?

BECKENBAUER Das wissen nur die da oben, die mich beschützen.

LUIK Und wenn die da oben fragen, wenn Sie dort ankommen: «Was haben Sie getan, um die Welt zu verbessern?» Was antworten Sie dann?

BECKENBAUER Ich denke, daß die Verbesserung des Lebens bei jedem persönlich anfängt. Jeder hat ja sein Karma.

> „Ich beobachte natürlich meinen Haarausfall. Ich habe sämtliche Haarwasser ausprobiert. Ich schmier und reib und sag zum Friseur: ‚Erfind was, daß das aufhört'"

LUIK Wie bitte?

BECKENBAUER Jeder hat sein Packerl zu tragen. Und jeder muß damit fertig werden. Jeder hat seine Aufgaben und Fehler – an beiden muß man arbeiten.

LUIK Woran arbeiten Sie verstärkt?

BECKENBAUER Wie schon gesagt: Ich bin zu ungeduldig. Ich

verlange zuviel – von mir und von meiner Umgebung.

LUIK Haben Sie – wenn schon nicht vorm Tod – vor irgend etwas sonst Angst?

BECKENBAUER Ich habe vor nichts und niemand Angst. Ich hab Respekt vorm Blitz, falls er hier einschlagen würde.

LUIK Keine Angst vor Unfall oder Krebs, der Sie lähmt und siechend macht?

BECKENBAUER Nein, überhaupt nicht.

LUIK Und der Tod? Wie möchten Sie sterben?

BECKENBAUER Ich weiß nicht, ob ich diese Frage als Gesunder ehrlich beantworten kann. Ich möchte bewußt sterben, und das heißt: mit Schmerzen sterben. Denn ich glaube, daß ich mich dann dort oben leichter tue. Das Schlimmste wäre für mich, plötzlich aus dem Leben gerissen zu werden: Ich möchte mich auf den Tod und auf das Sterben bewußt vorbereiten.

LUIK Denken Sie manchmal, daß wegen Ihres rasanten Aufstiegs in Ihrem Leben etwas zu kurz gekommen ist?

BECKENBAUER Meine drei Söhne hatten viel zuwenig von mir. Als ich mit 21 Jahren heiratete und schon ein Kind hatte, da war ich noch selbst ein Kind und noch lange nicht reif genug, um eine Familie zu führen. Oft hätten sie mich daheim gebraucht, aber ich war nicht da – für mich gab es ja nur Fußball. Also manches, was da passiert ist, tut mir heute leid.

LUIK Eines Ihrer Kinder wollte sich umtaufen lassen. Der Name Beckenbauer schien eine zu große Belastung.

BECKENBAUER Meine Söhne haben kein leichtes Leben gehabt. Alle drei waren begeisterte Fußballer, und zwei haben eingesehen, schweren Herzens, daß ihr Talent einfach nicht ausreicht.

> „Meine Söhne haben ein schweres Leben. Der Name ist eine Belastung. Stefan kann durchkommen. Aber er muß raus aus Deutschland. Hier hat er keine Chance"

LUIK Hat Ihr Sohn Stefan, der mal bei «Roter Stern Belgrad» vorspielen durfte, eine Chance?

BECKENBAUER Der Stefan kann durchkommen, er kann es packen. Der ist durch eine harte Schule, einen verdammt harten Weg bisher gegangen. Der Name ist schon eine immense Belastung für ihn. Du mußt dir vorstellen: Bayernliga – Amberg, Bamberg, überall wo er hinkommt, ist er der Mittelpunkt.

LUIK Sie haben ihm nie geraten: «Junge, hör auf!»

BECKENBAUER Nein, denn ich weiß, daß er Talent hat. Er braucht eine professionelle Umgebung: 1860 München und jetzt Kickers Offenbach – Zwischenstationen. Ich werde, das ist meine nächste Aufgabe, für ihn einen Verein suchen – sei es in der Schweiz oder in Frankreich. Er muß einfach raus aus Deutschland, denn hier hat er keine Chance.

LUIK Sind Ihnen Freunde wichtig?

BECKENBAUER Was ist das – ein Freund?

LUIK Ein Freund hilft einem beispielsweise, wenn es einem schlecht geht ...

BECKENBAUER Nein. Da würde ich nie zu meinem Freund gehen. Wann soll es mir denn schlecht gehen? Wenn ich kein Geld habe? Dann gehe ich auf die Bank! Dafür sind die Geldinstitute da. Und wenn es mir gesundheitlich schlecht geht, gehe ich zum Arzt. Mit solchen Sachen werde ich doch meine Freunde nicht belästigen!

LUIK Wir haben einen Verdacht: Der von so vielen umworbene Franz ist gar nicht fähig, Freundschaften zu pflegen.

BECKENBAUER Ich habe eine große Freundschaft zu meiner Mutter und zu meiner Frau.

LUIK Aber haben Sie auch einen Freund außerhalb der Familie? Jemand, mit dem Sie sich treffen können, ohne daß er in der Öffentlichkeit mit Ihnen gesehen werden will?

BECKENBAUER Es gibt schon ein paar, die ich als Freund bezeichnen möchte. Zum Beispiel Robert, mein Manager.

LUIK Die Fußballfans haben Sie geliebt, aber auch gehaßt. Sie wurden bejubelt, aber auch bespuckt. Doch Sie waren nie so beliebt wie «Uns Uwe», es gab nie Schlachtrufe wie «Franzi! Franzi!» oder «Becki! Becki!». Traurig deswegen?

BECKENBAUER Nein. Ich bin halt in eine Zeit hineingekommen, wo der Fußball als ein richtiges Stück schwerer Arbeit galt. Und da kam ich: leichtfüßig, elegant, lässig. Ich hab halt anders gespielt als die meisten anderen, und das hat provoziert, das kam oft als Arroganz bei den Fans an. Wenn ich aus 30 Meter Entfernung gesehen habe, daß ich den Ball eh nicht mehr erwischen kann, dann bin ich dem Ball nicht wie ein Verrückter hinterhergerannt. Warum auch? Doch der Ehrenkodex verlangte, daß man da hinterherhechelt und mit dem Ball ins Aus rutscht. Das mußte ich nicht haben, und deshalb hieß es halt: Der Beckenbauer ist überheblich!

LUIK Aber als Spieler sehnt man sich nach Liebe und Anerkennung des Publikums?

BECKENBAUER Sicher. Und das macht einen Spieler unheimlich stolz, wenn da für ihn im weiten Stadionrund gesungen wird. Das ist ein unheimliches Gefühl: Das puscht dich, das spornt dich an!

LUIK Noch etwas hat Sie von den anderen Fußballern unterschieden: Sie waren der erste Sportler in der Bundesrepublik, der mit der Werbung großes Geld machte. Sie waren da nie zimperlich: Sie haben Suppen geschlürft, Brillantine ins Haar geschmiert – machen Sie für Geld alles?

BECKENBAUER Am Anfang hat mich tatsächlich das Geld gereizt. Ich weiß gar nicht mehr, was mir Knorr in den sechziger Jahren für den Werbespot gegeben hat. 10- oder 20 000 Mark? Für die damalige Zeit war es jedenfalls sehr viel Geld, und ich gebe zu: Das Produkt, für das ich warb, war mir ziemlich egal. Mir ging es nur um das Finanzielle – heute bin ich wählerischer.

> „Am Anfang waren mir die Produkte egal. Heute gibt es Grenzfälle"

LUIK Tatsächlich? Heute hämmern Sie Bänke zusammen und stehen vor Fensterläden …

BECKENBAUER Ja, ja. Für mich gibt es natürlich heute Grenzfälle. Aber adidas ist kein Grenzfall – das ist ein Superprodukt. Und Mercedes ist auch kein Grenzfall – darüber brauchen wir ja nicht zu streiten.

LUIK In jeder Zeitung und von unzähligen Plakatwänden strahlt Ihr Gesicht. Ihnen kann man nicht ausweichen: Können Sie denn nicht mal nein sagen?

BECKENBAUER In der Tat: Mit dem Neinsagen habe ich Schwierigkeiten.

LUIK Nehmen Sie sich ein Beispiel an Ihrem Stürmer Jürgen Klinsmann: «Ich bin nicht auf die schnelle Mark aus», sagt er: «Ich verdiene genug. Da muß ich doch nicht alles mitmachen.» Und er ließ mehrere lukrative Werbeangebote fahren, Begründung: Er will sein Konterfei nicht an jeder Ecke sehen.

BECKENBAUER Ich kann dem Jürgen, er ist ja erst 26 Jahre alt, zu diesem Weitblick nur gratulieren. Respekt.

LUIK Gibt es eigentlich Werbeangebote, die Sie ablehnen?

BECKENBAUER Seit der WM, obwohl sich ja mein Marktwert angeblich verdoppelt hat, bin ich nicht ans Telefon. Ich habe nichts angenommen. Ich habe übrigens nie eine offensive Politik gemacht. Wir sind nie zu einer Firma gegangen und haben gefragt: «Wollt Ihr mit uns Werbung machen?» Wir sitzen im schönen Kitzbühel, und dann flattern die Dinge rein. Und dann wird Robert aktiv.

LUIK Auch für eine Kondom-Kampagne?

BECKENBAUER Dafür würde ich nicht werben, so wenig wie für Alkohol oder Zigaretten.
LUIK Kitzbühel: Was für einen Reiz hat dieses Schickimicki-Dorf für Sie?
BECKENBAUER Hier finde ich die Ruhe, die ich so dringend brauche. Kitzbühel ist meine Heimat. Hier fühle ich mich wohl. Hier sind auch die Freunde, die mir wichtig sind. Nette, liebenswerte Menschen habe ich hier, und einige von ihnen treffe ich heute nachmittag beim Golfen.
LUIK Haben Sie Angst vorm Alleinsein?
BECKENBAUER Ich bin sehr gern ganz allein, und ich kann mich sehr gut mit mir selbst beschäftigen.
LUIK Was machen Sie dann?
BECKENBAUER Ich mach dann das, was mir richtig Spaß macht: lesen. Ich habe so viele Bücher, die ungelesen sind.
LUIK Was zum Beispiel?
BECKENBAUER Jede Menge Bücher von Konfuzius, Laotse, Hesse …
LUIK … schwerer Tobak. Alles ein bißchen spirituell.
BECKENBAUER Ja, meine Interessen gehen in diese Richtung.
LUIK Auch Astrologie?
BECKENBAUER Ich glaube schon ein bißchen an die Astrologie. Denn all die großen Veränderungen in meinem Leben, seien es die Trennungen von meinen Frauen, sei es die Entscheidung, nach New York zu gehen oder auch meine Erfolge – das alles stand in den Sternen.
LUIK Schmarrn.
BECKENBAUER Ja, Sie können das so sehen. Aber ich sehe es anders: Die großen Veränderungen in meinem Leben sind vorgegeben und vorbestimmt.
LUIK Dann machen Sie für uns mal einen Blick in die Zukunft.
BECKENBAUER Das will ich nicht. Doch hin und wieder hole ich das astrologische Gutachten raus und stell fest: Da ist etwas dran! Astrologie ist ja auch die älteste Wissenschaft …
LUIK Einspruch.

> „Nette Menschen treffe ich beim Golfen. Da finde ich die Ruhe, die ich so dringend brauche"

BECKENBAUER Doch, doch. Wissenschaft ist für mich Erfahrung, und Astrologie ist eine Erfahrung. Die Beobachtung der Sterne und die Schlußfolgerungen daraus werden schon Tausende von Jahren gemacht. Als in Griechenland schon die Sterne beobachtet und interpretiert wurden, saßen sie bei uns noch auf den Bäumen.
LUIK Ganz interessant, was Sie da sagen – gleichwohl, mir fehlt der Glaube.
BECKENBAUER Ja, das geht ein bißchen ins Esoterische, ins

Außergewöhnliche. Für manchem mag das in der Tat ein bißchen ungewöhnlich sein.
LUIK Was sagt Ihre Frau dazu?
BECKENBAUER Die Sybille ist da ein bißchen realistischer als ich. Sie ist keine große Anhängerin der Esoterik, aber sie läßt mich gewähren.
LUIK Frauen – was für eine Rolle spielen Frauen in Ihrem Leben?
BECKENBAUER Meine Frauen haben mir sehr viel gegeben. Die Brigitte, eine wunderbare Frau, hat mir zwei Söhne geschenkt. Und die Diana war ebenfalls eine wunderbare, eine saubere Frau; eine bessere Frau kannst du dir nicht wünschen. Aber es ist halt dann irgendwie komisch im Leben. Du machst Sachen, und du weißt gar nicht, warum du sie machst oder weshalb du sie nicht machst. Ich lerne also die Sybille kennen und mach ihr innerhalb von zwei Monaten einen Heiratsantrag, obwohl …
LUIK … doch die Diana die ideale Frau war?
BECKENBAUER Ja, genau. Doch der Diana habe ich nie einen Heiratsantrag gemacht, obwohl sie, wie gesagt, die beste Frau ist, die du dir vorstellen kannst.
LUIK Und warum verläßt man dann so eine Frau?
BECKENBAUER Ich weiß es wirklich nicht. Ich hab da plötzlich etwas gefunden, was noch stärker war. Ich hab mich in Sybille verliebt, und ich bin furchtbar erschrocken. Ich war ja käseweiß, als ich sie fragte, ob sie mich heiraten möchte, und ich hatte das irgendwie gar nicht gesagt: Da hat jemand aus mir heraus gesprochen. Und ich hatte vorher immer gesagt: «Du heiratest nie mehr!»
LUIK Und nun ist Sybille die Frau fürs Leben? Bis daß der Tod euch scheidet?
BECKENBAUER Wer weiß, was das Leben noch alles bringt? Ich kann nur das sagen: Die letzten zwei Jahre mit Sybille waren ein Traum.
LUIK Nochmals: Was sind Frauen für Sie?
BECKENBAUER Sie sollen Partner sein.
LUIK Gleichberechtigt?
BECKENBAUER Ja.
LUIK Ihre erste Frau, so wird in den Medien kolportiert, hat Sie überfordert: Sie hat Sie nach Wien zum Ball geführt, nach Bayreuth zur Oper geschleppt. Sie wollte aus Ihnen den Mann von Welt machen – daran sei Ihre Beziehung gescheitert.
BECKENBAUER Glauben Sie denn, daß mich irgend jemand schleppen muß? Wenn ich was tue, dann mache ich das, weil ich dazu Lust habe. Aber über mich werden viele erstaunliche Dinge geschrieben. Wenn ich nicht nach Bayreuth will, dann gehe ich nicht nach Bayreuth. Wenn ich nicht nach Wien zum Opernball will, dann gehe ich da nicht hin. Aber Wien war für mich ein einmaliges Erlebnis: Ich habe dafür extra das Tanzen gelernt. Ich war ein Nulltänzer,

und dann kommst du da hin und 6000 Leute stürmen auf einmal die Tanzfäche! Da kannst dann überhaupt nicht mehr tanzen – ich hab also umsonst das Tanzen gelernt! Aber das war eine Mordsgaudi!
LUIK Der Opernball in Wien – endlich waren Sie in der «guten» Gesellschaft?
BECKENBAUER Ach was, so habe ich doch nicht gedacht. Neugierde hat mich da hingetrieben! Und es ist ja auch was Schönes, wenn die Frauen herrlich gekleidet sind und gut ausschauen, und wenn die Männer im Frack daherkommen! Das ist einfach ein Erlebnis! So etwas mußt du mit den eigenen Augen gesehen haben! Da kannst dich dann nur noch amüsieren.

> „Ich war käsweiß, als ich Sybille fragte, ob sie mich heiraten möchte. Da hat irgend jemand aus mir heraus gesprochen"

LUIK Ähnlich wie Max Schmeling haben Sie viele Verbindungen zu Schauspielern und Politikern. Was bedeuten Ihnen diese Bekanntschaften?
BECKENBAUER Das sind halt so Bekanntschaften. Da gibt es ein paar nette drunter, ein paar weniger nette und ein paar, mit denen man gerne zusammen ist.
LUIK Gibt's da jemand, von dem Sie sagen: Der bedeutet mir etwas?
BECKENBAUER Moment mal. Da fällt mir im Augenblick niemand ein.
LUIK Als was sehen Sie sich, wenn Sie träumen?
BECKENBAUER Wenn ich nervös bin, träume ich von Schlangen. Und dann ist da noch ein Traum, den ich immer wieder habe. Ich bin in Giesing im vierten Stock einer Mietskaserne aufgewachsen, und ich habe mich oft so weit aus dem Fenster gebeugt, daß ich ein Stockwerk tiefer in die Wohnung schauen konnte. Und heute falle ich oft in meinen Träumen aus dem Fenster raus auf den Hinterhof.
LUIK Sie sagten mal: «Ich bin doch bloß ein Fußballer.» Da schwingen Trauer, auch Minderwertigkeitsgefühle mit.
BECKENBAUER Ich war lange Zeit über meine Ausbildung sehr unglücklich. Hätte ich nicht das Glück gehabt, so gut Fußball zu spielen, wäre ich halt bei einer Versicherung gelandet. Und dann hätte ich meinen Eltern ewig den Vorwurf gemacht, daß sie sich nicht gegen mich durchgesetzt haben. Denn sie, auch mein Lehrer, wollten mich auf die Oberschule schicken, aber ich habe mich dagegen gewehrt. Ich habe nämlich an

den älteren Jahrgängen gesehen, daß die bloß noch lernten und für nix mehr Zeit hatten. Da habe ich dann gesagt: «Das will ich nicht.» Und später war ich dann sauer, daß ich das Abitur nicht hatte. Ich wollte es sogar nachmachen! Ich hab mir die Unterlagen zuschicken lassen, aber ich mußte dann einsehen, daß ich das neben dem Fußball rein zeitlich nicht schaffen kann. Ich hätte gern Medizin studiert.

LUIK Zurück zum Sport: Ihr Nachfolger Berti Vogts tritt ein schweres Erbe an.

BECKENBAUER Ich denke, daß er es in gewisser Weise sogar leichter hat als ich. Als ich '84 anfing, hatten wir keine gute Mannschaft, der Ruf war nicht der beste. Der Berti hat heute ein perfektes Umfeld: Die medizinische Betreuung ist top, überall sind Klasse-Leute. Und Augenthaler ist der einzige, der aufhören wird – die anderen machen weiter. Jetzt kommt auch noch die DDR hinzu, die Auswahl wird damit größer und noch besser.

LUIK Aber hat Vogts das nötige Charisma?

BECKENBAUER Ihr werdet's sehen! Man muß ihm eine faire Chance geben. Ich kenne den Berti seit langem. Wir waren nicht immer auf einer Wellenlänge, aber ich habe ihn die letzten sechs Jahre richtig schätzen gelernt. Ich kenne seine Arbeit, seine Loyalität. Wenn der Berti mich in irgendeiner Art braucht, werde ich für ihn immer da sein. Er ist der ideale Mann.

LUIK Sponsor Mercedes-Benz sieht das etwas anders. Auf die Frage, ob der Konzern auch mit Berti Vogts arbeiten wird, hat der Daimler-Sprecher Brodbeck laut «Stuttgarter Zeitung» gemeint: «Ich kann mir das nicht vorstellen.» Der bodenständige Berti scheint nicht so recht ins Bild des mondänen Mercedesfahrers zu passen?

BECKENBAUER Ich weiß nicht, was er damit gemeint hat. Der Vertrag mit Daimler ist nicht auf Personen bezogen, sondern es ist ein Vertrag mit dem DFB. Außerdem ist es auch meine Aufgabe, die Mercedes-Leute in Zukunft zu betreuen. Also ich glaube schon, daß das so weitergeht.

LUIK Sie sind richtig stolz, daß Sie Mercedes an die Fußball-Nationalmannschaft herangebracht haben?

BECKENBAUER Das war in der Tat kein leichtes Spiel – es ist ja ein Riesenunternehmen mit einem sehr großen Vorstand. Es ist doch klar, daß nicht alle Vorständler Fußballanhänger sind. Doch ich bin völlig überzeugt: Der DFB und Mercedes – eine bessere Ehe kann es nicht geben! Für Mercedes hatte diese Aktion in Italien schon einen Werbewert, der gar nicht bezahlbar ist.

LUIK Mit Ihrem Mercedes-Coup haben Sie ein Tabu gebrochen: Zum erstenmal war ein Werbe-

emblem neben dem Bundesadler plaziert.
BECKENBAUER Da kannst du nur Mercedes hinbringen oder die Deutsche Bank ...
LUIK ... oder Opel?
BECKENBAUER Opel ist ein amerikanisches Unternehmen – General Motors. Lange Zeit war beim DFB auch Mars im Gespräch. Aber auch Mars ist ein amerikanisches Produkt.
LUIK Mercedes ist der Rüstungskonzern Nummer eins in Deutschland. Da haben Sie keine Berührungsängste?
BECKENBAUER Meine Herren, ich hoffe, daß die Zeit der militärischen Aktionen vorbei ist. Gegen wen soll man heute denn noch rüsten?
LUIK Gute Frage: Richten Sie sie an den Daimler-Benz-Vorstand!
BECKENBAUER Vielleicht brauchen wir bald überhaupt kein Militär mehr. Keine Grenzen, nix mehr! So hat sich der liebe Gott das doch vorgestellt! Und vielleicht kommen wir ja dahin – zumindestens wenn wir unsere Mutter Erde am Leben lassen wollen. Aber noch sind wir dabei, leider, unsere eigene Mutter zu ermorden.
LUIK Setzen Sie sich denn dafür ein, daß die Mutter am Leben bleibt?
BECKENBAUER Ich möchte mich gerne dafür einsetzen. Aber ich möchte mich jetzt nicht in Konzepte oder Dogmen einbinden lassen. Und alles, was da im Moment gemacht wird, ist mir zu politisch.
LUIK Mit Politik wollen Sie nichts zu tun haben?
BECKENBAUER Nein.
LUIK Wie ist es dann für Sie, wenn Kanzler Kohl samt Regierungscrew zum Endspiel einschwebt und auch noch den Weg in die Duschkabine findet?
BECKENBAUER Das ist eine Auszeichnung der Mannschaft gegenüber. Eine Auszeichnung für den Fußball, wenn der Kanzler sich die Zeit nimmt, um mit dabeizusein.
LUIK Er benützt den erfolgreichen Fußball als Bühne, um Popularität für sich zu gewinnen. Kanzler Kohl ist, höhnt der «Spiegel», «der klassische Ranschmeißer».
BECKENBAUER Ach was – eine größere Popularität als die, die er im Moment hat, kann der Kanzler eh kaum kriegen!
LUIK Was wäre passiert, wenn Jutta Ditfurth zu den Spielern in die Kabine gegangen wäre?
BECKENBAUER Die wäre gar nicht reingelassen worden, denn in der Kabine haben Frauen nichts zu suchen – da sind lauter nackte Männer!
LUIK Sport und Politik ...
BECKENBAUER Ich möchte mich nicht vor einen Karren spannen lassen. Ich will frei sein in meinen Entscheidungen, keinem Dogma untergeordnet sein.
LUIK Von Ihnen stammt der Satz:

«Willy Brandt ist ein nationales Unglück!»

BECKENBAUER Ich habe Willy Brandt schon oft gesagt: «Herr Brandt, das stimmt nicht!» Das war eine Interpretation, die nicht von mir stammt.

LUIK Wenn nun heute Bundestagswahlen wären: Wer bekäme Ihre Stimme?

BECKENBAUER Ich lebe ja in Tirol, ich darf ja gar nicht wählen. Ich würde natürlich die Partei wählen, die am besten ist. Und die CDU/CSU mit der FDP – man kann über die FDP denken, wie man will –, die machen doch eine gute Politik.

LUIK Da Ihnen die Umwelt so am Herzen liegt: Über vollmundige Ankündigungen kommt der Umweltminister Töpfer nicht hinaus.

BECKENBAUER Da passiert sicherlich vieles viel zu langsam. Man hätte früher auf die Industrie einwirken müssen, Katalysatoren für die Autos zu bauen. Ich bin der Meinung, man muß alles machen, was technisch möglich ist – weltweit.

LUIK Sie haben nichts gegen Sportler, die sich zu politischen Themen äußern?

BECKENBAUER Nein, das ist mir egal. Als Boris Becker sich zur Hafenstraße geäußert hat, hab ich zu ihm gesagt: «Sag mal: spinnst!» Er hat doch gesehen, was das für Wellen geschlagen hat. Aber er hat gemeint, daß er das sagen mußte und daß das aus ihm auch einfach raus mußte. Und dann ist es doch in Ordnung. Ich hab zu ihm dann noch gesagt: «Jetzt spielst wieder Tennis! Jetzt konzentrierst dich wieder auf Tennis!» Ich behalte aber meine Meinung eher für mich. Ich werde die Hafenstraße eh nicht ändern können.

LUIK Unter Ihrer Ägide als Teamchef traten die Farben Schwarz-Rot-Gold beim DFB immer deutlicher hervor.

BECKENBAUER Ich habe von Anfang an versucht, Farbe ins Spiel zu bringen. Die alten Trikots waren doch einfach langweilig: Schwarzweiß ist doch viel zu nüchtern. Da haben wir beim DFB rumexperimentiert. Wir haben die Farben am Kragen ausprobiert, zwei Zentimeter waren die groß, und kein Mensch hat das gesehen. Dann kamen die Streifen über die Brust – das schaut doch gut aus!

LUIK Warum gerade Schwarz-Rot-Gold?

BECKENBAUER Eine andere Farbe an der Nationalmannschaft ist doch undenkbar!

LUIK Viele Nationalmannschaften treten ohne die Farben ihres Landes auf.

BECKENBAUER Ich sehe das so: Wenn die Nationalmannschaft spielt, dann ist das ein nationales Ereignis, dann ist das ein Fest.

LUIK Und deshalb müssen Ihre Spieler auch die Nationalhymne mitsingen?

BECKENBAUER Genau. Man muß doch einfach mal sehen, wie

andere Nationalmannschaften stolz sind, wenn sie antreten ...

LUIK ... der Engländer Gascoigne streckt beim Abspielen der Hymne die Zunge raus!

BECKENBAUER Ach, was! Es geht jetzt auch nicht um Nationalismus, nochmals: Ein Länderspiel ist ein Feiertag. Das ist was Besonderes.

LUIK Deshalb stehen Sie auch geschniegelt und gebügelt und im Maßanzug am Spielfeldrand?

BECKENBAUER Wenn ich ins Theater gehe, kleide ich mich doch auch gut.

LUIK Blue Jeans wären für Sie undenkbar?

BECKENBAUER Beim Länderspiel – unmöglich. Ich finde es gut, daß die Mannschaften proper daherkommen. In Italien kommen alle Vereinsmannschaften im Anzug daher, gut gekleidet – das hat Niveau! Das gefällt mir.

LUIK Ist Ihnen die «gute» Kleidung auch deshalb so wichtig, weil somit der Fußball den Geruch des Proletensports verliert?

BECKENBAUER Fußball hat eine wichtige gesellschaftliche und soziale Aufgabe. Und da ist es eine Verpflichtung, etwas Positives darzustellen. Die Nationalmannschaft ist nun mal die Elite: Sie ist das Aushängeschild.

LUIK Und deshalb gehört für Sie die ...

BECKENBAUER ... Nationalhymne einfach dazu. Die Spieler anderer Länder halten sich an den Händen, die Mexikaner strecken stolz die Brust raus und singen mit. Das ist ein Superbild! Nicht nur weil es die Einheit verkörpert, sondern weil das Singen dich auch frei macht. Ich sag immer zu den Spielern: «Singt's laut!»

LUIK Es sieht recht kläglich aus.

BECKENBAUER Tja, leider. Die meisten sind keine Sängerknaben.

LUIK Sie haben keine Bedenken, daß dieses Lied im Ausland böse Erinnerungen wachrufen könnte?

BECKENBAUER Aber warum denn diese Komplexe!

LUIK Also in Holland ...

BECKENBAUER Aber was interessiert uns Holland? Wie lange wollen wir denn mit den Komplexen noch leben? Wir müssen mal endlich anfangen, wieder selbstbewußt zu sein!

LUIK Also einen Schlußstrich unter die Geschichte ziehen?

BECKENBAUER Sowieso! Die Entwicklung der Deutschen im Augenblick ist ohnehin sehr, sehr gut. Irgendwann sind auch mal die ganzen Schuldgefühle zu Ende!

LUIK Kurz: Sie sind stolz, ein Deutscher zu sein?

BECKENBAUER Warum soll ich stolz sein, ein Deutscher zu sein?

LUIK Was Sie sagen, hört sich so an. Also anders gefragt: Sind Sie ein Patriot?

BECKENBAUER Bin ich nicht. Ich

kann doch nichts dafür, daß ich Deutscher bin. Es hätte ja sein können, daß ich als Schwarzer auf die Welt gekommen wäre. Es ist ein unheimliches Glück, ein Deutscher zu sein. Ein Glück, in diesem Land, in diesem wirklich geordneten Land wohnen zu dürfen! Dafür bin ich dankbar. Darauf kann ich aber nicht stolz sein.

LUIK Sie sprechen so viel von Deutschland, doch Sie selbst wohnen in Österreich.

BECKENBAUER Das ist für mich das gleiche. Österreich und Deutschland – da gibt es für mich keine Trennung. Wir haben die gleiche Sprache, eine ähnliche Geschichte, der Schilling ist an die Mark gebunden – ich sehe da keine Grenzen.

LUIK Die politischen Führer propagieren allenthalben ein geeintes Europa. Warum legen Sie dann soviel Wert auf die nationalen Symbole?

BECKENBAUER Ich denke, daß die Nationen immer Nationen bleiben werden – auch unter dem Mantel Europa. Ich kann mir nicht vorstellen, daß alle Völker einmal europäisch denken. Denn was heißt denn das überhaupt? Die Griechen werden immer Griechen bleiben, die Deutschen immer Deutsche.

LUIK Wenn Sie das Sagen hätten im Deutschen Fußballbund: Was würden Sie ändern wollen?

BECKENBAUER Es gibt so viele Dinge, die man leider nicht ändern kann. Die Bundesliga leidet an der Abwanderung unserer attraktivsten Spieler nach Italien. Das muß man über sich ergehen lassen, das ist sehr hart. Dennoch: Es läuft ganz gut in der Bundesliga, obwohl uns die Italiener in vielen Belangen überlegen sind. Die Struktur ihrer Liga ist einfach besser: Sie haben Kapitalgesellschaften, wir haben Vereine. Doch was Qualität und Leistung anbelangt: Die Bundesliga braucht sich vor den Italienern nicht zu verstecken: Auf dem Platz sind sie nicht besser als wir.

> „Es ist ein Glück, Deutscher zu sein. Ein Glück, in diesem Land zu leben"

LUIK Gibt es DDR-Spieler, die den Sprung in die Nationalelf schaffen könnten?

BECKENBAUER Andreas Thom, ein sehr guter Mann, hätte ich zum Beispiel schon mit nach Italien nehmen können; auch Ulf Kirsten ist ein hervorragender Mittelstürmer. Matthias Sammer ist einer, der eine internationale Qualität hat. Und dann gibt es noch ein paar andere, die bei uns durchaus mithalten können. Rico Steinmann, gerade 21 Jahre alt, hat das Zeug, ein Großer zu werden.

LUIK Und unter den Stammspielern der Nationalmannschaft grassiert nun die Angst vor der Konkurrenz aus dem Osten?

BECKENBAUER Ich glaube nicht. Ich find's einfach hervorragend, was da passiert. Es ist doch unvorstellbar, wie da zwei getrennte Staaten zusammenwachsen – das wird gigantisch!

LUIK Im DFB läßt sich wenig ändern, sagen Sie. Doch was müßte in der FIFA, dem Weltverband, anders werden?

BECKENBAUER Da muß einiges passieren. Da sind Leute am Werk, die keine Praktiker sind. Die kümmern sich um die Kleiderordnung, aber das Wichtige kommt dabei viel zu kurz. Die Drei-Klassen-Gesellschaft unter den Spielern muß weg: Die zwei Auswechslungen sollen nicht mehr aus fünf, sondern aus elf Spielern passieren. Die Ersatzspieler brauchen einfach das Gefühl, richtig dabeizusein. Aber so wie es jetzt ist, gibt es einen Haufen Probleme. Außerdem muß sich die Terminplanung bei der nächsten WM ändern: Wir hatten acht Tage Pause zwischen dem Achtel- und Viertelfinale, Wahnsinn! Und vorm Halbfinale gerade zwei Tage, um sich zu erholen! So kann kein guter Fußball vorgeführt werden. Außerdem dauert die Weltmeisterschaft zu lange: Drei Wochen sind genug! Ein weiterer Punkt: die Schiedsrichter. Ich würde Gespanne einsetzen. Ausgebildete Linienrichter müssen her. Es ist Unsinn, Schiedsrichter an den Seitenlinien einzusetzen. Das ist genauso, als ob du einen Torwart als Linksaußen spielen läßt! Und bei einem Spiel wie Deutschland gegen Holland – da nehme ich doch keinen Südamerikaner als Schiedsrichter! Damit provoziert man ja Fehlentscheidungen! Der kennt doch die europäische Mentalität nicht!

LUIK Die WM, glaubt man den Verantwortlichen, war ein rauschendes Fest mit schönen Spielen. Dennoch: Der Fußball steckt in einer Krise. Noch nie wurden so wenig Tore geschossen. Die hochgelobten Torjäger versagten kläglich. Es triumphierte der phantasiearme Kraftfußball europäischer Prägung, ein Zweckfußball im Mittelfeld, ein Spiel arm an spannenden Torszenen und technischer Raffinesse. Außerdem wurden die Spiele ständig unterbrochen, im Schnitt 40- bis 50mal pro Match. Kurz: Der Fußball ist langweilig.

BECKENBAUER Das ist völliger Blödsinn! Die WM hat die Erwartungen erfüllt. Es wurde guter Fußball gespielt. Die FIFA hat jedoch Fehler gemacht. Sie wollten besonders faire Spiele und haben deshalb die Schiedsrichter verunsichert. Die FIFA hat den Schiedsrichtern die eigene Persönlichkeit genommen. Die mußten bei jeder Kleinigkeit pfeifen, und das hat viele Spiele negativ beeinflußt. Dazu kommt noch, daß viele Spiele nachmittags angepfiffen wurden, und die waren fast alle schlecht: Es war einfach zu heiß. Daß so wenig Tore gefallen sind: Die Räume sind enger geworden ...

LUIK ... ja, und das Spiel ist schneller geworden. Wir kennen diese Leier zur Genüge! Vorschlag zur Besserung: Spielt in Zukunft doch bloß noch mit zehn Leuten!

BECKENBAUER Richtig, da hätte man dann mehr Platz. Und ich würde es auch begrüßen, wenn das so verändert würde. Da kommen einfach schönere Spiele raus!

LUIK WM '94: Neue Märkte erschließen, das Motiv: Cash. Die FIFA hat die nächste WM in die USA vergeben. Doch jetzt sieht es so aus, als ob aus dem geplanten Geschäft ein gigantischer Flop wird. In den USA interessiert sich kaum jemand für Fußball. Die Zeitungen haben gelacht und gespottet während der WM, die Einschaltzahlen beim Fernsehen strebten gegen null.

BECKENBAUER Die Amerikaner sind in der Tat kein Fußball-Land. Aber Aufgabe der FIFA ist es ja – Amerika ist ein Riesenkontinent mit einer enormen wirtschaftlichen Kraft –, Anreize für Entwicklungen zu geben. Wenn eine der großen TV-Gesellschaften die Fernsehrechte übernimmt, dann klappt's.

LUIK Tja, wenn.

BECKENBAUER Wenn nicht, dann kann es schon sein, daß die WM nicht in den USA stattfindet. Aber im Grunde sind die USA ideal: Die Infrastruktur stimmt, die Stadien sind herrlich – alles ist perfekt. Und ich bin mir sicher: Die Zuschauer kommen.

LUIK Ihr Optimismus in Ehren. Es geht ja auch das Gerücht, daß Sie als Organisationschef vorgesehen sind.

BECKENBAUER Wenn die Amerikaner etwas von mir wollen, sollen Sie sich melden. Bis jetzt hat das Telefon noch nicht geklingelt. Sie müßten ihre Vorstellungen darlegen. Als Trainer gehe ich nicht rüber! Um die WM zu organisieren, brauchst du ein Konsortium. Da brauchst du Leute wie den Ueberroth, ein fleißiger Kerl, der die Olympischen Spiele in Los Angeles organisiert hat. Du brauchst Leute wie Henry Kissinger, die Connections haben, du brauchst Topmanager aus den großen Unternehmen.

LUIK Kissinger, Ueberroth und Beckenbauer – das wäre das richtige Trio?

BECKENBAUER Mit diesen Leuten zusammenarbeiten – besser kannst du es ja gar nicht haben. Dann ist der wirtschaftliche Erfolg gesichert.

LUIK Sie argumentieren im Grunde nicht wie ein Sportler, sondern wie ein Kaufmann! Es geht um Märkte und Money – Fußball ist Nebensache.

BECKENBAUER Es geht um den Fußball. Doch der Sport ist schon längst abhängig von der Wirtschaft. Ohne Sponsoren lassen sich solche Spiele nicht mehr organisieren. Wir können nicht mehr zurück zu den Olympischen Spielen von 1896.

LUIK Staunen Sie manchmal noch über die Summen, die im Fußball bewegt werden? Ist ein Spieler wie Thomas Häßler 18 Millionen Mark wert?

BECKENBAUER Das sind Liebhaberpreise. Das ist im Prinzip so, wie wenn die Japaner für einen van Gogh oder einen Renoir Geld anlegen – 60, 80 Millionen Mark wechseln da das Konto. Kann ein Bild soviel wert sein? Ich weiß es nicht, aber das sind einfach Liebhaberpreise. Wenn Herr Agnelli also sagt, der kleine Häßler gefällt mir, den kaufe ich, dann kauft er ihn. Angebot und Nachfrage regeln den Preis.

LUIK Wenn jetzt Agnelli sagt, den Beckenbauer wollen wir als Trainer haben – dann schnüren Sie Ihr Bündel?

BECKENBAUER Falls ich je wieder die Lust verspüren sollte, als Coach zu arbeiten, dann möchte ich eine Vereinsmannschaft übernehmen. Und Italien ist im Fußball nun mal ein Traum.

LUIK Das ist ein Klischee.

BECKENBAUER Nein, das ist einfach so. Du brauchst nur mal in die Augen der Italiener schauen – da kommt die Liebe zum Fußball durch.

LUIK Ein Blick in die Zukunft: Kommt die Europaliga?

BECKENBAUER Das kann ich mir nicht vorstellen, das würde ja den Europapokal erledigen. Und diese Wettbewerbe sind interessant und ungemein lukrativ.

LUIK Ein Blick auf die heutige Sportszene: Welcher Sportler imponiert Ihnen am meisten?

BECKENBAUER Keine Frage: Boris Becker.

LUIK Warum?

BECKENBAUER Was der Boris für den deutschen Sport getan hat, hat noch keiner geschafft. Er ist der Ausnahmesportler schlechthin. Und er macht alles alleine! Wie er das in diesen jungen Jahren – er ist ja erst 22! – alles packt, das ist gigantisch. Ich war ein Kind in diesem Alter, ein Kind! Für mich ist der Boris ein Wundermensch. Ich verehre ihn zutiefst!

> „Boris ist der Ausnahmesportler schlechthin. Er steht über allen. Da reicht kein Schmeling hin, kein Seeler, kein Beckenbauer – niemand"

LUIK Das ist doch zu schade für Sie: Wenn der Boris nicht wäre, wären Sie die absolute Lichtgestalt.

BECKENBAUER Ich brauche das nicht, ich freu mich für ihn. Der Boris steht meilenweit über allen. Da reicht kein Schmeling hin, kein Seeler, kein Beckenbauer – niemand.

> „Dieses Gespräch hat mir gut gefallen. Es war mal was anderes – nicht bloß Fußball"

Das Gespräch mit Franz Beckenbauer führte Arno Luik gemeinsam mit Harry Valérien

Franz Beckenbauer

Geboren am 11. September 1945 in München-Giesing. Beckenbauer gilt als einer der besten Fußballspieler aller Zeiten. Von 1954 bis 1958 spielte er beim SC München 06 im Stadtteil Giesing und wechselte anschließend zu den Bayern, für die er ab der Saison 1964/65 zum Regionalliga-Aufgebot gehörte. Gleich im ersten Jahr schaffte er mit dem FC Bayern den Bundesliga-Aufstieg; schon wenige Wochen später debütierte er am 26. September 1965 beim WM-Qualifikationsspiel gegen Schweden in der Nationalelf, für die er anschließend zwölf Jahre Leitfigur, Leistungsträger und in 50 Spielen Kapitän war. Den Durchbruch zur Weltklasse gelang ihm 1966 bei der WM in England. Mit Beckenbauer als Kapitän und als Libero begannen die «goldenen siebziger Jahre» des deutschen Fußballs, der 1972 mit dem Gewinn der Europameisterschaft und 1974 mit dem Weltmeisterschaftssieg seine Höhepunkte erlebte. 1977 wechselte Beckenbauer zu Cosmos New York in die US-Profiliga. Mit Pelé und einigen anderen alternden Weltstars bewirkte er eine kurze Blütezeit des nordamerikanischen Fußballs; weil er seine Karriere nicht auf einer «Provinzbühne des Fußballs» beenden wollte, wagte Beckenbauer mit 35 Jahren die Rückkehr in die Bundesliga; für zwei Jahre spielte er beim Hamburger SV, wo sein Comeback – trotz Gewinns der Meisterschaft – glücklos bis peinlich war; nach einem erneuten Gastspiel bei Cosmos New York beendete er 1983 seine aktive Laufbahn. Der 103malige Nationalspieler, der 1972 Europa-, 1974 Weltmeister, mit Bayern München und dem Hamburger SV fünfmal Deutscher Meister, mit Cosmos New York dreimal USA-Meister geworden war und mit Bayern München dreimal im Europapokal der Meister triumphiert hatte, wurde 1984 zum «Teamchef» der deutschen Nationalmannschaft berufen, mit der er 1990 Weltmeister wurde. 60 Tage nach dem Gewinn der Weltmeisterschaft heuerte Beckenbauer beim französischen Erstligisten Olympique Marseille an, mit dem er (als Technischer Direktor) französischer Meister wurde. Beckenbauers Verdienst, der als erster deutscher Fußballspieler konsequent mit Werbung Geld machte, wird auf über 30 Millionen Mark geschätzt.

Ich glaube nicht, daß Ben dazu etwas sagen möchte

Ben Johnson

*Sie haben den Charme von Maklern und Gebrauchtwagenhändlern.
«Hi, I am Larry, hi, I am Ed, hi, I am Azan. How are you, Arno?» Jetzt
ein Gespräch mit Ben zu machen, sagen sie, ist wichtig. Jetzt, wo er
wieder rehabilitiert ist. «Sie sollten Ben nicht über die Vergangenheit
befragen, nicht über Seoul, nicht über Doping, nicht über die Rassenbeziehungen und schon gar nicht über Politik. Aber sprechen Sie mit
ihm, es ist wichtig.»
Ach ja, sagen sie, noch etwas: Wissen Sie, Ben ist ein großartiger
Sprinter, really magnificent, aber er ist kein großartiger Redner. Und
dann kommt Ben Johnson. Schwarzes Auto, grüner Trainingsanzug,
Sweatshirt, Turnschuhe. In der Hand ein tragbares Telefon. Hi, sagt er
und lacht und drückt einem die Hand.
Let's do the job, sagt er, und auf dem Weg durch die Hotellobby ruft
er seine Mom an: «I'm downtown at the Sheraton»; im Aufzug funkt er
einen alten Freund an, auf dem Weg vom Aufzug ins Zimmer drückt
er nochmals die Tasten seines Telefons «Die nächste Stunde oder so
bin ich hier zu erreichen.» Und dann geht es los, und Ben spricht über
alles. Locker, völlig gelöst. Er erzählt von seinen Plänen, daß er eine
Ben-Johnson-Stiftung schaffen will – «für unterprivilegierte Sportler».
Er geht auf die Themen ein, die seine Entourage zu Tabus erklärt hat.
Dann ist da das Klopfen an der Tür, und Azan Kemeel, Bens Ersatz-
vater, steht in der Tür. Ja, er will nur zuhören, was wir so reden. Nein,
sagt er, ich glaube nicht, daß Ben diese Frage beantworten möchte.
Nein, sagt er, ich glaube nicht, daß er dazu etwas sagen will. Nein
und nochmals nein. «Turn off this machine.» Und dann stottert Ben
wieder, fühlt sich unsicher und unwohl, der Gesprächsfaden ist
gerissen. Er sagt bloß noch yes und no. Die fürsorgliche Belagerung
hat ihn wieder. Er greift nach dem Telefon.*

LUIK Mr. Johnson, wie wir hören, sind Sie nun so etwas wie ein Missionar geworden.
JOHNSON Ich halte Vorträge in Schulen und warne die Kinder, nicht die gleichen Fehler zu machen wie ich. Ich sage, daß sie die Hände von Drogen lassen sollen, egal ob es Kokain, Crack, Anabolika oder Steroide sind. Das Zeug ist, und ich weiß, wovon ich rede, gefährlich; es ist verdammt gefährlich.
LUIK Sie stehen im Klassenzimmer vorne am Pult und halten eine Ansprache?
JOHNSON Ja, ich stehe als Redner vor den Klassen. Am Anfang war ich immer wahnsinnig aufgeregt, ein größerer Stress als der Finallauf in Seoul; mir pochte das Herz, und ich schwitzte, aber jetzt macht's mir richtig Spaß.
LUIK Was genau ist Ihre Botschaft?
JOHNSON Steroide gehören verboten. Sie müssen vom Gesetzgeber wie Heroin behandelt werden. Steroide und Anabolika: Das sind gefährliche Drogen – sie können Herzattacken, Krebs und Leberschäden auslösen. Sie verändern deinen Charakter. Hier in Kanada ist das ein Geschäft mit 60 Millionen Dollar – ein riesiger Schwarzmarkt, und das macht mir Sorgen.
LUIK Sie sind also froh, daß Sie keine Anabolika mehr benützen?

„Anabolika sind so gefährlich wie Heroin"

JOHNSON Ich bin verdammt froh. Und ich bin auch froh, daß ich im richtigen Augenblick erwischt wurde. Ich habe mich oft beschissen gefühlt, wenn ich mit Steroiden behandelt wurde. Ich sagte zu mir selber: Ich will nicht.
LUIK Warum haben Sie das gefährliche Spiel dann mitgemacht?
JOHNSON Ich war ja noch fast ein Kind, als das anfing. Ich hatte auch Angst, nein dazu zu sagen. Ich hatte Angst, alles zu verlieren: meinen Coach, meine Freunde, alles. Ich erkannte damals noch nicht, daß ich die falschen Freunde hatte, daß manche in meiner Umgebung nur

aufs Geld aus waren. Ich war unter immensem Druck.

LUIK Die Devise hieß: Du mußt gewinnen, koste es, was es wolle?

JOHNSON Ich mußte nicht nur gewinnen. Ich glaubte ja, was die Leute um mich herum sagten. Sie sagten: Das macht dich schnell.

LUIK Sie sind der Fachmann: Machen Anabolika schnell?

JOHNSON Die Drogen machen dich nicht schneller. Sie helfen dir – vielleicht, aber da bin ich mir auch nicht sicher – beim Training: Du kannst dich – wiederum vielleicht – schneller von Belastungen erholen. Aber die Drogen machen dich auf keinen Fall schneller. Die Drogen lassen dich keine 9,83 laufen.

LUIK Was macht einen schnell?

JOHNSON Geschwindigkeit ist vor allem eine Frage des Talents. Wie du unter Druck mit deinem Körper und deinen Reaktionen umgehen kannst.

LUIK Ich habe Sie gestern beobachtet: Reporter haben Sie mit Kameras und Mikrofonen verfolgt und Fragen über Fragen gestellt. Sie fühlten sich sichtlich unwohl. Haben Sie nicht manchmal den Wunsch, einfach am Strand von Jamaika zu liegen, schöne Reggae-Musik zu hören, vielleicht «ganja» zu rauchen, den Tag zu genießen? Warum wollen Sie denn unbedingt zurück in den Wettkampfstress?

JOHNSON Einfache Antwort: Laufen ist mein Leben. Aber manchmal habe ich schon den Wunsch nach meiner alten Heimat, nach Strand und Sonne und den Freunden von früher. Aber ich würde sicher nicht zu denen gehören, die sich «ganja» reinziehen. Aber das ist schon ein Traum von mir: Wenn meine Laufkarriere vorbei ist, werde ich den Winter immer in Jamaika verbringen.

LUIK Was hält Sie eigentlich in Kanada?

JOHNSON Meine Mutter wohnt hier, meine ganze Familie ist hier. Aber vor allem muß ich diesem Land gegenüber noch etwas gutmachen. Eine Schuld abtragen. Ich habe das kanadische Volk betrogen. Sobald meine Strafe abgelaufen ist, will ich Kanada mit meinen Siegen wieder stolz machen.

LUIK Obwohl Ihnen nach Seoul der blanke Haß entgegenschlug? Obwohl die kanadischen Politiker Sie nach Ihrem Sündenfall auf den Nordpol schicken wollten? Obwohl erboste und enttäuschte Fans Abfall in Ihren Garten warfen und niemand mehr etwas mit Ihnen zu tun haben wollte?

JOHNSON Ich verstehe die Leute, daß sie nach Seoul so auf mich reagierten. Ich hatte einen Fehler gemacht, ich hatte betrogen und gelogen. Und das will ich wieder gutmachen. Ich lebe gern in Toronto, und ich mag die Leute hier, ich liebe dieses Land.

LUIK Kurz: Sie sind stolz ...

JOHNSON ... ja, ich bin stolz, ein Kanadier zu sein, und ich will für dieses Land noch mal an den Start: Ich will für dieses Land Medaillen gewinnen.

LUIK Der ehemalige Weltrekordhalter über 100 Meter, Calvin Smith, hält das für eine Illusion. Er meint, daß der Erwartungsdruck, der auf Ihnen lastet, Sie lähmt und langsam macht.

JOHNSON Woher will der Calvin Smith das wissen? Ich will es der ganzen Welt beweisen: Ich bin der schnellste Mann, den es je gab.

LUIK Und daß Ihnen die ganze Welt zuschaut und nur darauf wartet, daß Sie ohne Drogen langsamer sind – das macht Ihnen keine Angst?

JOHNSON Das läßt mich völlig kalt. Ich weiß, daß ich schöne Zeiten hinlegen kann. Und das wird auch meine Botschaft an alle Athleten sein, die – so hoffe ich – die Sportler in aller Welt beeinflußt: «Seht her, ich bin der Schnellste ohne Anabolika!» Ich weiß noch nicht, wie schnell ich sein werde, aber ich bin mir ziemlich sicher, daß ich die nächsten Weltmeisterschaften gewinnen und daß ich bei den Olympischen Spielen 1992 oben auf dem Treppchen stehen werde. Dafür arbeite ich, dafür bringe ich meinen Körper und meine Psyche in Topform.

LUIK «They never come back» ist eines der Gesetze in der Welt des Sports. Glauben Sie tatsächlich, daß Sie nach der zweijährigen Wettkampfpause mit der Weltspitze noch mithalten können?

JOHNSON Ich weiß es. Vor ein paar Wochen bin ich in der Halle schneller gelaufen als jeder andere.

„Ich habe betrogen, und ich muß das gutmachen"

LUIK Wir bitten um die Zeiten.

JOHNSON Ich bin, ohne besonderes Training und ohne Wettkampfbedingungen, 6,51 über 60 Meter und 10,03 über 100 Meter gelaufen. Das sind hervorragende Zeiten, und das heißt: Ich kann alle Weltrekorde brechen. Die 9,92 über 100 Meter kann ich unterbieten. Den Weltrekord über 60 Meter und auch über 50 Yards kann ich brechen. Ich kann alle Rekorde brechen, und ich werde sie brechen.

LUIK Im Klartext: Sie wollen Carl Lewis schlagen?

JOHNSON Ich schlage ihn, wenn die Zeit dafür reif ist. Aber zunächst will ich den Weltrekord bei den Weltmeisterschaften in Tokio im nächsten Jahr holen.

LUIK Sie klingen verdammt optimistisch.

JOHNSON Ich bin optimistisch.

LUIK Doch die Experten sehen das anders. Nochmals Calvin Smith …

JOHNSON … der ist kein Experte.

LUIK Er jedenfalls hält es für

unmöglich, daß Sie ohne Anabolika zu nehmen unter 10,0 rennen.
JOHNSON Ich bin schon so oft 10,0 gelaufen. Mein Körper hat 9,8 drauf. Ich bin der einzige Mensch in der Geschichte der Leichtathletik, der schneller als 9,90 gelaufen ist. Mein Körper hat das geleistet, und mein Kopf hat das geschafft, und deshalb weiß ich: Ich kann es wieder schaffen – drogenfrei, sauber, ehrlich.
LUIK Doch Ihnen läuft die Zeit davon. Sie werden älter.
JOHNSON Ich bin jetzt 28 Jahre alt, aber erst mit 30 werde ich meinen Höhepunkt erreichen.
LUIK Ihr ehemaliger Coach sieht das anders. Charles Francis hat geschrieben: «Hätten wir die 9,79 ohne Drogen geschafft, dann hätten wir das natürlich gemacht.»
JOHNSON Ich kann dazu nur sagen: Ich halte für mich eine Zeit, die bei 9,8 liegt, für realistisch. Ich will den Weltrekord, denn der Typ, der ihn zur Zeit hält, hat ihn nicht verdient.
LUIK Sie mögen Carl Lewis nicht besonders?
JOHNSON Wir sind Rivalen. Wir sprechen nicht miteinander, und ich habe über ihn auch nichts zu sagen.
LUIK Sagen Sie mal: Wie haben Sie es ausgehalten, zwei Jahre lang nicht laufen zu dürfen?
JOHNSON Es war verdammt hart für mich. Was da in Seoul passiert ist, hat eine Menge Probleme ausgelöst. Ich war wirklich in Schwierigkeiten. Andererseits war es auch ganz gut, mal nicht immer rennen zu müssen. Seit 12 oder 14 Jahren renne und renne, trainiere und trainiere ich. Jetzt hatte ich – obwohl ich weiter trainiert habe – mal etwas mehr Zeit für mich und meine Familie. Diesen Urlaub habe ich genossen.
LUIK Wieviel Millionen Dollar hat Sie dieser Zwangsurlaub denn gekostet?
JOHNSON Über Geld möchte ich nicht reden.
LUIK Ich schätze mal: 15 Millionen Dollar?
JOHNSON Es waren sicherlich mehr.
LUIK Verbittert?
JOHNSON So ist es nun mal. Ich kümmere mich nicht um das Geld, das ich verloren habe. Ich will wieder für Kanada laufen, und irgendwann kommt auch wieder Geld rein.
LUIK Sechs Millionen Dollar schon im Herbst, wenn ich amerikanischen Zeitungsberichten glauben darf. Soviel Geld nämlich sollen Sie für das «Rennen aller Zeiten» bekommen – der Showdown zwischen Carl Lewis und Ihnen, der endgültige Kampf um die Krone. Wo soll der Gigantenkampf stattfinden? Manhattan oder auch Japan sind im Gespräch.
JOHNSON Ich kann Ihnen nur eins sagen: Das Gerede um diesen Kampf ist eine Erfindung der Zeitungen. Ich bringe mich zuerst in Form, ich muß meinen Kopf erst auf Wettkampf einstellen, und dann will ich zuerst mal für

Kanada laufen. Mir geht es auch um mein Image: Ich will jetzt nicht für viel Geld gegen Lewis antreten. Das ist mir jetzt nicht so wichtig. Irgendwann kommt es zum Showdown zwischen mir und ihm. Und dann werde ich ihn schlagen.

LUIK Dann kommt auch das Geld, das Sie so dringend benötigen. Ihren geliebten Porsche, heißt es, mußten Sie verkaufen.

JOHNSON Sicher, ich habe viel Geld verloren. Aber ich hatte auch zu viele Autos, und ich wußte nicht mehr, wo ich den Porsche parken sollte. Also habe ich ihn halt verkauft, ich spare die Versicherungskosten. Aber ich habe noch meinen Ferrari.

LUIK Und mit dem rasen Sie nun über Land?

JOHNSON Mir macht es Spaß, Auto zu fahren. Und wenn es mir Spaß macht, fahre ich schnell – 180, 200 Kilometer schnell.

LUIK Gerade 100 sind in Kanada erlaubt.

JOHNSON Manchmal rase ich halt. Die Polizei hat mich noch nie erwischt.

LUIK Nach Seoul wollten Sie für Ihre Mutter ein großes Haus bauen.

JOHNSON Well, ich wollte für meine Mom ein richtiges Heim bauen. Das war ein großer Traum von mir. Aber dann passierte ja dieses furchtbare Ding. Das war dann für mich zuviel: All die Probleme, und dann auch noch ein Haus bauen! Und an die Zukunft denken! Too much! Aber ich bin noch jung, und in der Zukunft werde ich für Mom noch etwas Größeres und Schöneres bauen. Aber zunächst konzentriere ich mich auf das, was wichtig ist: aufs Laufen. Daran denke ich die ganze Zeit.

LUIK Abgesehen vom Laufen: Interessiert Sie, was draußen in der Welt passiert?

JOHNSON Ich hatte in den letzten zwei Jahren ja plötzlich viel Zeit für mich. Die habe ich genutzt. Ich lese jetzt Zeitungen, ich schau mir die Nachrichten im Fernsehen an, ich will wissen, was in der Welt passiert: die Verbrechen, die Umweltverschmutzung – das sind Dinge, die wichtig sind. Man muß wissen, was in der Welt los ist. Ich würde jetzt auch nicht in Südafrika an den Start gehen, nicht für eine Million Dollar: Die müssen zuerst mal die Rassenbeziehungen klarkriegen.

LUIK Seit 1968, als Jim Hines erstmals 9,95 lief, wurde die Zehn-Sekunden-Traummarke über 100 Meter bisher von neun Läufern 31mal unterboten – ausnahmslos von schwarzen Athleten. Wie erklären Sie sich die Überlegenheit der schwarzen Sprinter?

JOHNSON Ich habe dafür keine Erklärung. Ich glaube auch nicht, daß es irgendeinen bestimmten Grund gibt, weshalb die Schwarzen schneller sind als die Weißen oder die Chinesen. Ich kam als Schwarzer auf diese Welt, und Gott hat mir eine besondere Fähigkeit gegeben: schnell zu laufen. Und ich versuche halt, das Beste daraus zu machen.

LUIK Hatten Sie in Ihrer Jugend ein besonderes Vorbild?

JOHNSON Schon als Kind wollte ich ein schneller Sprinter sein. Ich wollte so gut sein wie Don Quarrie, der bei den Olympischen Spielen in Montreal die Goldmedaille über 200 Meter für Jamaika gewann. So wie der wollte ich sein.

LUIK Sie sind deswegen so schnell geworden, sagt man, weil Sie in den Parks Vögel jagten und deshalb der Polizei davonlaufen mußten.

JOHNSON Das ist eine alte Geschichte – sie hat einen wahren Kern; wir waren arm.

LUIK Der schwarze Soziologe Harry Edwards hält den Sport für eine neue Form der Sklaverei – er spricht von «athletischer Sklaverei». Begründung: Würde man die Talente der schwarzen Kinder statt in den Sport in eine andere Richtung lenken, gäbe es mehr schwarze Ärzte, Richter, leitende Angestellte.

JOHNSON Schauen Sie mich an: Wenn ich nicht rennen könnte, wäre ich wahrscheinlich ein «bum», ein Herumtreiber. Aber wenn ich jetzt in den Schulen bin, sage ich den Kids immer: Lernt, lernt – das ist wichtig. Erst nach dem Lernen kommt der Sport.

LUIK Wann wußten Sie: Ich kann der schnellste Mann der Welt werden?

JOHNSON 1981 war ich der schnellste Jugendliche. Ich lief 10,19 – ohne Drogen, ohne besondere Vitamine, nur mit meiner natürlichen Kraft. Von da an war mir klar: Du kannst alle schlagen. Und jetzt schaue ich auf jene Tage zurück, und auch deshalb kann ich heute sagen: Ich werde es «sauber» schaffen. Ich werde wieder der Schnellste sein – Drogen sind nicht nötig.

LUIK Nochmals: Was ist das Geheimnis der schwarzen Siege? Sind die Schwarzen im Wettkampf entspannter, lockerer?

JOHNSON Jeder Athlet – ob weiß oder schwarz – versucht, seinen Gegner psychisch niederzuringen. Ich kann jetzt hier nicht meine Geheimnisse verraten.

LUIK Warum nicht?

JOHNSON Gucken Sie sich den Ed Moses an: Der hat häufig Fehlstarts provoziert, der hat sich mit den Kampfrichtern angelegt, der hat alles mögliche versucht, um seine Gegner aus dem Konzept zu bringen. Auch ich habe ein paar Tricks, aber ich brauche sie nicht.

LUIK Ihr ehemaliger Coach sagt: Man muß bereit sein zu killen – anders gewinnst du ein Rennen nicht.

JOHNSON Solche Gefühle brauche ich nicht, ich muß auch nicht hassen können, um in die richtige Wettkampfstimmung zu kommen.

LUIK Was geht Ihnen in den Sekunden vor dem Start durch den Kopf?

JOHNSON Wenn ich in den Startblock steige, denke ich an meine Familie. Ich denke auch daran, wo wir herkamen, wie ich in Jamaika aufwuchs. Ich konzentriere mich nur noch auf das Rennen: auf den Start, das Ziel. Wenn du anfängst, darüber nachzudenken, wer neben dir ist, dann hast du schon verloren.

LUIK Was ist das für ein Gefühl, als erster ins Ziel zu kommen?

JOHNSON Im Innern fühl ich mich wohl. Aber ich zeige meine Gefühle nicht. Ich springe nicht auf und ab wie so viele andere. Aber ich weiß in mir: Ich habe es denen gezeigt.

LUIK Unter Athleten und auch Sportwissenschaftlern gibt es den Streit, ob sexuelle Enthaltsamkeit vor dem Wettkampf die Leistungskraft steigert. Lähmt Liebe vor dem Rennen?

JOHNSON Frauen und Sex? Ich weiß nicht, ob ich darauf antworten soll.

LUIK Probieren Sie's mal.

JOHNSON Liebe ein paar Tage vor dem Wettkampf – okay, nichts dagegen. Aber in der Nacht vorher würde ich es bleiben lassen. Denn wenn es drauf ankommt, darf man durch nichts abgelenkt sein.

LUIK Was halten Sie übrigens von Carl Lewis' Autobiographie «Inside Track»?

JOHNSON Muß ich das Buch denn gelesen haben?

LUIK Vielleicht, denn er greift Sie heftig an. Sie seien, schreibt er, ein furchtbares Beispiel für Kinder.

JOHNSON Was soll ich machen? Er putzt mich runter, das war doch zu erwarten. Doch ich weiß für mich: Das ist ungerecht. Ich werde das Buch nicht lesen. In meinem Land bin ich für die Kinder wieder ein Held. Sie lieben mich. Das ist mir wichtig. Es ist nicht wichtig, was jemand über mich schreibt, der Carl Lewis heißt.

LUIK Was machen Sie, wenn Sie traurig sind?

JOHNSON Ich sitze dann in meinem Zimmer und höre Musik. Am liebsten Soul.

LUIK Gibt es Dinge, die Sie zum Weinen bringen?

JOHNSON Als mein Vater an Neujahr starb, da war ich drauf und dran zu weinen. Ich weiß nicht, warum ich es nicht getan habe, denn der Schmerz war sehr groß. Wenn ich demnächst wieder renne, dann mache ich das nicht nur für meine Mom, sondern auch für Dad.

LUIK Was tat nach Seoul mehr weh: Der Verlust des Geldes oder die Aberkennung Ihrer sportlichen Ehre?

JOHNSON Ich habe mich vor der Öffentlichkeit ungeheuer geschämt. Ich habe mich immer wieder gefragt, was die Leute jetzt von mir denken, was sie von mir halten. Und mir hat es wegen meiner Mom sehr weh getan. Daß ich Geld verloren habe, das schmerzt, aber es juckt mich eigentlich nicht weiter. Furchtbar war dagegen, nach Kanada zurückzukommen. Mir fehlen die Worte, um das zu beschreiben. Ich wußte nicht, an wen ich mich wenden sollte, was ich machen sollte. Ich stand am Rande eines Kliffs.

LUIK Sie dachten an Selbstmord?

JOHNSON Nein, aber ich war down, sehr down, ich fühlte mich elend, sehr elend. Die Olympischen Spiele waren mein Lebenstraum – und nun dies. Aber ich wußte, daß ich mich irgendwie würde durchbeißen können. Ich hatte meine Familie, die zu mir hielt. Ich habe dann auch ein paar echte Freunde gewonnen. Aber über diese Zeit möchte ich nicht mehr reden.

LUIK Im Vergleich zu der Zeit vor Seoul: Haben Sie Ihr Trainingsprogramm verändert?

JOHNSON Ich trainiere noch genauso wie vorher. Ich weiß, was mein Körper braucht. Ich weiß genau, was ich zu tun habe. Im Augenblick trainiere ich drei bis fünf Stunden täglich, hauptsächlich Krafttraining.

LUIK Und Sie sind so stark wie früher?

JOHNSON Pretty much the same, gerade drei Pfund leichter.

LUIK Sie wollen ohne Trainer auskommen?

JOHNSON Ich teste gerade einen neuen Mann, Lorne Seagrave. Den checke ich, er hat einen Probevertrag, vier Monate lang: Ob ich zu ihm passe, ob er zu mir paßt, ob wir miteinander können.

LUIK Sie sagten einmal, Sie hätten gern viele Kinder. Wenn Sie einen Sohn hätten: Wollten Sie, daß auch er ein Sprinter würde?

JOHNSON Wenn er gerne laufen würde, würde ich ihm helfen, und ich würde ihm alle Tricks zeigen. Aber ich würde ihn nie zum Sport zwingen: Mein Name könnte ein Problem für ihn sein. Er müßte es freiwillig machen wollen.

LUIK Verraten Sie mal: Wie viele Jahre wollen Sie noch rennen?

JOHNSON Noch genau bis 1993.

LUIK Und 1992 wollen Sie oben auf dem Treppchen stehen?

JOHNSON Ich werde ganz oben stehen. Ich werde die Nummer eins sein.

LUIK Was bedeutet Ihnen die Goldmedaille?

JOHNSON Sie wäre die Krönung meines Lebens. Ich habe eine Medaille gewonnen, und ich habe sie verloren. Das war ein Schock. Wenn ich sie jetzt zurückgewinne, habe ich sie für die Ewigkeit. Da habe ich etwas, das ich meinen Freunden noch in 30, 40 Jahren zeigen und über das ich mich immer freuen könnte.

LUIK Nach dem Finale in Seoul sagten Sie: «Dieser Weltrekord hält 50 Jahre, vielleicht sogar 100 Jahre.» Er hielt nicht mal zwei Tage.

JOHNSON Daß ich da gewonnen habe, war der größte «thrill» meines Lebens. Daß ich Weltrekord und Medaille sofort wieder verloren habe, war der größte Schock. Das alles und vor allem «clean» wieder zurückzugewinnen, wäre ein unglaubliches Gefühl.

LUIK Hatten Sie nicht gedacht, daß man Sie des Dopings überführt?

JOHNSON Um ehrlich zu sein: Ich habe mich nicht wohl gefühlt mit der Medaille. Auch wenn Sie mich nicht erwischt hätten – ich wäre irgendwie unglücklich geblieben. Ich hatte betrogen, und das war unfair, und so war es schon gut, daß sie mich erwischten. Aber ich hatte nicht damit gerechnet: Ich hatte 29 Drogentests seit 1985 gemacht, und sie hatten mich nie geschnappt.

LUIK Ist sauberer Sport eine Fiktion?

JOHNSON Im Augenblick – ja.

LUIK Glauben Sie, daß sich das Problem durch Trainingskontrollen lösen läßt?

JOHNSON Das wird lange dauern. Das setzt auch eine Erziehung voraus: Die Philosophie, um jeden Preis gewinnen zu müssen, ist nicht ganz richtig. Ich meine, daß alle Länder und Sportler endlich anerkennen müssen, daß es wichtiger ist, sauber Sport zu treiben als zu siegen. Die Tests müßten weltweit die gleichen sein: willkürliche Tests ohne Vorwarnung. Ich hoffe, daß die Sportler und die Funktionäre da mitmachen. Sie müssen mitmachen, wenn sie wirklich ehrlich sind, und wenn sie wirklich wollen, daß wir die Drogen im Sport wegkriegen.

LUIK Noch sind Sie der bekannteste Dopingsünder in der Geschichte des Sports. Aber als was möchten Sie in Erinnerung bleiben?

JOHNSON Ganz einfach: als ein guter Mensch und als der schnellste Mann der Welt.

LUIK Wer wird Ihr Nachfolger sein?

JOHNSON In meiner Generation sehe ich niemand.

LUIK Was ist mit dem neuen amerikanischen Wunderkind Michael Johnson?

JOHNSON Der einzige Michael, den ich kenne, heißt Jackson. Der ist Musiker. Aber es gibt sicherlich mal Nachfolger für mich, irgendwann. Ich trainiere jetzt mit meinen vier Neffen, und die möchten alle Sprinter werden. Und einer von ihnen, Kevin, gerade sieben Jahre alt, hat das Zeug zum Meister. Er wird mal groß, und er sagt ständig: «Ich möchte wie Onkel Ben werden – die Nummer eins auf der Welt.» Der Junge ist verdammt gut.

LUIK Besser als Sie?

JOHNSON Das sagt zumindest meine Mutter. Und die hat dafür ein gutes Auge. Wenn sie das also sagt, dann stimmt es auch.

Ben Johnson

Geboren am 30. Dezember 1961 in Tillany auf Jamaika; 1975 nach Kanada ausgewandert. Die Umstellung vom ruhigen Landleben auf Jamaika zum hektischen Großstadtleben in Toronto fiel dem schüchternen und stotternden Johnson schwer; lange Zeit fristete er ein Außenseiterdasein. 1976 traf Johnson auf den Trainer Charlie Francis, der anfänglich keinen Glauben an eine Sprintkarriere Johnsons hatte. «Dünn wie ein Staffelstab» sei Johnson gewesen und nach jedem 200-Meter-Lauf hätten ihm «vor Schwäche die Beine gezittert». Mit einem rigorosen Krafttraining baute Francis in den folgenden Jahren Johnson gezielt auf. Johnsons frappante Leistungsentwicklung schien die Trainings-Philosophie seines Trainers auch zu rechtfertigen: Über 10,96 Sekunden (Commonwealth-Spiele 1976), 10,66 Sekunden 1979 und 10,25 Sekunden 1981, stieß Johnson 1982 mit 10,05 Sekunden erstmals in die Weltspitze vor. 1984 gewann er bei der Olympiade in Los Angeles die Bronzemedaille. 1986 war für Johnson das Jahr des endgültigen Durchbruchs: Bei den «Spielen des guten Willens» erzielte er in Moskau mit 9,95 Sekunden Flachlandweltrekord. Die Weltmeisterschaften in Rom 1987 machten Johnson endgültig zum «schnellsten Mann der Welt». Nach seinem unglaublichen Weltrekord von 9,83 Sekunden avancierte er zum absoluten Superstar und trat aus dem Schatten seines übermächtigen Konkurrenten Carl Lewis. Nach einer Verletzung schien Johnson schlechte Karten für die Olympischen Spiele in Seoul zu haben. Sein Sieg im 100-Meter-Finale war deshalb um so überraschender, zumal er mit phantastischen 9,79 Sekunden den Weltrekord noch einmal steigerte. Um so tiefer der Sturz des «Königs der Spiele»: Nachdem man das Anabolikum Stanozolol in seinem Blut entdeckt hatte, mußte Johnson alle seine Rekorde und Siege abgeben. In einem späteren Untersuchungsausschuß gab Francis zu, schon seit 1981 mit verbotenen Substanzen an Johnson gearbeitet zu haben. Für zwei Jahre wurde Johnson gesperrt; seine bisherigen Comeback-Versuche verliefen kläglich: über die Zeit von 10,31 Sekunden kam er bisher nicht hinaus, unüberbrückbar scheint der Graben zu Zeiten unter 10,00 Sekunden. Ob er bei den Olympischen Spielen in Barcelona an den Start darf, ist fraglich – noch läuft er der Qualifikationszeit hinterher.

ICH SPIEL NOCH MIT 50

Martina Navratilova

Hoch über Aspen, dem St. Moritz der USA, wohnt Martina Navratilova, in einer kleinen Schlucht, in «Starwood», in einem verschachtelten Haus – mit Martina auf Glanzfotos und an allen Wänden, Martina in Siegerpose lächelnd, lachend und glücklich, Martina im kleinen Schwarzen, Martina mit Boris Becker und Pam Shriver und Chris Evert, Martina mit Don Johnson und Martina mit dem Politiker X und dem Industriellen Y, Martina mit Judy und Judy und Judy, Martina in Öl, und das grüne Handtuch von Wimbledon hinter entspiegeltem Glas überm Kamin, daneben die polierten Schalen von Wimbledon und die Trophäen von Virginia Slims und Essen und Tokio. Martina die Berühmte und ihre «private hall of fame» – ja, auch John Denver, Chris Evert und Jack Nicholson residieren in Starwood; und wenn man zu den «Martinas» oder zu den «Chrissies» will, kommt keiner unten am Schlagbaum vorbei, der gestrenge Pförtner läßt niemanden unkontrolliert passieren auf dem Weg in dieses Wandlitz für amerikanische Stars und Starlets und wichtige Menschen, real nice people, und so ruhig ist es hier auch. Heute ist mal wieder der harte Kern des Clans bei Martina zu Besuch, so an die zehn Menschen. Der Clan sieht fern, Football läuft gleichzeitig und in voller Lautstärke auf allen sechs Geräten, die 49ers spielen und die Jungs von Denver, aber vor allem bei den starken Kerlen von Dallas geht Martina voll mit, und wenn sie «wow!» schreit und «oh!» stöhnt, fällt, immer Bruchteile von Sekunden später, auch der Clan in ihren Jubel ein. Und wenn sie in einen anderen Raum geht, folgen kurz danach, scheinbar zufällig, die Freunde – ist sie mal nicht im Zimmer, schlafft die Truppe sichtlich ab. Irgendwann abends hat die Wimbledonsiegerin Zeit für das Gespräch, und sie tätschelt Ruby, den Gipshund, der neben ihrem Sofa steht, und verschiebt ihn um ein paar Zentimeter. Judy rückt das Tier wieder zurecht.

LUIK Frau Navratilova, vor drei Tagen wurden Sie an den Knien operiert, vorhin habe ich Sie im Kraftraum gesehen, wie Sie Gewichte stemmten – mit schmerzverzerrtem Gesicht. Muß das sein?

NAVRATILOVA Mein Körper ist mein Kapital – so einfach ist das, und ich will, daß dieser Körper wieder auf Touren kommt. Deshalb strenge ich mich an, deshalb quäle ich mich. Aber die Schmerzen, die ich jetzt habe, sind gute Schmerzen.

LUIK Eine Knieoperation, würde ich meinen, ist für jeden ein schlechtes Omen, aber doch wohl vor allem für eine Athletin, die weit über 30 ist.

NAVRATILOVA Ich will das jetzt nicht überbewerten, nicht so tragisch sehen ...

LUIK ... wohl auch nicht davon reden, daß das der Anfang vom Ende Ihrer Karriere sein könnte?

NAVRATILOVA Davor habe ich keine Angst. Ich spiele jetzt schon seit zwölf Jahren mit Schmerzen in diesen Gelenken. Und irgendwann war diese Operation halt fällig. Immer wieder hat mir vor allem das linke Knie weh getan, Wimbledon hab ich mit lädierten Knien gewonnen. Fakt ist: Die letzten drei Jahre konnte ich nie 100 Prozent meine Leistung bringen – und das wird sich nun ändern. Ich weiß schon jetzt, daß ich mich besser fühle als vor der Operation.

„Jetzt habe ich endlich mal gute Schmerzen"

LUIK Im Klartext: In der nächsten Saison geht für Sie der Kampf um die Nummer eins wieder los?

NAVRATILOVA Sie unterstellen wohl, daß ich mit Rang drei nicht zufrieden bin? Nein, nein, so ist das nicht: Die Steffi ist zu Recht die Nummer eins. Aber die Karten werden in der nächsten Saison neu gemischt. Und es ist durchaus möglich, vielleicht nicht unbedingt realistisch, daß ich noch mal die Nummer eins werde. Viel wahrscheinlicher hingegen ist, daß ich noch mal Wimbledon gewinne, und das will ich auch.

LUIK Um Anerkennung kann es Ihnen wohl nicht mehr gehen, auch nicht um Ehre, Ruhm und Unsterblichkeit – das haben Sie schon alles erreicht. Warum legen Sie den Schläger nicht weg? Sie haben doch schon alles erreicht, oder gibt es doch noch irgendeinen Rekord, den Sie unbedingt brechen müssen?
NAVRATILOVA Es gibt da noch ein paar Dinge, die ich erreichen kann. Chris Evert hat 157 Turniere gewonnen und ich fünf weniger. Und Billie Jean King hat, wenn man Einzel und Doppel zusammennimmt, auch noch ein paar Wimbledonsiege mehr als ich – all diese Rekorde kann ich brechen. Aber darum geht es mir schon längst nicht mehr. Mit meinem letzten Wimbledonsieg habe ich erreicht, was ...
LUIK ... Sie nie für möglich gehalten hätten?
NAVRATILOVA Doch, doch – im geheimen schon. Nach meinem sechsten Wimbledonsieg wußte ich, daß ich den Rekord von Wills Moody brechen kann. 1990 hab ich nur auf dieses Ziel hingelebt, etwas anderes gab's für mich nicht. Ich war ungeheuer optimistisch, daß ich es packen würde, mental sowieso – und ich hatte auch keine Angst, daß mir mein Körper einen Strich durch die Rechnung machen würde.
LUIK Die Nacht vorm großen Finale – haben Sie da gut geschlafen?
NAVRATILOVA Ich hab geschlafen wie ein Murmeltier, so gut wie noch nie zuvor in England. Aber die Nächte vorher waren echt lausig, da war ich vielleicht aufgeregt! Aber dann ging ich auf den Platz und war von mir völlig überzeugt.
LUIK Eine Niederlage hätte Sie wohl aus der Bahn geworfen?
NAVRATILOVA Es wäre die schlimmste Schmach meines Lebens gewesen, aber ich hätte mich zusammengerissen und mir gesagt: Nächstes Jahr packst du es! Mit diesem Sieg habe ich erreicht, was ich wollte – vielleicht sogar mehr, als ich mir je erträumt hatte.
LUIK Einen neuen Seelenfrieden?
NAVRATILOVA Ganz genau. Das kann mir niemand mehr wegnehmen. Wenn ich mich verletze, wenn ich nie mehr ein Match gewinne – alles egal, ich bin glücklich.
LUIK Nun erst recht die Frage: Warum hören Sie mit dem kräfteverschleißenden Tennis nicht auf?
NAVRATILOVA Warum sollte ich? Aber vielleicht haben Sie dennoch recht: Vielleicht hätte ich nach Wimbledon aufhören sollen, es wäre ja auch der perfekte Augenblick gewesen – à la Greta Garbo: «Ich dreh jetzt keine Filme mehr!» Aber da ist ein kleines Problem: Mir macht das Spielen soviel Spaß, ungeheuren Spaß. Und außerdem fühle ich, daß ich mich noch verbessern kann.
LUIK Schwer zu glauben!
NAVRATILOVA Doch, doch.
LUIK Egal, wie sehr Sie sich bemühen: Sie gehen auf die 40 zu, Ihr

Körper wird müder und langsamer und …

NAVRATILOVA … ich weiß dennoch ganz genau, daß ich mich noch verbessern kann. Daß ich den altersbedingten Verschleiß – daß die Gelenke nicht mehr so frisch sind – mit neuen Fertigkeiten ausgleichen kann. Ich schlage heute eine bessere Vorhand als jemals zuvor. Und ich weiß auch, daß mein zweiter Aufschlag so präzise kommt wie noch nie zuvor.

LUIK Und da ist nicht die Angst, daß Ihr Spiel bald vom Genialen ins Peinliche kippt – weil Sie den richtigen Zeitpunkt zum Aufhören verpassen?

NAVRATILOVA Darüber kann ich nur lachen. Ich gewinne ja immer noch. Und ich bin ehrgeizig und weiß, daß ich jederzeit auch noch einen Grand Slam gewinnen kann – solange das so ist, sehe ich nicht ein, warum ich aufhören sollte.

LUIK Vielleicht können Sie das ja gar nicht: aufhören. Wenn ich mich hier so umschaue: Dieses luxuriöse Haus, diese Flotte von schicken Autos, die draußen vor der Tür steht, der riesige Grundbesitz und die neue Villa, die Sie mitten in die Wildnis bauen – da geht ganz schön viel Geld drauf.

NAVRATILOVA Wenn ich wollte, könnte ich sofort aufhören. Finanziell habe ich schon längst ausgesorgt, das neue Haus kostet mich ungefähr drei Millionen Dollar. Wegen Geld spiele ich schon lange nicht mehr. Ich spiele aus schierem Vergnügen, und dieses Gefühl wird für mich, je älter ich werde, um so wertvoller. Schauen Sie sich doch mal den Connors an! Er verliert zwar, aber es macht ihm einen höllischen Spaß, hie und da einen jüngeren Spieler vom Platz zu fegen. Und ihm ist es egal, ob er jetzt auf Platz 30 oder 40 steht.

LUIK Daß Ihnen das egal wäre, kann ich mir nicht vorstellen.

NAVRATILOVA Platz 30? So etwas würde mir auf keinen Fall passieren. Ich habe keine Lust, ein Sprungbrett zu sein für Spielerinnen, die dann sagen können: «Ich hab die Navratilova geschlagen!» Bevor es dazu kommt, höre ich auf jeden Fall auf.

LUIK Verraten Sie uns doch mal: Wie lange machen Sie noch so weiter?

NAVRATILOVA Das kann ich Ihnen beim besten Willen nicht sagen. Als ich 27 war, war ich mir sicher, daß ich spätestens mit 30 aufhöre. Aber jetzt weiß ich, daß ich auf meinem Niveau, also auf Platz zwei oder drei der Weltrangliste, noch gut ein paar Jahre spielen kann – darunter auf keinen Fall. Aber ich weiß ganz genau: Ich will mit einem schönen Sieg aufhören.

LUIK Am besten nach Ihrem 12. oder 13. Wimbledonsieg? Oder noch spektakulärer: 1992 nach dem Gewinn der Goldmedaille?

NAVRATILOVA Das wäre natürlich ein Bilderbuch-Ende. Und warum soll es so nicht kommen? Aber darüber will ich mir jetzt nicht den Kopf zerbrechen. Im Augenblick fühle ich mich so, daß ich noch bis zu meinem 50. Lebensjahr spielen kann – zumindest Doppel oder Mixed. Ich denke, daß ich selbst im hohen Alter eine Spielhälfte ganz gut im Griff habe.

LUIK Sie sind die einzige erwachsene Frau im Tennis-Circuit. Ist es manchmal nicht ein bißchen seltsam für Sie, gegen Spielerinnen anzutreten, die Ihre Kinder sein könnten?

NAVRATILOVA Es gibt doch einige, die schon über 20 sind. Und selbst Monica Seles, die gerade 16 ist, redet manchmal daher wie eine 30jährige. Natürlich ist es für mich ein Problem, mit den 15jährigen Kids etwas anzufangen. Ich weiß nicht, ob sie nach dem Spielen Comics anschauen – manchmal denke ich, es wäre besser, sie würden noch in die Schule gehen.

„Ich will kein Fußabtreter sein"

LUIK Und das sagt eine Spielerin, die schon mit 15 Jahren tschechische Meisterin war?

NAVRATILOVA Aber ich habe trotz allem noch eine relativ normale Kindheit gehabt: Ich habe die Oberschule abgeschlossen, ich habe noch ganz normal in meinem Dorf gelebt. Das Problem heute sind doch die Eltern: Sie versuchen sich durch Ihre Kinder zu verwirklichen.

LUIK Rod Laver, einer der größten Tennisspieler aller Zeiten, klagt, daß der heutigen Generation der Mut zum Risiko fehle. Die Kids, meint er, spielen nur noch um den allmächtigen Dollar, und dadurch ginge die Kreativität verloren.

NAVRATILOVA Das stimmt. Es gibt immer mehr Allround-Spieler, immer weniger aggressive Serve-and-volley-Spielerinnen wie Pam Shriver, Billie Jean King oder mich. Sabatini geht hie und da ans Netz, Steffi geht auch noch ans Netz, wenn sie muß. Aber dieses Grundlinienspiel auf Nummer Sicher beginnt schon mit zehn, zwölf Jahren. Das hängt wieder mit den Eltern zusammen: Sie wollen, daß ihre Kinder gewinnen, und deswegen wird nichts mehr riskiert. Der Dollar, wie Laver klagt, und der Listenplatz sind in allen Köpfen. Deshalb gibt es auch keine Spieler mehr, die umstrittene Punkte abgeben – etwas, mit dem ich nie Probleme hatte. Denn die Devise heute heißt: Sieg um jeden Preis.

LUIK Das hört sich an, als ob Sie traurig wären über den Zustand des heutigen Tennis?

NAVRATILOVA Das Spiel ist heute einfach zu sehr zum Geschäft geworden. Und dabei bleibt der Spaß, real fun, auf der Strecke. Heute traut sich keiner mehr, risikoreich zu spielen. Ich spiele Tennis, wie ich will, ich schere mich nicht darum, ob ich durch diesen oder jenen Stil mehr Geld gewinne. Sie könnten mich nie in einen langweiligen Grundlinien-

spieler umerziehen: Ich will action, ich will Risiko – das ist für mich Tennis, nur so macht es mir Spaß.
LUIK Seit 20 Jahren sind Sie im Tenniszirkus mit dabei: Was hat sich in dieser Zeit am radikalsten verändert?
NAVRATILOVA Früher gab es noch Kameradschaft unter den Spielern. Wir gingen zusammen zum Essen, wir gingen gemeinsam einen trinken, wir spielten zusammen Backgammon. Heute sind alle so ehrgeizig, daß es schwierig ist, Freundschaften zu entwickeln. Da steckt die Angst in den Knochen, einem Gegner Geheimnisse zu verraten. Früher half die Billie Jean King schlechteren Spielerinnen und zeigte ihnen einige Tricks; sie machte auch mich auf einige Fehler aufmerksam – so etwas ist heute absolut undenkbar, und wenn ich so etwas dennoch mal mache, versteht mich kein Mensch.
LUIK Nostalgische Verklärung, was Sie da betrieben?
NAVRATILOVA Nein, that's the way it is.
LUIK Aber diese atmosphärischen Störungen bringen Sie nicht dazu zu sagen: Jetzt reicht's mir!
NAVRATILOVA Nein, denn ich mag ja diesen Wettbewerb. Ich liebe dieses Spiel. Ich gewinne gern. Ich bin gerne da draußen auf dem Platz vor all den Zuschauern.
LUIK Daß Ihnen jemand zuschaut, ist schon wichtig?
NAVRATILOVA Ich will den Leuten einfach zeigen, was ich kann.

Ihnen das Beste bieten, was in mir steckt. Wir Tennisspieler sind Performance-Künstler, wir sind Unterhalter, und ich will als solcher anerkannt werden. Wenn ich einen großartigen Schlag mache, will ich, daß die Leute vor Begeisterung verrückt werden; ich will, daß sie «ah!» und «oh!» schreien, daß sie «toll!» brüllen. Das ist ein unglaubliches Gefühl, wenn ich spüre, wie die Zuschauer mitgehen.
LUIK Dann muß es für Sie am Anfang Ihrer Karriere ja ganz furchtbar gewesen sein, als Sie vom Publikum in den USA allenfalls geduldet, aber nie geliebt wurden – ganz im Gegensatz zum angehimmelten Publikumsliebling Chris Evert.
NAVRATILOVA Das mit der Chris war schon hart. Chris war so perfekt – the all-American kid, die Prinzessin. Dabei war sie gar nicht so perfekt, wie sie von den Medien immer dargestellt wurde: das perfekte Mädchen, das perfekte Idol, die perfekte Athletin, die perfekte Schwiegertochter. Sie war so feminin auf dem Platz, so unaggressiv ...
LUIK ... und da waren Sie ...
NAVRATILOVA ... ja, da war ich: der tschechische Flüchtling, der mit seinem neuen Reichtum nur so um sich warf. Ich hab mich am Anfang ja wie ein Kind im Wunderland benommen: Ich hatte fünf oder sechs exquisite Armreifen, fünf teure Halsbänder gleichzeitig um, und mit all diesem «shit» stand ich auf dem Platz.

LUIK Ihr ganzer Lebensstil war ja eine einzige Provokation für die puritanische amerikanische Gesellschaft.

NAVRATILOVA Ja, sicher, und wie! Heute kann ich kaum mehr glauben, was ich da so alles gemacht habe – aber das gibt mir heute andererseits die Möglichkeit, wirklich so zu leben, wie ich will: ohne Heuchelei.

LUIK Aber Sie wollten doch vom Publikum geliebt werden?

NAVRATILOVA Ich habe immer um die Anerkennung der Leute gerungen, ich wollte geliebt werden. Aber ich war immer «the bad guy», das böse Mädchen, dieses große Mädchen mit all den großen Muskeln.

LUIK Und das tat weh?

NAVRATILOVA Ja, sicher. Aber ich wollte niemals irgendwelche Spielchen spielen müssen, um geliebt zu werden. Ich wollte immer so akzeptiert werden, wie ich bin – ohne billiges Anbiedern. Und ich weiß auch, wie schnell die Sympathien des Publikums schwanken, wie sie manipuliert werden können. Mal beklatschen sie dich, und kurz danach buhen sie dich unbarmherzig aus, und du bist dabei noch immer dieselbe Person.

LUIK Durch dieses Wechselbad der Gefühle ging in diesem Jahr Steffi Graf. «Ich halt das bald nicht mehr aus», hat sie geklagt.

NAVRATILOVA Ich finde das ganz schlimm, was mit ihr gerade passiert, und ich finde es auch furchtbar, wie sie von manchen Zeitungen in Deutschland attackiert wird – für Dinge, für die sie wirklich nichts kann, eher wohl ihr Vater. Steffi ist ein anständiger, fairer Mensch. Sie hat sich immer tadellos benommen. Vielleicht hat sie manchmal der Presse zuwenig Zeit eingeräumt, aber ist das so schlimm? Vielleicht hat sie sich auch nicht genügend Zeit für die Sponsoren und Parties genommen – alles Dinge, die für das Tennis heutzutage scheinbar so wichtig sind.

„Ich ringe um die Liebe der Leute"

LUIK Das überrascht mich, daß Sie ein so rosiges Bild von Steffi Graf malen. Schließlich hat Steffi Sie auch mal heftig attackiert. O-Ton Steffi: «Es gibt da Dinge an Martina, die ich ablehne. Ich meine ihre Neigung. Als ich vor ein paar Jahren zum erstenmal Intimitäten zwischen ihr und einer Freundin gesehen habe, war das fast wie ein Schock.»

NAVRATILOVA Wie bitte? Das soll sie gesagt haben?

LUIK So stand es in der «Bild»-Zeitung, unter ihrem Namen.

NAVRATILOVA Ach ja, die «Bild»-Zeitung. Das hat ja gar nichts zu sagen. Sie hätte im übrigen auch nie etwas sehen können, denn da gab es nichts zu sehen. Aber auch über mich sind in Deutschland schon Sachen geschrieben worden, die von A bis Z erstunken und erlogen sind.

LUIK Dennoch: Was halten Sie von den ständigen Attacken auf Steffi?

NAVRATILOVA Ich finde das alles so häßlich. Warum könnt Ihr sie eigentlich nicht in Ruhe lassen? Hört doch auf, sie zu quälen! Sie hat Deutschland doch super im Ausland dargestellt. Ganz schlimm finde ich ja, daß dieser Skandal um ihren Vater nun auch noch auf sie zurückfällt.

LUIK Dieser Vater, dieser Vater! Von ihm würden Sie wohl keinen Gebrauchtwagen kaufen?

NAVRATILOVA Steffis Hauptproblem ist, daß sie einen Vater hat, der alle Welt kritisiert und der alles und alle unter Kontrolle haben will und dabei nicht mal sich selbst unter Kontrolle hat.

LUIK «Wenn dir deine Eltern nicht gefallen, suche dir neue Eltern», riet der Psychoanalytiker Siegmund Freud.

NAVRATILOVA Unsinn. Aber ich denke schon, daß Steffi, wenn sie wirklich zu der Person werden will, die in ihr steckt, daß sie dann auf Distanz zu ihrem Vater gehen muß. Sie ist ein guter Mensch, sehr empfindsam, und ihr Vater läßt die guten Seiten, die sie so reichlich hat, nicht heraus.

LUIK Sie sieht immer so gehetzt aus, auf dem Platz wie bei den Pressekonferenzen.

NAVRATILOVA Ich denke, sie ist oft verzweifelt, so oft schaut sie verzweifelt drein, manchmal scheint es, als ob sie vor sich selbst davonlaufen müßte – das tut einem richtig weh. Sie ist immer in Eile ...

„Hört endlich auf, die Steffi zu quälen"

LUIK ... so sehr, daß ihr nach einem Match, sagen die Spielerinnen, nicht mal die Zeit zum Duschen bleibt?

NAVRATILOVA Früher habe ich sie nicht im Umkleideraum gesehen, aber das hat sich ein bißchen geändert. Sie versucht nun, lockerer zu werden. Dieses Jahr hat sie sich zum erstenmal in den Umkleidekabinen gezeigt, und sie hat auch mit den Spielerinnen geredet.

LUIK Was für ein Fortschritt!

NAVRATILOVA Sicher. Sie müssen wissen, ihr Vater hat sie wirklich darauf getrimmt, nie freundlich zu den anderen Spielerinnen zu sein. Es war ihr Job, sie zu schlagen. Und deshalb hat er ihr nicht erlaubt, mit den anderen Kontakte zu haben – so ein Blödsinn! Und in meinem speziellen Fall kam noch dazu, daß er meinen Lebensstil nicht akzeptiert. Zur Hölle – wer ist er denn? Er spricht mit meinem Trainer Craig Cardon oder grüßt auch Tim

Gullikson. Aber er würde niemals auch nur «Hallo!» zu meiner Freundin Judy sagen. Oder auch meine Trainerin Renée Richards hat ihn ungeheuer genervt, er kam einfach nicht damit zurecht, daß sie eine Transsexuelle ist. Also ich glaube, er hat der Steffi einfach eingebleut, daß sie zu ihren Gegnerinnen auf keinen Fall freundlich sein dürfe. Und vor allem nicht zu mir, da ich für sie die größte Gefahr sei! Und jetzt sagt Steffi: «Vergiß das alles! Ich kann auch nett sein. Ich kann deine Freundin sein.» Sie erkennt endlich, daß man auf dem Spielfeld ein Gegner sein, aber im normalen Leben normal miteinander umgehen kann.

LUIK Steffi, so stand neulich in den deutschen Zeitungen, hat Sie angerufen. Sie will, so hieß es, mit Ihnen Doppel spielen?

NAVRATILOVA Wir haben in der Tat miteinander geredet. Ich habe sie einfach mal angerufen – so war es –, um zu fragen, wie es ihr geht. Ich wollte sie dann gar nicht fragen, ob sie mit mir spielen möchte, denn ich hatte Angst, daß sie nein sagen würde. Und dann hat sie zugesagt, und wir haben beschlossen, bei den nächsten U.S. Open gemeinsam anzutreten.

LUIK Und was sagt Papa Graf dazu?

NAVRATILOVA Ich weiß es nicht. Ich glaube, daß Steffi es sich nicht gefallen lassen würde, wenn er ihr dies verbieten sollte. Sie wird ihm sagen: «Vergiß es! Ich spiel mit der Martina!» Ich bin mir ziemlich sicher, daß sie sich jetzt nicht mehr da reinreden läßt, daß sie nun auf eigenen Beinen steht. Sie ist jetzt bereit, mehr Verantwortung für sich zu übernehmen, und das wird sie wieder glücklicher machen.

LUIK Sie haben Steffi Graf über Jahre hinweg intensiv beobachtet. Was ist das Geheimnis ihrer fast erschreckenden Siegesserie?

NAVRATILOVA Einfache Antwort: Ihre Beine. Im ganzen Tennis-Circuit gibt es nicht noch einmal solche Beine. Sie ist einfach schneller als all die anderen, und deswegen kann sie noch die unmöglichsten Bälle zurückbringen mit ihrer hervorragenden Vorhand.

LUIK Und was ist ihre Schwäche?

NAVRATILOVA Keine Frage: ihre Rückhand. Doch ihr allergrößtes Handicap ist ihre Ungeduld. Aber das hängt sicherlich damit zusammen, daß sie nicht richtig glücklich ist. Sie muß ihr eigenes Glück finden.

LUIK Was soll denn das heißen?

NAVRATILOVA Da kommen wir wieder auf ihren Vater zurück: Er hat Steffi und auch ihrer Mutter unrecht getan. Diese zwei Frauen sind irgendwie Opfer dieses Mannes. Ich denke, die Steffi braucht Zeit für sich allein, um zu sich zu finden. Ich glaube einfach nicht, daß ihr Vater sie glücklich werden läßt. Und ich glaube auch nicht, daß sie in Deutschland glücklich werden kann. Dort ist sie viel zu bekannt. Sie muß mal an einen Ort, wo sie richtig durchatmen kann, wo sie mit Tausenden von Leuten auf der Straße gehen kann, ohne daß sie ständig angefaßt und angemacht wird. Ich weiß, sie mag New York. Dort könnte sie in einer schützenden Anonymität leben. Mit ihr ist es wie mit Yannick Noah, der Frankreich verlassen mußte, um die innere Ruhe zu finden und um überleben zu können.

LUIK Ein Gedankenspiel: Würde es Sie reizen, irgendwann mal in der Zukunft Steffi zu coachen?

NAVRATILOVA Dafür wäre ich, glaube ich, zu aufgeregt. Aber es wäre einfach toll! So eine Spielerin zu betreuen, ist ein Traum – das wäre für mich schon eine Herausforderung! Aber ihr Trainer Pavel Slozil leistet gute Arbeit mit ihr, und ich kann nun nicht sagen, daß ich unbedingt besser wäre. Ich könnte ihr vielleicht bei ihrem Volley helfen und vielleicht auch noch ihr Gefühl am Netz verbessern. Aber das Wichtigste, was ich ihr zeigen würde, wäre, sie einfach ein bißchen runterzutunen, ihr auch mal zu sagen: «Genieß das Spiel, freu dich! Riech doch mal die Rosen!» Sie hat so einen großartigen Humor, sie ist ein wirklich witziger Mensch – und das läßt sie alles viel zuwenig raus. Das ist so schade. Manchmal möchte sie lachen, und dann schaut sie auf ihren Vater, und das Lachen stirbt ihr auf den Lippen.

LUIK Ich habe manchmal das Gefühl, Ihr Spieler nehmt das Tennis viel zu ernst. Boris Becker fühlt sich nach Siegen oder auch nach Niederlagen so ausgelaugt, daß er gelegentlich Selbstmordphantasien entwickelt ...

NAVRATILOVA ... das ist doch wohl ein Witz! Tennis ist ein Spiel, Tennis gibt dir die Möglichkeit der Selbstverwirklichung, es gibt überhaupt keinen Grund, dafür zu sterben. So wichtig ist das doch alles nicht, es gibt nicht mal einen Grund, darüber richtig traurig zu sein.

LUIK Moment mal: Als Sie, 1986 war's, das erste Mal gegen Steffi Graf in Berlin verloren haben, da mußte man Angst um Ihr Seelenheil haben. Sie haben geheult wie ein Schloßhund ...

NAVRATILOVA ... aber doch nicht, weil ich dieses Match verloren hatte! Ich heulte wegen meiner Familie, die zum erstenmal seit Jahren bei einem Spiel von mir dabeisein konnte. Die ich zum erstenmal seit Jahren wiedersah!

LUIK Soll ich Ihnen das glauben? Es sah eher nach frustriertem Ehrgeiz aus!

NAVRATILOVA Ich weinte wegen meiner fucking family – can't you get it! Heule ich, weil ich ein Spiel verliere? Ich bitte Sie!

LUIK Nach Niederlagen habe ich schon öfter Tränen in Ihren Augen gesehen.

NAVRATILOVA Das mag schon sein. Aber mir kommen sie nicht, weil ich verliere, sondern weil mich manchmal nervt, wie ich verliere. Mich regt es dann einfach auf, wenn ich schlechte Schläge mache. Ich will immer mein Bestes geben, und ich bin halt sauer auf mich, wenn mir das nicht gelingt. Aber wenn jemand wirklich gut spielt, dann freut es mich, daß ich sogar meinem Gegner Beifall klatschen kann.

LUIK Aber Tennis war Ihnen so wichtig, daß Sie 1975 dafür alles aufgaben: Ihre Heimat, die Familie, die Freunde.

NAVRATILOVA Ich wollte mich einfach nicht mehr von den Funktionären in der Tschechoslowakei gängeln lassen – deswegen setzte ich mich in die USA ab.

LUIK Was waren die USA für Sie? Das gelobte Land mit lauter schönen Menschen wie Robert Redford, Paul Newman oder Jane Fonda?

NAVRATILOVA Für mich hieß es ganz einfach, daß ich endlich machen konnte, was ich wollte. Es war für mich eine ganz pragmatische Entscheidung und hatte überhaupt nichts mit einem Traumland oder so zu tun. Amerika war das Tennisland Nummer eins, dort wurden die meisten Turniere gespielt. Heute würde ich eher in Europa bleiben, vielleicht sogar in Deutschland – das ist im Augenblick der große Tennismarkt. Natürlich hat mir Amerika gefallen, ich mag die Leute hier, und ich hab auch die Sprache schnell gelernt. Ich wußte, wenn du gut bist, kannst du dich in diesem Land durchsetzen – das ist wohl die Essenz des Amerikanischen Traums. Und für mich hat sich dieser Traum in der Tat erfüllt.

LUIK Ein amerikanischer Journalist hat mal geschrieben, in Ihrem ausgeprägten Wunsch, Reichtümer anzuhäufen, drücke sich die Angst aus, eines Tages wieder in der verarmten Tschechoslowakei aufzuwachen und festzustellen, daß dieser American dream eben nur ein Traum war.

NAVRATILOVA Das ist eine ziemlich gewagte These, und ich muß irgendwie lachen: Was sich die Leute doch so alles über mich zusammenreimen! Aber die ersten paar Jahre hier in den USA hatte ich tatsächlich Alpträume – da war immer diese Angst, daß sie kommen und mich zurückholen.

LUIK Wie war es denn für Ihre Eltern, eine Tochter zu haben, die im damals verhaßten Westen der große Star war?

NAVRATILOVA Darüber kann ich wirklich nicht reden.

LUIK Gibt es da noch Wunden, die nicht verheilt sind?

NAVRATILOVA Für meine Mutter war es ein Schock, daß ich mich abgesetzt habe. Und dann waren da die kleinen Schikanen. Über mich durfte nicht geredet werden. Menschen, die meine Eltern schon lange kannten, sprachen nicht mehr mit ihnen. Meine Schwester mußte aus ihrem Tennisclub, Sparta Prag, austreten. Und für mich war es furchtbar, nicht zu wissen, wann ich meine Eltern wiedersehen würde. Ich war 18, als ich mein Land verließ, und heute frag ich mich schon, wie ich den Mut dazu hatte. Aber ich glaube, ich würd's noch mal machen. Ich bedauere nicht, was ich getan habe.

LUIK Wie war es für Sie, als Sie nach all den Jahren wieder mal in Prag sein konnten?

NAVRATILOVA Das war wirklich bewegend. Als ich in meine Heimatstadt kam, standen da all die Leute und klatschten Beifall und freuten sich. Und dann, aus purem Zufall, in einer Kneipe, traf ich Präsident Václav Havel. Er saß am Nebentisch, er erkannte mich und hat dann fast eine Stunde mit mir geredet und mich – wie die Turnerin Vera Čáslavská, meine Heldin von 1968 – in seinen Beraterstab aufgenommen. Aber ich hab ihm bisher noch keinen Rat geben können! Beim Essen hat er mich dann gefragt, ob ich eine Rede halten wollte.

LUIK Eine Rede?

NAVRATILOVA Ja, es war der 17. Mai, Wahlkampf, und das Bürgerforum wollte an die friedliche Revolution erinnern. Ich habe Václav spontan zugesagt, und dann stand ich auf dem Balkon, 100 000 Menschen waren unten auf dem Wenzelsplatz, ich sah nur Köpfe und war höllisch aufgeregt. Am liebsten hätte ich auf Englisch geredet, Tschechisch ist ja eine ganz schwere Sprache, und ich wußte plötzlich auch gar nicht mehr, was ich sagen sollte; ich hatte die Hosen voll, aber es war alles so was von faszinierend, und ich freute mich, und ich habe dann, glaube ich, doch eine ganz gute Rede gehalten. Die Leute waren jedenfalls völlig aus dem Häuschen; ich sagte einfach, daß ich vor ein paar Jahren hier nicht hätte reden können, daß ich verhaftet worden wäre und daß jetzt, hoffentlich, alles besser wird.

LUIK Präsident Havel hat Sie ja nochmals zu sich eingeladen. Haben Sie ihm – wie es sich gehört – auch ein Gastgeschenk mitgebracht?

NAVRATILOVA Ich habe ihm einen kleinen Roller geschenkt.

LUIK Wozu denn das?

NAVRATILOVA Das Schloß, sein Regierungssitz, ist ja so riesengroß, und er hatte, um schneller von Zimmer zu Zimmer zu kommen, diesen kleinen, klapprigen Holzroller – so ein Ding, wie es Kinder haben. Da habe ich ihm halt einen wirklichen schönen Roller, gummibereift, aus Amerika geschickt – damit er noch besser regieren kann!

LUIK Überlegen Sie sich manchmal ...

NAVRATILOVA ... in die Tschechoslowakei zurückzugehen? Nein.

LUIK Sind Sie eine rundum glückliche Amerikanerin?

NAVRATILOVA Ja, Amerika ist jetzt meine Heimat, hier fühle ich mich wohl. Wenn es eine Glücksskala von eins bis zehn gäbe, würde ich mich als Tennisspielerin bei acht ansiedeln: Ich will noch besser werden. Als Mensch könnte ich nicht glücklicher sein, als ich im Augenblick bin. Doch das heißt nicht, daß mich manche Sachen, die ich in Amerika erlebe, nicht stören.

LUIK Was gibt es denn da für Sie zu kritisieren?

NAVRATILOVA Wir geben 300 Milliarden Dollar für das Militär aus, jährlich – Wahnsinn. Und daß da unten jetzt in der Wüste 300 000 Soldaten sind! Es geht um Öl, und die Menschen in Kuwait sind doch allen scheißegal – das stört mich. Es gibt auch keine Entschuldigung dafür, daß es in den USA mehr als drei Millionen Obdachlose gibt, daß über 30 Millionen Menschen unterhalb der Armutsgrenze leben und daß 21 Prozent der Amerikaner weder schreiben noch lesen können! Daß es so etwas in dieser Überflußgesellschaft gibt, die die Industrienation Nummer eins sein will – einfach schlimm!

LUIK Und was tun Sie dagegen?

NAVRATILOVA Ach, lassen wir das.

LUIK Sie tun nichts?

NAVRATILOVA O. k., ich gebe meinen Namen und spende für Dinge, die mir wichtig sind, ich habe große Summen für Aidshilfen gegeben, mehr als eine halbe Million Dollar für unterprivilegierte Kinder. Aber wenn ich nun höre, daß es in Boston und Atlanta eine Ausgangssperre für Jugendliche gibt, weil die Kriminalität so verheerend ist, dann ist das doch nur noch furchtbar.

LUIK Haben Sie eine Waffe?

NAVRATILOVA Ich hab hier im Haus mehrere Revolver. Ich habe auch eine Zeitlang immer eine Pistole mit mir rumgetragen. Die IRA hatte mal gedroht, mich zu entführen.

LUIK Könnten Sie auf Menschen schießen?

NAVRATILOVA Wenn ein Einbrecher hier reinkäme und in mein Schlafzimmer vordringen würde – ich würde schießen.

LUIK Politik und Sport – sind das für Sie zwei Paar Stiefel?

NAVRATILOVA Ich glaube, daß heute jeder, der am Zustand dieser Welt interessiert ist, sich irgendwie engagieren muß und daß Sportler ihre Popularität ruhig einsetzen sollten – für die richtigen Sachen.

LUIK Gibt es etwas, über das Sie sich so richtig aufregen, für das Sie sogar auf der Straße demonstrieren würden?

NAVRATILOVA Aber sicher. Ich würde für das Recht auf Abtreibung demonstrieren, ich würde gegen Rassendiskriminierung demonstrieren – für die grundlegenden Menschenrechte gilt es immer wieder zu kämpfen.

LUIK Haben Sie je bei einer Demonstration mitgemacht?

NAVRATILOVA Nein, leider nicht. Ich wollte im letzten Februar bei der Abtreibungsdemo in Washington mitmachen, doch ich mußte spielen.

LUIK Da Sie so wenig Zeit haben, ein Vorschlag von mir: Reden Sie beim nächsten Wimbledonfinale in Ihrer Ansprache an die Zuschauer mal nicht über das Wetter und wie toll das Publikum wieder war, sondern über irgendein politisches Problem, das Sie bewegt.

NAVRATILOVA So was könnte

durchaus mal passieren, und so was Ähnliches habe ich auch neulich in Oakland gemacht. Zwei Tage vor den Wahlen in Kalifornien habe ich, nachdem ich gegen Monica Seles im Finale verloren hatte, eine kleine Rede auf dem Court gehalten. Ich hab gesagt, Sport und Politik hätten zwar nichts miteinander zu tun, aber daß jetzt jeder, der ein Interesse an Umweltproblemen hat, bei den anstehenden Gouverneurswahlen für Diane Feinstein stimmen müßte. Einfach weil sie in Fragen des Umweltschutzes viel besser ist als ihr Gegenkandidat von den Republikanern.

LUIK Und wie ging die Wahl aus?

NAVRATILOVA Leider wurde dann doch der Republikaner gewählt, ganz knapp.

„Für das Recht auf Abtreibung gehe ich auf die Straße"

LUIK Sehen Sie eigentlich die Gefahr, daß in einer Welt, deren Probleme immer schwieriger werden, Tennis zu einer Art Droge wird, um die Menschen abzulenken?

NAVRATILOVA Die Menschen haben schon immer und zu allen Zeiten versucht, sich irgendwie abzulenken. Manche fliehen in die Drogen, manche knallen sich mit Musik den Kopf voll, andere gehen spazieren, und manche stürzen sich auf den Sport. Fast jeder versucht, dieser Wirklichkeit irgendwie zu entfliehen – sonst wirst du doch auch einfach verrückt, so wie diese Gesellschaft funktioniert. Wir sind doch alle auf der Flucht. Und da sage ich Ihnen: Mir ist es viel lieber, die Leute schauen sich ein Tennisspiel an, als daß sie Kokain schnupfen.

LUIK Der englische Soziologe Desmond Morris hat mal sarkastisch gemeint, ein Sportfan würde den Weltuntergang erst registrieren, wenn es im Sportteil seiner Zeitung stünde.

NAVRATILOVA Da macht es sich dieser Soziologe zu einfach. Auch ich lese zuerst den Sportteil, bevor ich mir die erste Seite zumute! Wer zum Teufel möchte denn schon wieder von der Krise am Golf lesen? Wer möchte schon wieder lesen, wie viele Menschen umgebracht worden sind? Und deshalb lesen halt so viele den Sport zuerst: Der ist nett, lustig, und jeder weiß, was er zu erwarten hat, da gibt es keine bösen Überraschungen – niemand wird auf den Sportseiten umgebracht. Natürlich gibt es Sportsüchtige, aber ich glaube nicht, daß man den Sport für die Fehler der Gesellschaft verantwortlich machen kann.

LUIK Sondern?

NAVRATILOVA In unserer Gesellschaft gibt es zuviel Heuchelei. In der Kirche erzählen sie dir, sei nett zu jedermann, sei ein netter Mensch, und gleichzeitig erwartet jeder von dir, daß du Erfolg hast – egal, was es kostet. Im wirklichen Leben regiert die Ellenbogengesellschaft, und du mußt die Nummer eins werden – auf jeden Fall! Aber in der Kirche sagen sie, der Schwache soll die Erde erben, und man soll nett zu seinen Nächsten sein – schöne Sprüche, blablabla, die nichts mit der Wirklichkeit zu tun haben!

LUIK Ihr Vorschlag zur Besserung?

NAVRATILOVA Der größte Fehler in den Staaten ist, daß die Leute nie genug haben. Da verdienen die Ärzte 500 000 Dollar im Jahr und machen nicht mal eine Woche Urlaub, weil sie Angst haben, daß ihnen dann ein bißchen Geld rausgeht! Die Leute wollen immer mehr und mehr und mehr – wieviel Geld braucht man eigentlich, um glücklich zu sein?

„Wir sind doch alle auf der Flucht"

LUIK Sie haben gut reden: Ihre Millionen haben Sie ja gewinnbringend angelegt!

NAVRATILOVA Es geht doch einfach darum, daß man genügend zu essen hat, daß man für seine Familie ein Dach überm Kopf hat. Das war schon immer meine Meinung – lange bevor ich soviel Geld hatte.

LUIK Ich hab das mal ausgerechnet: In einer Stunde verdienen Sie rund 2900 Mark – soviel hat eine vierköpfige Familie in Deutschland im Schnitt pro Monat zum Leben. Ist es nicht verrückt, daß man mit ein bißchen Tennis so «unmenschliche Summen», wie Boris Becker es nennt, verdienen kann?

NAVRATILOVA Sie glauben also, ich mache 20 000 Dollar am Tag? Glauben Sie das tatsächlich?

LUIK Ja, sicher. Letztes Jahr haben Sie an Gewinngeld und Werbeverträgen rund 3,5 Millionen Dollar verdient – mindestens.

NAVRATILOVA O. k. Das hört sich schon nach erstaunlich viel an. Aber ich glaube dennoch nicht, daß wir überbezahlt sind. Schauen Sie sich doch einmal die Boxer an, was die kriegen, egal ob sie gewinnen oder verlieren! Buster Douglas bekommt 20 Millionen, und dafür steht er dann fünf Minuten im Ring. Wir kriegen, was der Markt hergibt, und ich nehme niemandem irgend etwas weg.

LUIK Dann haben Sie wohl auch nichts dagegen, daß beim neuen Grand-Slam-Cup in München an den Sieger zwei Millionen Dollar ausgeschüttet werden?

NAVRATILOVA Da stört mich zunächst einmal, daß die ITF (International Tennis Federation) den Männern einen Haufen Geld gibt und die Frauen nicht einmal gefragt werden, ob sie mitspielen möchten. Die haben einfach kein Verständnis für die Geschichte des Tennis. Das Besondere an den Grand Slams war ja bisher, daß da Männer und Frauen gleichzeitig spielen. Was die jetzt machen, ist ein Affront gegen alle anderen Turniere! Und am Anfang sagten ja auch viele Spieler: Wir spielen da nicht! Und jetzt ist Boris Becker der einzige, der zu seinem Wort steht: Respekt!

LUIK Er verweigert sich, weil da «um obszön viel Geld» gespielt werde.

NAVRATILOVA So ist es. Das macht keinen Sinn. Das steht in keinem Verhältnis mehr zu den normalen Turnieren. Zwei Millionen Dollar! Steffi hat im ganzen vergangenen Jahr – und da hat sie immerhin zwölf Turniere gewonnen – gerade mal soviel Geld erspielt.

LUIK Haben Sie Angst, daß diese Summen das Image des Tennis lädieren?

NAVRATILOVA Nein, das glaube ich nicht. Das Verrückte ist ja, daß das Geld die Leute anzieht. Sie kommen, obwohl es «obszön» ist, vielleicht kommen sie, weil es «obszön» ist. Und weil sie sehen wollen, wie einer zwei Millionen gewinnt und der andere eine Million verliert.

LUIK Sprich: Allein der Kitzel des großen Geldes macht noch den Reiz des Spiels aus?

NAVRATILOVA Ich hoffe, daß es soweit noch nicht ist. Aber man muß einfach akzeptieren, daß wir Unterhalter sind. Wir bieten eine Show, und soundsoviele Haushalte bezahlen soundsoviel Geld, um uns zu sehen. Ich weiß natürlich, daß ich viel Geld verdiene, und ich weiß auch, daß Krankenschwestern und Lehrer in diesem Land hoffnungslos unterbezahlt sind.

LUIK Höre ich da ein schlechtes Gewissen?

NAVRATILOVA Nein, überhaupt nicht. Ich weiß, daß ich die Leute mit meinem Spiel erfreue, sie inspiriere. Ich bewirke in vielen Menschen etwas. Ein Arzt kann nur eine Person auf einmal operieren. Aber wenn ich spiele, schauen mir 15 000 Menschen im Stadion zu, und am Bildschirm sind noch mal Millionen von Leuten. Und aus Briefen und Reaktionen weiß ich, was mein Spiel für diese Menschen bedeutet: Ich bringe Freude in ihr Leben, ich mache ihnen oft Mut.

> **„Essen muß Spaß machen. Diät? Nein, danke"**

LUIK Eine Bekannte hat mich verpflichtet, Sie zu fragen, weshalb Frauen immer in so «lächerlichen Röckchen» spielen?

NAVRATILOVA Was soll denn diese Frage? Frauen tragen doch schon immer Röcke – auf den Straßen, überall.

LUIK Aber im Basketball oder Handball spielen auch die Frauen in Turnhosen.

NAVRATILOVA Tennis war halt schon immer ein bißchen konservativer; der Rock gehört nun mal dazu.

LUIK Böse Stimmen sagen, daß das ein verzweifelter Versuch ist, das Frauentennis ein bißchen interessanter zu machen, denn außer «tits and asses», Busen und Po, hätten die Frauen nix zu bieten. Devise: Ein bißchen Sex kann der Unterhaltung nicht schaden.

NAVRATILOVA Haha, in der Beziehung hab ich ja nun ziemlich wenig zu bieten! Ich glaube auch nicht, daß die Frauen auf dem Platz sexy aussehen möchten – diese Röcke sind halt einfach bequem!

LUIK Halt, halt! Beim Training haben alle Frauen Hosen an. Warum dann nicht beim großen Auftritt?

NAVRATILOVA Es gibt sehr wohl ein paar Spielerinnen, die immer in Hosen spielen – Ann Smith und Ann Henrickson fallen mir spontan ein. Manche Spielerinnen tragen andererseits auch ganz bewußt Röcke, um ihre – wenn man das mal so sagen darf – fetten Ärsche zu verstecken. Ich trage auf dem Platz einen Rock, weil ich eine Frau bin und nicht, weil ich das Tennis mit ein bißchen Sex attraktiver machen will.

LUIK Gefällt Ihnen eigentlich, wie die Männer Tennis spielen?

NAVRATILOVA Als Spieler fasziniert mich vor allem McEnroe, als Person bin ich von Boris Becker begeistert. Das sind die zwei größten Persönlichkeiten auf den Courts, Stefan Edberg ist halt ein netter Kerl, ein sehr guter Tennisspieler – aber was soll man sonst über ihn sagen? Doch Becker und McEnroe sind echte Charaktere, sie sagen, was sie im Kopf haben, sie haben keine Angst, sie reden keinen Scheiß – und das gefällt mir. Boris spielt begnadet Tennis, aber was der John mit dem Ball macht: Das ist eine schiere Freude, ihm zuzuschauen, einfach genial.

LUIK Glauben Sie, daß Boris Becker das Zeug zum Champion hat?

NAVRATILOVA Ja, sicher. Gar keine Frage – ein bißchen Glück, und er schafft es.

LUIK Was macht einen Spieler zur Nummer eins?

NAVRATILOVA Mentale Härte, der Glaube an die eigene Stärke, Ehrgeiz natürlich, aber auch Glück und vor allem die Fähigkeit, keine Angst vor nichts und niemand zu haben.

LUIK Verrückte Frage: Wenn Sie gegen Boris antreten würden ...

NAVRATILOVA ... hätte ich kaum 'ne Chance. Er ist einfach zwei Köpfe größer als ich, und deshalb wäre es nicht ganz fair. Aber ich bin sicher, daß ich trotz allem das eine oder andere Spiel gegen ihn gewinnen würde.

LUIK Die Männer halten ja nix von Frauentennis. Becker hat mal gemeint: «Ich spiele Tennis, Steffi spielt Frauentennis.»

NAVRATILOVA Das ist eine dumme

Aussage. Also ich kenn auch ein paar Männer, die nicht gerade grandios mit dem Ball umgehen. Im Prinzip sehe ich keinen großen Unterschied zwischen einem Lendl und der Steffi. Ich denke, daß unser Tennis genauso faszinierend ist. Wir sind halt im Schnitt ein bißchen kleiner und schlagen den Ball nicht mit 200 km/h auf. Aber macht so ein Aufschlag einen guten Tennisspieler aus? Macht so ein Aufschlag das Spiel spannender?

LUIK Wenn Sie das Sagen im Tennis hätten – was würden Sie ändern wollen?

NAVRATILOVA Was mir mehr und mehr stinkt, sind die unsäglich vielen Regeln und Vorschriften. Die vergällen einem wirklich den Spaß am Spiel. Jetzt will die ITF – Sie haben ja vorhin gesehen, wie ich den Brief gelesen habe – mich zwingen, im Federation Cup zu spielen! Andernfalls dürfte ich bei den Olympischen Spielen nicht mitmachen. So ein Blödsinn! Das ist Erpressung! Nicht mit mir! Dann spiele ich halt nicht in Barcelona, dann spielt halt die beste Amerikanerin nicht mit! Die ITF hat noch nie dem Frauentennis geholfen!

LUIK Sonst noch Klagen?

NAVRATILOVA Ja, klar. Früher brauchte ich ein paar Minuten, um meinen Spielplan zusammenzustellen, heute ist das eine Wissenschaft für sich. Da sind ja einfach zu viele Turniere: Es ist Blödsinn, wenn Agassi in Las Vegas, Becker gleichzeitig in München, Lendl in Tokio spielt – da sind so viele Turniere, die kein Schwein interessieren. Aber das macht auf die Dauer das Spiel kaputt: They're killing the game!

LUIK Ihr Vorschlag zur Besserung?

NAVRATILOVA Ich glaube kaum, daß im ITF friedliche Reformen möglich sind. Denen lag das Wohl des Frauentennis noch nie am Herzen. Aber eins müßte auf jeden Fall passieren: Weniger Spiele sind mehr! Am besten wäre ein großes Turnier pro Monat, das wirklich zählt – abgesehen natürlich von den Grand Slams. Ein Spiel, auf das sich jeder freuen kann, weil dann garantiert die Top-Spieler aufeinandertreffen. Deren Rivalität macht Tennis doch erst spannend. Aber ich bin skeptisch, daß sich da was zum Besseren ändert.

LUIK Verraten Sie mir mal: Warum haben Sie aller Welt erzählt, daß Sie lieber mit einer Frau als mit einem Mann zusammenleben?

NAVRATILOVA Da konnte ich überhaupt nichts dafür. Ein Reporter hat mein Vertrauen übel mißbraucht und ging damit an die Öffentlichkeit.

LUIK War das ein Schock für Sie?

NAVRATILOVA Das war brutal. Es geht doch niemanden etwas an, mit wem ich schlafe. Egal, ob man nun ein Hetero ist, ob man schwul oder lesbisch ist – das ist eine ganz private Sache.

LUIK Aber dieses erzwungene Coming out war doch ein Glück im Unglück für Sie. Jetzt konnten Sie endlich so offen und ehrlich leben, wie Sie wollen.

NAVRATILOVA Nein, so sehe ich das nicht. Der Typ hat das gegen meinen Willen gemacht. Er wollte eine Story, und die hatte er – ihm ging es nicht um mich. Das hätte mich sogar meine US-Staatsbürgerschaft kosten können, denn in einigen Staaten ist Homosexualität immer noch ein Verbrechen.

LUIK Was meinen Sie: Wieviel Millionen Dollar hat Sie das alles gekostet?

NAVRATILOVA Ich hab keine Ahnung. Sicherlich ein paar Millionen, ein paar Verträge wurden damals einfach nicht erneuert, obwohl ich immer noch die Nummer eins war. Aber so ist es halt.

LUIK Manche Eltern haben ja richtiggehend Angst, ihre Töchter könnten auf dem Tennisplatz zu Lesben werden.

NAVRATILOVA Das ist natürlich Blödsinn. Ich glaube auch nicht, daß im Sport – wie immer wieder gesagt wird – der Anteil der lesbischen Frauen höher ist als sonst in der Gesellschaft. Aber da sind halt immer Vorurteile, gegen die man nicht ankommt.

LUIK Drei Tage nach Ihrem grandiosen Wimbledon-Gewinn ging die 25fache Grand-Slam-Gewinnerin Margaret Smith Court, die Sie ja mal als Ihr Idol bezeichnet haben, an die Öffentlichkeit und sagte, Sie seien kein Vorbild für die Jugend, da Sie lesbisch sind.

NAVRATILOVA Ich sehe nicht ein, warum Lesbischsein einen als Vorbild disqualifizieren soll. Mich regt diese Stigmatisierung auf. Es hat mich sehr traurig gemacht, daß sie das gesagt hat, daß sie im Augenblick meines größten Triumphes, als ich so unendlich glücklich war nach dem neunten Wimbledonsieg, mit so einem verletzenden Statement an die Öffentlichkeit ging. Was geht da in einem Menschen vor, der sich einen «reborn Christian» nennt, für einen echten Christen hält? Warum dieser Haß? Warum diese Verurteilung? Da kann ich nur in ihrer Sprache sagen: Wer ohne Schuld ist, werfe den ersten Stein!

LUIK Wenn Ihre Freundin Judy Sie vor die Wahl stellte: Ich oder das Tennis – wie würden Sie entscheiden?

NAVRATILOVA Das ist doch keine Alternative. Ich hab in meinem Leben schon gegen so viele Tennisbälle geschlagen – also darauf könnte ich leicht verzichten!

„Warum können Lesben keine Vorbilder sein?"

LUIK In Ihrem Haus klingelt ständig das Telefon, Sie sind von Freunden umgeben, mit einem Troß von Leuten reisen Sie zu Turnieren an. Haben Sie je darüber nachgedacht, wie attraktiv Sie eigentlich ohne Ihre 15 Millionen Dollar an Gewinngeld wären? Wie viele Freunde Sie tatsächlich hätten?

NAVRATILOVA Zunächst glaube ich mal, daß ich als Mensch in Ordnung bin, und sehe mich nicht als die reiche Tennisspielerin, die berühmt ist. Und ich hoffe auch, daß ich so anerkannt werde – als Mensch. Und dann kann ich sehr wohl unterscheiden zwischen Menschen, die meine Freunde sind, und Leuten, die sich in meinem Ruhm sonnen wollen. Für so etwas entwickelt man ziemlich schnell ein feines Gefühl.

LUIK Ein Journalist hat mal geschrieben, Sie hätten sich einen Clan von Claqueuren zugelegt, damit immer jemand da ist, der Ihnen versichert: Martina, du bist die Beste, Martina, du bist die Größte!

NAVRATILOVA So etwas kann nur jemand schreiben, der mich persönlich nicht kennt. Manche reden ja auch immer davon, daß ich eine Entourage hätte. So etwas hieße, daß es da jemand gibt, der der Boss ist und Befehle ausspricht. Gegen dieses Bild möchte ich mich schon wehren.

LUIK Sie haben also wirklich Freunde, die ...

NAVRATILOVA ... wenn es sein muß, mir durchaus den Kopf waschen und mir auch ehrlich sagen, was sie von mir halten.

LUIK In Ihrer Autobiographie, die vor ein paar Jahren erschienen ist, haben Sie sich gefragt: «Wer bin ich?» Und Ihre Antwort damals war: «Das ist die große Frage.» Wissen Sie heute mehr über sich?

NAVRATILOVA Diese Frage kann ich immer noch nicht richtig beantworten, denn ich denke wenig über mich nach. Ich weiß, mir macht es Spaß, mit meinem Körper aktiv zu sein, mir macht es Spaß, in allem, was ich anpacke, wirklich gut zu sein. Und ich versuche einfach – darum geht es mir vor allem –, mit meinem Spiel die Menschen zu erfreuen, ihnen irgend etwas zu geben, was sie glücklicher macht. Solange ich dieses Gefühl habe, so lange werde ich noch Tennis spielen.

Martina Navratilova

Geboren am 18. Oktober 1956 in Revnice bei Prag. Navratilova kommt aus einer echten Tennisfamilie: Ihre Großmutter war 1935 Meisterin von Böhmen, ihre Mutter spielte noch 1975 für den örtlichen Tennisclub, und auch ihre Schwester Jana galt lange Zeit als großes Talent. Navratilova, eine der erfolgreichsten Sportlerinnen der achtziger Jahre, dominierte wie kaum eine andere Spielerin das Damen-Tennis: Mit neun Einzelsiegen in Wimbledon, fast 150 Turniererfolgen, über 1200 gewonnenen Spielen und einem eingespielten Preisgeld von mehr als 30 Millionen Mark ist ihre Erfolgsbilanz eine Anhäufung von Superlativen: 1982 gewann die 1,74 Meter große und 66 Kilo schwere Linkshänderin 90 ihrer 93 Spiele, 1983 verlor sie von 87 Spielen nur ein einziges. Ihre drückende Überlegenheit auf den Tenniscourts wurde erst 1988 von der um 13 Jahre jüngeren Steffi Graf beendet. Wichtig für ihre Karriere war der 6. September 1975: Während eines Turniers im amerikanischen Forest Hills bat sie um politisches Asyl; seit dem 21. Juli 1981 ist Navratilova amerikanische Staatsbürgerin.

Typen wie ich sterben aus

Uli Stein

Er schüttet viel Zucker in den Espresso, rührt kräftig mit dem Löffel, zieht an der Zigarette. Er trinkt und rührt, rührt und trinkt, und zieht an der Zigarette. Aufrecht sitzt er da, die Haare sind frisch geföhnt, das dunkle Jackett akkurat gebügelt, die Lackschuhe glänzen.
Uli Stein, Jahrgang '54, sechs A-Länderspiele, einer der besten Torhüter der Liga, stets umstritten, heftig geliebt, sitzt an einem Tisch bei seinem Italiener in Frankfurt, und er grüßt die Stammgäste, und die alle wissen: Der Uli läßt sich von niemand was sagen.
Uli Stein, der Rebell, der Querulant, der Unbeugsame. Er sagt: Was wäre aus mir geworden, wenn ich nicht Fußballspieler geworden wäre? Vielleicht wäre ich kriminell geworden oder sonst was. Daß er, 1986, bei der WM in Mexiko, nach Hause geschickt wurde? Eine Schmach? Eine olle Kamelle, interessiert ihn nicht mehr. Ob er berühmt ist oder nicht: Ist ihm auch wurscht. Er hat noch ein Ziel: mit 40 noch auf dem Rasen stehen und im Tor eine gute Figur machen, eine sehr gute. Er sagt: Ich bin fit, ich bin gut in Form, war noch nie so gut wie jetzt. Daß die Leute über ihn lachen, das will er nicht. Ein Gnadenbrot, das hat einer wie er nicht nötig. Er stellt doch etwas dar, mit Frau und Kind, Haus und schwerem, schwarzem Mercedes. Das ist doch was, sagt er. Er schüttet Zucker in den Espresso, trinkt und rührt. Und zieht an der Zigarette.

LUIK Herr Stein, Sie machen den Eindruck eines Menschen, der mit sich und der Welt im reinen ist; Sie wirken so entspannt und so freundlich – so gar nicht wie der Vorzeige-Rüpel der Bundesliga, der Sie bekanntermaßen ja sind.

STEIN Ach, wissen Sie: Mit diesem negativen Image habe ich mich schon längst abgefunden.

LUIK Sie verblüffen mich: Bei Ihnen hätte ich solch eine orientalisch-fatalistische Haltung am allerwenigsten erwartet.

STEIN Ich kann gegen dieses Bild, das mir vor allem die Medien aufgedrückt haben, nicht mehr ankämpfen. Doch wenn mich die Leute dann das erste Mal live erleben, geht es den meisten so wie Ihnen – und das ist dann schön für mich. Da kommen sie also mit ihren Vorurteilen, und sie merken dann plötzlich: Alles Lüge! Der Stein ist ja ganz anders!

LUIK Können Sie sich erklären, weshalb Sie der Buhmann der Profis sind?

STEIN Ich sage nicht zu allem ja und amen, ich gehöre nicht zu diesen typischen Jasagern, von denen es leider in der heutigen Generation immer mehr gibt. Früher war das anders, da gab es in jeder Mannschaft zwei, drei eigenwillige Charaktere, Leute mit Ecken und Kanten, eben echte Persönlichkeiten.

LUIK Was ist mit dem mündigen Athleten, von dem die Funktionäre so gern reden?

STEIN Ja, ja, das sagen die halt so. Aber wenn einer ein bißchen anders ist, kein Duckmäuser, kriegt er von allen Seiten Feuer. Wie soll aber einer, dem fünf Tage lang der Schneid abgekauft worden ist, plötzlich am sechsten Tag auf dem Rasen Verantwortung übernehmen, selbstbewußt auftreten können? Ausnahmespieler, Weltklassespieler sind immer unbequem, und ich sage: Wenn es kein Rebellentum auf dem Rasen mehr gibt – Kerle wie Breitner, Netzer früher –, geht auch der Fußball kaputt.

LUIK Sie sind einer der letzten Mohikaner?

STEIN Solche Typen, die Farbe ins Spiel bringen, so Typen wie ich sind vom Aussterben bedroht. Ich bin einer, der den landläufigen Vorstellungen, wie ein Profi zu sein hat, zuwiderläuft: Ich habe mich aufgelehnt gegen die Funktionäre, mit Trainern habe ich mich angelegt, Journalisten habe ich nie aus der Hand gefressen. Ich habe immer wieder Rückgrat bewiesen, aber Leute, die ihre Meinung kundtun, sind in unserer Gesellschaft nicht gern gesehen; ihnen macht man das Leben schwer.

LUIK «Charakterlos, kriminell, menschlich fies», sind Sie einmal vom Chefankläger des Deutschen Fußball-Bundes, Hans Kindermann, genannt worden.

STEIN Als er mir das an den Kopf geworfen hat, habe ich mich schon gefragt: Was soll das? Wo bist du eigentlich? Mußt du dir alles gefallen lassen?

LUIK Hilft da das viele Geld, das Sie verdienen, über den Frust hinweg?

STEIN Das ist nicht eine Frage des Geldes. Doch ich bin mir sicher: Nicht viele hätten durchgestanden, was mit mir alles passiert ist.

LUIK Sie waren auch nicht gerade zimperlich im Austeilen, vielfältig ist Ihr Vokabular an Kraftausdrücken, mit denen Sie Ihre Widersacher belegt haben. Kostprobe: Suppenkasper, Arschloch, Wichser, Gurkentruppe. Ihren Teamkollegen Anthony Yeboah aus Ghana haben Sie als «schwarze Sau» beleidigt und …

STEIN … halt, halt. Das letzte Beispiel stimmt nicht. Das wäre der blanke Rassismus, und jeder, der mich kennt, weiß, daß ich mit Ausländern fast besser klarkomme als mit Deutschen. Aber Sie müssen einfach auch mal die Situation berücksichtigen, in der man so etwas sagt: Im Spiel ist man aufgeladen, ist man heiß gemacht …

LUIK … und dann rasten Sie aus?

STEIN Ich bin dann schon so motiviert, daß ich im Eifer des Gefechts mal über die Stränge schlagen kann und …

LUIK … den Fans aus Frust und Wut heraus den blanken Po zeigen?

STEIN Nee, nee. Das hab ich nie gemacht, aber daß es mir unterstellt wird, wundert mich auch nicht. Doch wer hat so etwas tatsächlich mal gemacht?

> „Ich hab mich aufgelehnt gegen die Funktionäre, mit Trainern hab ich mich angelegt; ich hab immer wieder Rückgrat bewiesen. Aber Leute, die ihre Meinung kundtun, sind in unserer Gesellschaft nicht gern gesehen: ihnen macht man das Leben schwer"

LUIK Wer war der böse Bube?

STEIN Franz Beckenbauer war's, der Kaiser. Und das ist für mich auch das beste Beispiel dafür, wie ein Image geschaffen wird. Der

Franz konnte sich von Anfang an so ziemlich alles erlauben, und stets wurde der Mantel des Schweigens drübergehüllt – er war ja der Kaiser. Er konnte im Stadion die Hosen runterlassen, das nackte Hinterteil den Zuschauern zeigen – aber heute spricht niemand mehr davon. Aber was ich getan haben soll, egal ob es stimmt oder nicht, wird mir immer und immer wieder aufs Brot geschmiert – wohl bis an mein Lebensende.

LUIK Da klingt Verbitterung durch.

STEIN Ach, ich hab mich an mein Image gewöhnt. Was mir immer wieder Mut gemacht hat, war die Reaktion des normalen Volks, der normalen Fans: Ihnen gefällt es, daß ich kein Duckmäuser bin; sie wissen, daß ich einen eigenen Kopf habe, und das imponiert ihnen. Sie haben immer zu mir gehalten.

LUIK Moment mal: Es gab auch schon Spruchbänder, in denen Sie aufgefordert wurden, Ihre Mutter zu unterstützen, die von Sozialhilfe lebt.

STEIN Das habe ich nie gesehen. Aber auch das ist eine alte Geschichte, das ist schon längst erledigt, kein Thema mehr. Aber daß Sie das auch wieder anführen, zeigt: Ich kann meinem Image nicht entkommen.

LUIK Das Leben mit dem Rücken zur Wand – gefällt Ihnen das?

STEIN Ich bin kein Masochist, ich will mir auch den Spaß an meinem Sport nicht nehmen lassen, durch niemand. Und bevor ich in Frankfurt anfing ...

LUIK ... nachdem der Hamburger SV Sie geschaßt hat, weil Sie den Münchner Stürmer Wegmann ausgeknockt haben ...

STEIN ... hatte ich Angebote aus der Türkei. Aber ich ging da nicht hin, obwohl das alle erwartet und vielleicht auch erhofft hatten. Da kam es ja knüppeldick, ich war totgeschrieben, alle haben versucht, mich fertigzumachen, aber ich hab gesagt: Nein, das macht ihr nicht mit mir. Ich wollte beweisen, daß ich noch lebe. Und daß ich das geschafft habe, ist für mich ein Triumph.

LUIK Ein alter Fußballerschnack besagt, daß Torhüter eine Macke haben.

STEIN Ich weiß nicht, ob wir besondere Typen sind. Aber wir sind sicherlich anders als die Feldspieler. Wir sind die totalen Einzelkämpfer. Wir sind einem extremen Stress ausgesetzt, einer besonderen Verantwortung.

LUIK 90 Minuten lang stehen Sie halt zwischen zwei Pfosten.

STEIN So mag das vielleicht von außen aussehen. Doch das sind 90 Minuten vollster Konzentration, 90 Minuten höchster Nervenanspannung, immer auf dem Sprung, immer bereit zu explodieren: Du willst diesen Ball haben, er muß deine Beute sein.

LUIK Und dafür riskieren Sie Kopf und Kragen?

STEIN Klar. Da darfst du keine Sekunde, nicht mal 'nen Bruchteil einer Sekunde überlegen: Du gehst in das Getümmel, ohne Rücksicht auf Verluste. In Bielefeld bin ich mal k. o. getreten worden, sie haben mich bewußtlos vom Platz getragen. So was mußt du verdrängen. Es gibt wohl kaum eine Stelle an meinem Körper, die nicht irgendwie mal kaputt war. Aber daran darfst du nicht denken. Wenn du anfängst zu denken, haben sie dir das Ding schon um die Ohren geschossen. Dann kannst du mit deinem Job gleich aufhören.

> „Ich war totgeschrieben, alle wollten mich fertigmachen, aber ich hab gesagt: Nein, das macht ihr nicht mit mir. Ich hatte Angebote aus der Türkei, aber ich blieb hier. Ich wollte beweisen, daß ich noch lebe. Und daß ich das geschafft habe, ist für mich ein Triumph"

LUIK Angst ist für Sie ein Fremdwort?

STEIN Für so ein Gefühl habe ich keine Zeit. Wenn es sein muß, geh ich mit dem Kopf voraus ins Getümmel, geh einfach rein, das ist normal, da gibt es nix zu überlegen. Das Harte an meinem Job: Du kannst dir keinen Fehler erlauben, du kannst keinen Fehler ausbügeln, du kannst deinem Frust nicht wie ein Stürmer weglaufen. Wenn ein Stürmer zehnmal vorbeischießt, aber beim elftenmal trifft, ist er der große Held; aber wenn ich zehn Superdinger halte, doch der elfte ist drin, dann bin ich der große Depp.

LUIK Verraten Sie uns mal die Tricks, mit denen Sie die angreifenden Stürmer einschüchtern.

STEIN Wenn ein Stürmer allein auf mich zuläuft, bleibe ich unheimlich lange stehen. Die meisten Torhüter rennen raus und schmeißen sich einfach vor den Stürmer und hoffen dann, daß er sie anschießt. Ich bleibe stehen und warte und warte. Das zerrt an den Nerven des Stürmers, das verunsichert ihn. Außerdem versuche ich mit meinem Stellungsspiel die Stürmer aus dem Konzept zu bringen. Da gibt es ja die Flieger unter uns Torhütern, die mit spektakulären Paraden halbhohe Schüsse abgreifen, der Aumann ist so einer – nicht mein Ding. Da gibt es ja welche, die absichtlich noch einen Schritt zur Seite gehen, um wirklich spektakulär fliegen zu können. Ich sag mir, es nervt einen Spieler viel mehr, wenn er glaubt, einen Mordsschuß abgegeben zu haben, und ich als Torwart stehe dann einfach da und fange den Ball ab, ganz locker. Was denken Sie, wie so etwas in dem Stürmer arbeitet? Wie ihn das fertigmacht?

LUIK Wenn man Sie beim Spiel beobachtet, macht man sich Sorgen um Ihren Gemütshaushalt: Wenn ein Mitspieler von Ihnen vorne den Ball übers Tor hämmert, scheinen Sie tödlich beleidigt zu sein – Sie fluchen und schimpfen.

STEIN Früher war das mein größter Fehler: Ich hab immer alles viel zu persönlich genommen, da war vielleicht auch falscher Ehrgeiz im Spiel. Ich gebe auch zu, ich bin ein schlechter Verlierer. Ich gehe im Spiel tatsächlich so mit, daß ich mich manchmal dabei erwische, wie ich zum Schuß ausble, wenn der Stürmer vorne endlich schießen soll. Früher habe ich sehr gerne Ausflüge gemacht, hab zwei Leute aussteigen lassen und bin bis zur Mittellinie marschiert.

LUIK Herr Stein, wenn Ihnen das Stürmen soviel Spaß macht: Warum sind Sie überhaupt Torwart geworden?

STEIN Als Kind hab ich immer mit Größeren gespielt, und ich war körperlich zu schwach, um mit ihnen mitzuhalten. Da haben die mich also in den Kasten gestellt, und irgendwann hat es mir Spaß gemacht.

LUIK War Fußball für Sie auch ein Mittel des sozialen Aufstiegs?

STEIN Ich denke schon, daß Fußball dazu beigetragen hat, daß ich nicht in die verkehrten Kreise abgerutscht bin. Daß ich nicht an die falschen Freunde geraten bin, nicht kriminell geworden bin oder sonst was.

LUIK Was heißt das?

STEIN Ich hatte eine harte, eine sehr harte Jugend. Ich war zehn, als sich meine Eltern getrennt haben. Wir waren sieben Kinder und sind bei meiner Mutter aufgewachsen. Jahrelang haben wir von der Sozialhilfe gelebt. Und da war Fußball für mich so etwas wie ein Halt. Da habe ich den Willen entwickelt ...

LUIK ... sich durchzubeißen, egal, was es kostet?

STEIN Ich hab einfach erkannt, daß ich ohne Willenskraft nichts im Leben erreiche. Ich bin mit dem Fußball groß geworden; ich bin sicherlich einer der letzten wirklichen Straßenfußballer. Ich kam von der Schule heim, hab den Ranzen in die Ecke geworfen, Hausaufgaben haben mich nicht interessiert, und bin raus auf die Straße und hab gespielt. Daß das mal mein Beruf werden könnte, hab ich nie gedacht. Vielleicht war es ein Traum; letztendlich war es wohl eine Trotzreaktion: Irgendwann habe ich erkannt, daß ich das, was die da oben bringen, auch kann. Natürlich braucht man auch noch etwas Glück, um groß rauszukommen. Durch einen Zufall haben wir gegen die Niedersachsenauswahl gespielt; ich hab toll gehalten, und da waren Späher, und das hat alles weitere beeinflußt.

LUIK Sagen Sie mal: Was unterscheidet einen Torwart von einem guten Torwart?

STEIN Die wirklich großen Torhüter müssen mitspielen können. Die müssen ihren Strafraum beherrschen, die müssen gute Feldspieler sein, die müssen im Grunde eine Art zweiter Libero sein, die müssen ihre Vorderleute so stellen können, daß sie im Tor kaum Arbeit bekommen.

> „Ich bin mit dem Fußball groß geworden. Ich bin einer der letzten Straßenfußballer. Fußball hat dazu beigetragen; daß ich nicht in die verkehrten Kreise abgerutscht, daß ich nicht an die falschen Freunde geraten bin, nicht kriminell geworden bin oder sonst was"

LUIK Gibt es so einen Könner in der Bundesliga?
STEIN Wir haben zehn Leute, die auf der Linie ganz gut sind – doch das hat nichts mit dem wirklichen Torwartspielen zu tun. Wir haben keinen, der im Strafraum wirklich gut ist.
LUIK Doch: Sie.
STEIN Ich beurteile mich nicht. Wir haben ein paar gute Torwarte, aber keinen der Extraklasse – keinen Sepp Maier, keinen Toni Schumacher.
LUIK Sie loben Ihren Erzrivalen Schumacher?
STEIN Wir sind uns sehr ähnlich, wir sind beide besessen, ehrgeizig und fußballverrückt; wir haben immer Respekt voreinander gehabt.
LUIK Tatsächlich? Stein ist eine «Type», die «vor allem unfaire Methoden» kennt, ein «Paket gebündelter Charakterfehler», einer, der vergißt, daß «selbst auf einem Himalayagipfel ein Zwerg ein Zwerg bleibt». Alles O-Ton Schumacher.
STEIN Das soll er gesagt haben?
LUIK Hat er. In seinem Buch «Anpfiff».
STEIN Ich denke, daß so ein Urteil auf ihn selbst zurückfällt. Jedenfalls haben wir uns zumindest sportlich respektiert.
LUIK Sie hielten sich bei der WM '86 für besser als ihn?
STEIN Nicht nur ich. Auch Beckenbauer sah das genauso, und ich hab dann nicht verstanden, weshalb ich in Mexiko nicht spielen durfte. Da fängst du dann an zu denken und fragst: Ja, warum bloß nicht?
LUIK Das weiß doch alle Welt: weil Ihnen mal wieder der Gaul durchgegangen ist, weil Sie über die «Gurkentruppe» gelästert und den Teamchef als «Suppenkasper» abqualifiziert haben, mit dem Ergebnis, daß Sie in Schimpf und Schande nach Hause geschickt worden sind.

STEIN Das ist die alte Geschichte, und ich hab schon oft erklärt, daß auch andere Spieler diese Worte benutzten. Aber ich denke, daß das bloß vorgeschobene Gründe sind.
LUIK Verraten Sie uns die Wahrheit.
STEIN Ich hab da meine Vermutungen, die ich allerdings nicht beweisen kann. Aber mit Sicherheit spielen wirtschaftliche Interessen bei der Aufstellung der Nationalmannschaft eine Rolle.
LUIK Konkreter, bitte.
STEIN Ich will jetzt keine Namen nennen, aber bei den letzten Weltmeisterschaften sind Leute zum Einsatz gekommen, wo man sich nur noch wundern kann.
LUIK Etwa Rummenigge, der in Mexiko ziemlich angeschlagen auflief?
STEIN Sportliche Gründe können es jedenfalls nicht gewesen sein, und es geht nicht nur um Rummenigge. Es gab auch in Italien wieder so Fälle. Mein Verdacht: Da sind hochkarätige Werbeverträge abgeschlossen und die beinhalten, daß soundsoviele WM-Einsätze einfach sein müssen, um an das Geld ranzukommen.
LUIK Konkret: Die Beckenbauer-adidas-Schiene?
STEIN Ich hab das vermutet, ja. Wenn man ein bißchen was im Kopf hat und sieht, wie das Spiel läuft, sind das halt so Vermutungen, die sich aufdrängen, wohl aber nie beweisen lassen.
LUIK Halten Sie Beckenbauer eigentlich für einen guten Trainer?
STEIN Er war ein Weltklassespieler, und danach war er Teamchef. Für mich ist er kein Trainer. Er hat ja in Marseille eindrucksvoll bewiesen, was für Trainerqualitäten er tatsächlich hat: Wie kläglich er da gescheitert ist. Die in Marseille haben ihn frühzeitig durchschaut.
LUIK Wo fehlt's bei ihm?
STEIN Er hat kein Rückgrat, keine Stärke.
LUIK Sagen wir so: Die Fußballnationalmannschaft wurde nicht wegen, sondern trotz Beckenbauer Weltmeister?
STEIN Ich war ja in Italien nicht in der Mannschaft, ich kann das jetzt also nicht hundertprozentig beurteilen. Aber wenn man sich einfach mal die Auswechslungen anschaut, die Beckenbauer gemacht hat, hatte ich immer wieder das Gefühl: Der versucht alles, um nicht Weltmeister zu werden. Aber das hat er nicht geschafft: Die Mannschaft war einfach zu stark.
LUIK Sechsmal haben Sie in der Nationalmannschaft gespielt, zweimal waren Sie Deutscher Meister, zweimal Europapokalsieger. Eine ziemlich magere Ausbeute für so einen Weltklasse-Mann wie Sie?
STEIN Ach, finde ich nicht, nein.
LUIK Tatsächlich? Für einen Ehrgeizling wie Sie ist das doch eine verpfuschte Karriere.
STEIN Okay. Es tut manchmal

schon weh, wenn ich sehe, wer alles 20 oder 30 Länderspiele gemacht hat, und ich selber habe nur sechs auf dem Buckel. Da sage ich mir dann schon, daß ich international zuwenig erreicht habe. Bei meinem Anspruch an mich ist das einfach zuwenig. Aber ich kenne auch andere Topleute, die nicht alles erreicht haben, etwa Ruud Gullit, der auch nicht Weltmeister wurde.

LUIK Wenn es bei der Aufstellung der Nationalmannschaft nur nach der Leistung ginge: Wären Sie noch heute dabei?

STEIN Ich möchte darüber nicht mehr reden. Für mich ist dieses Kapitel wirklich abgeschlossen. Jetzt sollte man die jungen Leute ranlassen, also Köpke, Aumann und Illgner.

LUIK Doch von der Leistung her ...

STEIN ... könnte ich mit Sicherheit mithalten, kein Problem.

LUIK Leistung und Ehrgeiz sind Ihre Lieblingsworte – das klingt alles so gar nicht nach Lust und Spaß am Spiel. Wenn man Sie beim Training beobachtet: Sie lachen nie, Sie flachsen nicht – warum immer so bierernst?

STEIN Fußballspielen ist mein Beruf. Aber ich denke schon, daß ich manchmal lache, daß ich mich freue. Andererseits glaube ich, daß jeder, der in diesem Beruf Erfolg haben will, verbissen ist. Er muß voll bei der Sache, voll motiviert sein. Ich kann jetzt nicht fünf Tage in der Woche rumalbern und dann am sechsten Tag um 15.30 Uhr sagen: So, jetzt geht's los.

LUIK Da Ihnen der Erfolg so wichtig ist: Für Sie muß es ja ein Kreuz sein, in einer Mannschaft zu spielen, die sich durch Intrigen lahmlegt.

STEIN Das sehe ich nicht so. Ich sag mir, daß ich da als Spieler eine noch größere Verantwortung auf dem Platz habe ...

LUIK ... edel, edel. Wenn bloß der Andy Möller nicht dabei wär!

STEIN Das hat mit ihm nichts zu tun. Daß es Probleme geben wird, wenn – wie beim Andy – der Betreuer eines Spielers gleichzeitig Manager des Vereins wird, war doch abzusehen. Daß das Ganze so eskaliert ist, damit hat wohl niemand gerechnet. Aber ich möchte zu diesem Streit nichts mehr sagen. Ich finde das alles nicht so wichtig.

LUIK Wie bitte?

STEIN Zu diesen ganzen Querelen um Manager Gerster oder Möller oder Bein habe ich in den letzten Wochen keine Kommentare mehr abgegeben. Ich hab das einfach belanglos gefunden, um was für Kleinigkeiten wir uns aufregen im Vergleich zu dem, was im Nahen Osten passiert.

LUIK Wie meinen Sie das?

STEIN Es hat sicherlich mit meiner Tochter zu tun, der Verantwortung dem Kind gegenüber. Das hat mein Bewußtsein so verändert, daß ich mir jetzt Gedanken mache über politische Dinge, die mich vor zehn Jahren nicht interessiert haben. Früher bin ich im Auto gesessen, habe die Kippen aus dem Fenster rausgeworfen und gelebt nach der Devise: Nach mir die Sintflut! Ich wohne in der Nähe der Firmen Nukem und Alkem, und was da passiert, was auch mit Atomkraftwerken los ist, gibt mir zu denken. Ganz aktuell meine ich, daß die Waffenexporte, vor allem auch die Exporte von chemischen Waffen, viel schärfer kontrolliert werden müssen. Für mich hat das alles mit Umweltschutz zu tun und …

LUIK … auf Ihrem Trikot prangt der Name einer Firma, die nicht gerade der Umweltfreund Nummer eins ist.

STEIN Aber das kann mich doch nicht davon abhalten, über bestimmte Dinge nachzudenken. Ganz egoistisch gesehen: Ich will einfach, daß mein Kind auch in 20 oder 50 Jahren auf dieser Erde noch leben kann.

LUIK Nach all den Jahren: Macht Ihnen Fußball noch Spaß?

STEIN Und wie! Ich kann das gar nicht mit Worten ausdrücken: Du kommst ins Stadion rein, die Ränge sind voll, und dann kriegst du eine Gänsehaut, ein Prickeln, es läuft dir kalt den Rücken runter. Ich komme an keinem Ball vorbei, ohne dagegenzutreten. Und nach dem Urlaub bin ich immer richtig heiß auf ihn.

LUIK Diego Maradona hat mal gemeint, der Ball sei für ihn «Mutter und Frau» zugleich.

STEIN Ja, und Jürgen Klinsmann hat mal den Torschuß mit einem Orgasmus verglichen. Damit kann ich nichts anfangen. Der Ball ist ein Arbeitsmaterial für mich; er ist beim Fußball das Wichtigste, und dieses Spiel ermöglicht mir, daß ich vielen Leuten eine Freude bereiten kann. Deshalb strenge ich mich auch immer so an – ich will ihnen für ihr Geld etwas bieten.

LUIK Eine gute Show?

STEIN Ich sehe mich tatsächlich als Unterhaltungskünstler. Wie Schauspieler oder Rockgruppen mobilisieren wir die Massen, und die Leute wollen etwas für ihr Geld geboten bekommen. Mich nervt es dann, wenn ein paar Spieler mit angezogener Handbremse spielen, wenn sie nicht die Leistung bringen, die sie vom Können her drauf haben. Da werde ich dann schon mal laut in der Kabine. Man kann verlieren, aber es kommt darauf an, wie man verliert – es muß einfach der Wille dasein, alles zu geben. Und der Fan registriert das ganz genau.

LUIK Für Ihren Auftritt brauchen Sie den Zuschauer?

STEIN Jeder Fußballer braucht die Zuschauer, wer das nicht zugibt, der lügt. Das Publikum motiviert dich, es treibt dich an. Wenn das Stadion voll ist, ist es viel leichter, eine gute Leistung zu bringen. Da ist es dann kein Problem, mit mehr als 100 Prozent aufzuspielen. Das ist ein Supergefühl! Für mich wäre es das Schlimmste, in ein großes Stadion zu kommen und da

wären nur noch ein paar Leute drin – der Tod des Fußballs.
LUIK Da muß Ihnen vor der Zukunft Ihres geliebten Spiels ja angst und bange werden: Die Zuschauerzahlen gehen, im Vergleich zu den sechziger Jahren, nach unten.
STEIN Ich sehe das nicht so pessimistisch. Wenn wir Spieler gute Leistung bringen, dann kommen die Leute. Wenn ich gute Leistungen bringe, kommen die Leute, um mich zu erleben.
LUIK Die großen Herren des Fußballs, Beckenbauer oder auch Mayer-Vorfelder, sehen das anders und behaupten: Regeländerungen machen das Spiel interessanter, die Tore müssen größer werden – dann kommen wieder die Leute.
STEIN Davon halte ich überhaupt nichts. Das Faszinierende am Fußball ist ja eben, daß die Regeln so einfach sind, daß sie jeder sofort versteht – man sollte sie also lassen, wie sie sind. Und die Tore verändern? Jeder, der mal zwischen den Pfosten stand, weiß, wie groß, wie unendlich groß so ein Tor sein kann.
LUIK Im Hinblick auf die Fußball-Weltmeisterschaft 1994 in den USA wird geplant, das Spiel zu vierteilen, damit es für die Werbewirtschaft noch attraktiver wird.
STEIN Das scheint mir so typisch zu sein in Deutschland und in Europa, daß man alles übernimmt, was aus Amerika kommt, alles wird amerikanisiert. Aber wird es dadurch auch besser? Wir spielen Fußball und nicht American Football, also laßt die Regeln doch so, wie sie sind. Sie haben sich bewährt.

> „Ich möchte so aufhören, wie ich meine Karriere durchlebt habe – als einer, der in den Spiegel schauen und sagen kann: Das bist du. Das hast du richtig gemacht. Dir haben sie das Kreuz nicht verbogen"

LUIK Wenn Sie das Sagen im DFB hätten: Nichts würde sich ändern?
STEIN Es gibt schon ein paar Dinge, über die man sich mal ernsthaft unterhalten sollte. Schauen Sie doch einfach mal, wie viele Spiele zum Ende der Winterpause wieder ausgefallen sind. Vielleicht wäre es besser, wir würden von März bis Dezember durchspielen, so wie es die Dänen, die Schweden und Norweger machen.
LUIK Sonst nach Anregungen?
STEIN Über die Ablösesummen muß auch mal geredet werden – das hat ja Ausmaße angenommen, die mir nicht mehr in den Kopf gehen. Wie kann man

einen Menschen in Geld aufwiegen und sagen, der ist mir acht Millionen wert und der 30 Millionen?

LUIK Das ist Menschenhandel, sagt Jürgen Klinsmann.

STEIN Er hat recht: Das ist moderner Menschenhandel. Die Ablösesummen widersprechen unserem Grundgesetz und dem Recht auf freie Wahl des Arbeitsplatzes. Man muß sich doch mal vorstellen, was das bedeutet: Da bist du, sagen wir mal, in Bochum und willst woanders hin und kommst einfach nicht weg, weil dein Verein dich nicht ziehen läßt und unsinnige Summen verlangt.

LUIK Ihr Lösungsvorschlag?

STEIN Ich kann da jetzt nichts empfehlen, doch das sind so ein paar Dinge, über die der DFB, auch die FIFA und auch die UEFA nachdenken sollen.

LUIK Haben Sie eigentlich noch ein sportliches Ziel?

STEIN Ich möchte, und daran arbeite ich hart, noch mit 40 im Tor stehen und da noch eine gute Figur machen. Ich würde auch noch mal gerne Deutscher Meister werden, das wäre auch für Frankfurt ganz toll, denn das haben die noch nie geschafft. Aber vor allem möchte ich so aufhören, wie ich meine ganze Karriere durchlebt habe – als einer, der in den Spiegel schauen und von sich sagen kann: Das bist du. Das hast du richtig gemacht. Dir haben sie das Kreuz nicht verbogen.

Uli Stein

Geboren am 23. Oktober 1954 in Hamburg. Zum erstenmal fiel Stein den DFB-Trainern 1976 auf, als er für den Zweitligisten Arminia Bielefeld im Tor stand: fünfmal wurde Stein in die Amateur-Nationalmannschaft berufen. 1980 holte ihn HSV-Manager Günter Netzer als Nachfolger von Rudi Kargus nach Hamburg. 1982 und 1983 gewann er mit dem HSV die Deutsche Meisterschaft, 1983 außerdem den Europapokal der Landesmeister. 1987 folgte dann noch der Gewinn des DFB-Pokals; 1983 debütierte Stein gegen Jugoslawien in der A-Nationalmannschaft. Obwohl der Hamburger weiterhin konstante Form zeigte und seine Leistungen ständig verbesserte, hütete Stein nur selten das Tor der Nationalelf. Vor ihm stand der Kölner Harald Schumacher, der wegen seiner großen Erfahrung fast immer den Vorzug erhielt. Der anfängliche Konkurrenzkampf zwischen beiden steigerte sich allmählich zur offenen Feindschaft und eskalierte schließlich bei der Weltmeisterschaft 1986 in Mexiko: Stein nannte Beckenbauer einen «Suppenkasper», und der pädagogisch überforderte Teamchef reagierte impulsiv: Er schickte Stein nach Hause. Auch in der Folge gab es immer wieder Skandale um Stein: Beim Super-Cup-Finale seines HSV gegen Bayern München streckte Stein den Stürmer Wegmann mit einem Faustschlag zu Boden; der HSV entließ Stein und kam in Abstiegsnöte. Im November 1987 verpflichtete Eintracht Frankfurt für eine halbe Million Mark den 33jährigen Klasse-Keeper; Stein bestätigte auch im Eintracht-Tor seine Ausnahmestellung und wurde vor der Weltmeisterschaft 1990 sogar wieder für die Nationalmannschaft ins Gespräch gebracht, was er jedoch selbst ablehnte. Im März 1990 verlängerte Stein seinen Vertrag bei den Hessen bis 1992.

Für mich ist das alles ein Abenteuer

Monica Seles

Ihre Stimme überschlägt sich und sie redet ununterbrochen, und sie streichelt den kleinen Hund auf ihrem Schoß. Allein geht Monica Seles nicht aus. Das ist für ein junges Mädchen zu gefährlich, sagt sie, viel zu gefährlich. Aber jetzt will sie das schon mal probieren – einer ihrer Träume. Ja, im Tennis, Wahnsinn, so sieht sie das auch, ist zuviel Geld im Spiel, viel zuviel, aber eigentlich, nein, ist es doch nicht zuviel. Die Spieler, sagt sie, müssen ja schon in ein paar Jahren ausgesorgt haben. Und ob sie heute noch trainiert, das weiß sie auch nicht, ob sie lieber ausruhen soll? Sie sagt: Ich denke, ich gehe jetzt doch lieber auf den Platz. Und dann steht sie auf, die jüngste Nummer eins in der Geschichte des Frauentennis, und Vater und Mutter eilen eilfertig hinterher.

LUIK Sie waren ziemlich angesäuert, als ich Sie vorhin ansprach und …
SELES … oh, Mann, seit ich die Nummer eins bin, wollen so viele Leute von mir was. Ich weiß oft nicht mehr, wo mir der Kopf steht. Ich hab kaum mehr Freizeit, ich muß trainieren, und dann muß ich auch immer noch für die Schule büffeln – Mathe, Geographie und so Zeugs.
LUIK Der weltberühmte Tennisstar macht Hausaufgaben?
SELES Ja, sicher. Ich will diesen Schulabschluß, und ich will einen guten Schulabschluß. Ich will nicht bloß die Tennisspielerin Seles sein. Aber manchmal muß ich über mich selbst lachen: Da gewinne ich die French Open, und die ganze Welt stellt mir voll wahnwitziger Hektik und Aufregung nach. Und ich hocke dann abends im Hotelzimmer über meinen Büchern.
LUIK Stress, Stress.
SELES Och, nee. Für mich ist das Ganze ein aufregendes Spiel, das mir Spaß macht und das ich auch genieße. Und wenn ich ehrlich bin, habe ich, so als Kind, mir sowieso immer gewünscht, mal groß rauszukommen – als Sängerin, das war mein Traum. Daß dann das Leben als Star so hart werden kann, das hätte ich nie gedacht.
LUIK Muß ich Mitleid mit Ihnen haben?
SELES Nein, aber es ist schon verrückt, was ich so alles erlebe: Wenn ich in einem Restaurant bin und mir gerade den Löffel in den Mund schiebe, dann klopft mir ein Unbekannter von hinten auf die Schulter und trällert: Hi! und will ein Autogramm. Manche wollen dann gleich 30 Bilder von mir und dann auch noch signiert. Was machen die damit? Machen sie damit Geld? Da esse ich dann lieber gleich auf dem Zimmer.
LUIK Boris Becker klagt, daß sein Ruhm ihm oft die Freiheit raubt, das zu tun, worauf er Lust hat.
SELES Bei Boris, oder auch bei Michael Jackson, ist das ja ganz extrem. Und bei mir scheint es ähnlich zu werden. Egal, ob ich in Tokio oder Paris bin – ich gehe einkaufen, und alle gucken, was ich anziehe; ich sage irgend etwas, und alle hören genau zu. Deshalb muß ich immer höllisch aufpassen, daß ich mich nicht verplappere: Am anderen Tag wäre das in der Zeitung eine Schlagzeile. Ich kann

auch keinen Hamburger essen und mir mit der Soße ein bißchen den Mund verschmieren: Am nächsten Tag wäre ein häßliches Bild von mir in der Zeitung. Dann gehe ich lieber nachts aus – mit einem großen Hut und beschützt von einem Leibwächter.

LUIK Allein bummeln Sie nie durch die Städte?

SELES Ich hab mir vorgenommen, das mal auszuprobieren; aber ich bin skeptisch, ob das geht, und ich hab auch ein bißchen Angst.

LUIK Ihr Aufstieg zur Nummer eins im Frauentennis verlief rasant …

SELES … wahnsinnig rasant.

LUIK Wie war das für Sie: ein Film? Ein Märchen?

SELES Ich habe gar nicht so richtig mitgekriegt, was da alles mit mir passierte. Schon im ersten Profijahr schoß ich auf Rang sechs hoch – aber für mich war doch nur das Spiel interessant; auf die Rangliste habe ich da noch gar nicht geschaut. Und ein Jahr später bin ich die Nummer eins – unglaublich! ICH und die Nummer eins! Ich wäre schon zufrieden gewesen, wenn ich jetzt, sagen wir mal, die Nummer 22 wäre.

LUIK Kaum zu glauben, wenn man Sie so als Furie auf dem Platz herumfegen sieht – berstend vor Ehrgeiz.

SELES Mir macht das Spiel einfach Spaß. Wenn ich morgens aufwache, dann denke ich nicht an Ruhm, Geld, Gewinn und den Computer. Dann denke ich an das Spiel, und wissen Sie, was ich oft noch vorm Zähneputzen mache?

Ich schlage im Hotelzimmer Tennisbälle gegen die Wand – einfach so und aus schierem Spaß am Spiel.

LUIK Aber wie Sie auf dem Platz kämpfen – statt Freude und Lust am Spiel scheint das eher eine Frage von Leben und Tod zu sein.

SELES Genauso sieht es mein Vater auch! Ich merke das aber gar nicht, daß ich so keuche und mich so verbissen anstrenge. Ich will halt jeden Ball, und dann sehe ich anschließend die Bilder von mir …

LUIK … mit entstelltem, verzerrtem Gesicht …

SELES … o mein Gott! Die gefallen mir überhaupt nicht! SPORTS hatte auch mal so eines von mir auf dem Titel – furchtbar, einfach furchtbar! So etwas würde ich am liebsten zerreißen! Das bin nicht ich!

> „Wissen Sie, was ich vorm Zähneputzen mache? Ich schlage im Hotelzimmer Tennisbälle gegen die Wand"

LUIK Wo kommt dieser unbändige Kampfeswille her?

SELES Das weiß ich auch nicht. So war ich schon immer, so bin ich auch in der Schule. Ich bin

stinksauer auf mich, wenn ich in einer Klassenarbeit nur 'ne Zwei kriege. Bei allem, was ich anpacke, bin ich auf der Suche nach der totalen Perfektion.
LUIK Sie Arme.
SELES Manchmal denke ich auch: Das müßte nicht so sein, weil es mich ein bißchen rastlos macht. Aber ich bin nun mal so – ich hab nun mal diesen Ehrgeiz, diesen Willen.
LUIK Muß man so verbissen sein?
SELES Ich kenne viele Spielerinnen, die trainieren wie die Wilden, und sie kommen nicht über Platz 100 hinaus. Sie sind im Training ganz gut, aber wenn's drauf ankommt, versagen ihnen die Nerven. Steffi, glaube ich, hat auch so einen starken Willen wie ich. Ich kann mich darin so versenken, daß mich nichts mehr stört, wenn ich auf dem Platz und im Spiel bin. Ich nehme da nichts mehr wahr – nur diesen kleinen, gelben Ball.
LUIK «Wenn man ihr gegenübersteht», meint der Trainer Boris Breskvar, «kriegt man Angst.»
SELES Eine Bombe könnte auf dem Nebenplatz explodieren, ich würde das nicht hören.
LUIK Selbst wenn Sie nicht die Nummer eins wären, wären Sie etwas Besonderes: Was hat Sie bloß auf die Idee gebracht, beidhändig Vor- und Rückhand zu spielen?
SELES Simple Antwort: Als ich klein war, hatte ich nicht die Kraft, den Schläger in einer Hand zu halten, und mein Vater hat mich bestärkt, diese unorthodoxe Spielweise beizubehalten.
LUIK Aber Tennisexperten ...
SELES ... ja, ja, ich weiß: Die klugen Tennisexperten meinen, das würde meine Reichweite einschränken. Aber ich bin die Nummer eins, und mir macht es nichts aus, wenn sie mich kritisieren.
LUIK Mit Ihrem Spiel sind Sie rundum zufrieden?
SELES Ich kann mich schon noch verbessern, ich hab noch ein paar Schwächen, die mich stören und die ich ausmerzen will. Ich verrate Ihnen jetzt ein Geheimnis: Nach Wimbledon werde ich wahrscheinlich eine kleine Pause einlegen, um meine Spielweise umzustellen.
LUIK Und zwar wie?
SELES Das verrate ich noch nicht – aber Sie werden's schon merken.
LUIK Gibt's dann die nichtstöhnende, die einhändig spielende Monica Seles?
SELES Warten Sie's doch ab, lassen Sie sich doch überraschen!
LUIK Manchmal sieht es ja zu lustig aus, wie Sie den Schläger umkrallen: wie ein Messer, um es einem Fiesling, der Ihnen Böses will, in den Magen zu rammen.
SELES Tatsächlich? Aber ich möchte über meine Spielweise gar nicht so sehr nachdenken. Ich denke, daß vor allem in Amerika zuviel Tamtam ums Tennis gemacht wird. Tennis wird da zu einer richtigen Wissenschaft hochstilisiert; für jedes Problemchen gibt's einen Spezialisten: einen Ernährungsberater, einen Sportpsycho-

logen, und diese «Experten» empfehlen einem dies, und sie raten einem jenes. Sie sagen dir, wieviel Kalorien du essen darfst und wieviel nicht.

LUIK Und Sie kümmert das alles einen feuchten Kehricht?

SELES Ja, so ziemlich. Ich esse, was ich will und wann ich will. Ich brauche keine Psychologen, die mir auf die Sprünge helfen. Klar, ich passe schon auf meinen Körper auf. Ich mache sorgfältig Gymnastik, ich lasse mich hie und da vom Arzt durchchecken. Aber für mich ist Tennis ein Spiel, keine Wissenschaft. Ich gehe auch ohne besondere Taktiken in die Spiele; ich studiere meine Gegnerinnen nicht auf Video, ich lasse sie lieber im Match auf mich zukommen.

> „In Amerika wird viel zuviel Tamtam ums Tennis gemacht. Ich brauch keine Psychologen, keine Ernährungsberater"

LUIK Aber es ist für Sie doch wohl ein Unterschied, ob Sie gegen die Nummer drei oder die Nummer 33 antreten?

SELES Bei der Nummer drei bin ich voll dabei, da bringe ich mich in die richtige Stimmung, da konzentriere ich mich total, da renne ich hinter jedem Ball her. Bei der Nummer 33 träume ich ein bißchen vor mich hin, nehme das Ganze nicht so ernst.

LUIK Graf oder Sabatini: Wer rüttelt an Ihrem Thron?

SELES Von Gaby geht die größere Gefahr aus; sie ist im Moment extrem gut drauf, denn sie ist eine wirklich komplette Spielerin. Aber ich will jetzt nicht die Stärken von Gaby oder Steffi analysieren.

LUIK Dann verraten Sie uns doch mal, wie Sie gegen Monica Seles spielen würden.

SELES Nein, das bleibt mein Geheimnis.

LUIK Falls Ihr lautes Stöhnen, wie schon genervte Spielerinnen gefordert haben, verboten würde …

SELES … dann wäre das für mich 'ne ziemliche Katastrophe. Ich brauch das einfach, ohne das geht's bei mir wohl nicht.

LUIK Die Männer spotten häufig über das Frauentennis. Der Österreicher Thomas Muster höhnt: «Manche Spielerinnen sind so dick, daß sie nicht mal richtig laufen können.» Richtige Brummer seien da am Werke.

SELES So etwas hat noch kein Spieler zu mir gesagt. Das ist doch Unsinn. Wir Frauen bieten doch ein viel spannenderes Tennis als die Männer.

LUIK Tatsächlich?

SELES Abgesehen vom Aufschlag haben die Männer doch nicht allzuviel zu bieten. Sie motzen auf dem Platz viel zuviel rum, sie legen sich zu oft mit den Schieds- und Linienrichtern an. Im Grunde ist es doch so: Seit Borg und McEnroe, dieser wirklich spannenden Rivalität, ist das Männertennis doch ziemlich langweilig geworden.

LUIK Da Sie so groß rumtönen: Spielen Sie doch mal gegen einen Mann.

SELES Wird passieren. Dieses Jahr werde ich noch einen Schaukampf gegen einen Topspieler machen, und ich glaube, ich werde gar nicht schlecht aussehen. An einem guten Tag würde ich auch den Boris Becker zum Schwitzen kriegen, wenn er ohne seinen Aufschlag spielen müßte.

LUIK Falls Sie in Bälde bloß noch die Nummer zwei oder drei wären ...

SELES ... dann würde mich das nicht sonderlich traurig machen. Am Anfang, als ich wie eine Rakete am Tennishimmel erschien, hieß es in Amerika, ich sei ein «hot flash in the pan», Strohfeuer, und manche waren echt neidisch auf mich. Aber jetzt, wo ich die Nummer eins bin, respektieren mich die Spielerinnen und ...

LUIK ... jagen Sie unbarmherzig.

SELES So sind die Regeln des Spiels, aber von diesem Druck lasse ich mich nicht zermürben. Zum einen habe ich allen bewiesen, daß ich das Zeug für die Nummer eins habe; zum anderen sage ich mir immer wieder, daß Tennis nur ein Spiel ist. Für mich ist es außerdem auch noch ein Abenteuer. Ich lasse mich von den Erwartungen anderer, seien es Journalisten oder Fans, nicht unter Druck setzen: Vom Tennis hängt mein Lebensglück nicht ab.

LUIK Wie verarbeiten Sie Niederlagen?

SELES Den totalen Blues habe ich nie. Ich rede kurz über das Spiel, höre mir Musik an, irgendwas aus den Top 40, und nach zwei Stunden ist das Match abgehakt. Meistens verliere ich ja wegen ein paar blöden Fehlern, und dann weiß ich schon, daß mir das das nächste Mal nicht mehr passieren wird.

LUIK Ihre Eltern haben viel in Sie investiert: das Leben in Jugoslawien aufgegeben, die Freunde zurückgelassen, die finanzielle Existenz an Ihren Erfolg geknüpft. Belastet Sie das manchmal?

SELES So erklären sich vor allem Psychologen meinen besonderen Ehrgeiz. Aber das stimmt nicht, das ist eine Sicht von außen. Schon als kleines Kind wollte ich jeden Tag Tennis spielen, mindestens drei Stunden lang. Meine Mutter war total dagegen, die hat sich immer furchtbar über mich aufgeregt, und ich mußte um mein Tennis kämpfen.

LUIK Aber ist es nicht ein komisches Gefühl, daß Sie als junge Frau, noch nicht mal 18jährig, Ihre ganze Familie ernähren?

SELES Ich ernähre meine Eltern nicht, es geht außerdem niemanden etwas an, woher das Geld kommt und wieviel wir haben. Ich bezahle meinen Eltern und meinem Bruder nur die Wohnung, das ist auch schon alles. Ich bezahle nicht mal meinen Vater dafür, daß er mich trainiert. Mein Pa, ein ziemlich guter Karikaturist, lebt von seinem eigenen Einkommen – es ist natürlich nicht so hoch wie meines –, aber er kriegt noch ordentlich Tantiemen von Filmen, die er gemacht hat.

LUIK Sie reisen zu jedem Turnier mit Ihrem Privat-Clan an – mit Mutter, Vater, Bruder und Hund Astro …

SELES … Ich fühle mich mit meiner Familie einfach sicherer, denn einem jungen Mädchen kann ja unterwegs soviel passieren.

LUIK Zum Beispiel, welch ein Horror, daß Sie sich in einen Jungen verlieben und plötzlich das Interesse am Tennis verlieren könnten?

SELES Blödsinn. Ich hab schon einen Freund gehabt, und ich werde wieder welche haben.

LUIK Ihre Mutter soll Liebesbriefe abgefangen haben, und Ihr Vater hat mal erklärt, daß «Liebe alles zerstören kann» und daß es «eine Katastrophe» wäre, falls Sie sich verliebten.

SELES So was soll mein Vater gesagt haben? Aber es ist für mich tatsächlich sehr schwer, jemanden zu finden, dem ich vertrauen kann. Denn ich weiß ja nie: Ist er auf mein Geld aus? Will er in die Zeitung kommen? Und wie schnell dann so häßliche Sensationsgeschichten in den Zeitungen stehen, sieht man doch an der Gaby oder vor allem an der Steffi.

LUIK «It's lonely at the top», klagt der Blues-Sänger Randy Newman: Ganz oben ist man allein.

SELES Ich hab schon noch ein paar gute Bekannte; in letzter Zeit habe ich ein paar Stars kennengelernt, Leute aus der Film- und aus der Rockszene.

LUIK Dürfen wir wissen, wen?

SELES Sag ich nicht. Ein paar von ihnen sind ganz nett, ich würde sie Freunde nennen, und manche sind ein bißchen arg eingebildet – halt so, wie man das von Stars erwartet. Aber vor allem versuche ich, meine Freundschaften von früher zu bewahren. Ich habe noch sechs Freundinnen in Jugoslawien, die mir sehr wichtig sind und die ich immer wieder besuche.

> **„Ich ernähre meine Eltern nicht. Niemand geht es etwas an, woher das Geld kommt, wieviel wir haben"**

LUIK In Jugoslawien sind Sie aufgewachsen, Ihre Tennisjugend haben Sie in Amerika verbracht, jetzt leben Sie rund um die Welt. Wenn ich jetzt zu Ihnen sagen würde: «Gehen Sie heim!» Wo würden Sie hingehen?

SELES Nach Amerika und Jugoslawien – am liebsten gleichzeitig.

LUIK Das geht nicht.

SELES Ich kann diese Frage also nicht beantworten. Ich lebe in Hotels, ich habe keine richtige Heimat, keinen Platz, von dem ich wirklich sagen kann: Hier wohne ich. Rein finanziell könnte ich mir aussuchen, wo ich wohnen wollte. Vielleicht wäre es Paris? Mir gefällt auch Deutschland. Neulich habe ich mir Monaco angeschaut – auch nicht schlecht! Und erst New York!

LUIK Was ist Amerika für Sie?

SELES Ich lebe da seit vielen Jahren, und ich habe mich an den American way of life gewöhnt. In New York kriegst du natürlich Schiß, wenn du all das Elend und die Armut siehst. In Amerika müßte soviel gemacht werden. Aber da, wo ich ein Haus habe, in Florida, ist es ruhig und friedlich, richtig paradiesisch, ganz exklusiv, schön, sich dahin zurückzuziehen – dort stört mich niemand.

LUIK Werden Sie bei den Olympischen Spielen in Barcelona als Amerikanerin oder Jugoslawin an den Start gehen?

SELES Ich weiß noch gar nicht, ob ich da starten kann. Mein Vater und ich – wie soll ich es sagen, und ich rede auch nicht darüber – haben ein kleines Problem mit dem jugoslawischen Tennisbund. Und so wie es im Moment ausschaut, gehe ich nicht für die an den Start.

LUIK Dann gibt's nur eins: Amerikanerin werden.

SELES Ich bin Jugoslawin, ich bin immer wieder in diesem Land; ich will die Menschen dort nicht verletzen. Ich glaube also schon, daß ich Jugoslawin bleibe. Ich würde natürlich gern an den Olympischen Spielen teilnehmen – einfach als der Mensch Monica Seles, der, das wäre herrlich, eine Goldmedaille gewinnt.

LUIK Als Mats Wilander im Herrentennis die Nummer eins wurde, war's mit seinem Tennisleben vorbei: Er konnte sich nicht mehr motivieren. Noch nicht mal 18jährig, haben Sie im Tennis so ziemlich alles erreicht. Was für Ziele haben Sie noch?

SELES Ich will, ganz im Ernst, ein Jahr lang mal alle Turniere gewinnen. Das hört sich verrückt an, aber ich glaube, es ist möglich. Wenn ich das geschafft habe, höre ich auf; vielleicht höre ich ja schon auf, wenn ich den Grand Slam gewonnen habe – ihn will ich haben, der reizt mich viel mehr als all das Geld, das ich mir zusammenspiele. Und noch etwas motiviert mich: Für mich ist es eine schöne Vorstellung zu wissen, daß in der fernen Zukunft, wenn ich schon längst nicht mehr lebe, Kinder in Tennisbüchern mal über mich lesen können; ich will in die Tennisgeschichte eingehen.

LUIK Haben Sie sonst noch Wünsche?

SELES Ich glaube, ich werde mir demnächst einen kleinen Traum erfüllen und mir einen Lamborghini kaufen. Bei dem Auto gefällt mir einfach, wie sich da die Türen öffnen.

Monica Seles

Geboren am 2. Dezember 1973 in Novi Sad/Jugoslawien. Seles ist eine Spezialistin für Premieren: Mit 17 Jahren, drei Monaten und neun Tagen war sie die Jüngste an der Spitze der Damen-Weltrangliste. Und keine hat so früh so viel Geld verdient: Rund 20 Millionen Mark ist sie ihren Sponsoren bisher wert; mit einem offiziellen Preisgeld von mehr als 2,5 Millionen Mark liegt Seles bereits unter den ersten zehn der ewigen Bestenliste. Eine außergewöhnliche Erfolgsstory: Schon mit neun Jahren spielte Seles um die Landesmeisterschaften; sie gewann – gerade zehn Jahre alt – auch 1984 in Paris die Europameisterschaften der Zwölfjährigen; 1985 wurde das Kind jugoslawische «Sportlerin des Jahres» und siegte in Miami im Turnier der Zwölfjährigen, den Juniorenweltmeisterschaften. 1986 zog die Familie Seles nach Florida, wo die 1,62 Meter große und 45 Kilo schwere Schülerin bei Tennis-Coach Nick Bolletieri den letzten Schliff erhielt. Der bundesdeutsche Bundestrainer Klaus Hofsäss orakelte damals: «Monica braucht mit ihrem Spiel zuviel Energie, weil sie ständig mit voller Wucht spielt und zudem wegen ihrer Beidhändigkeit eine geringe Reichweite hat. Sie wird unter die ersten zehn kommen, aber wie alle Bolletieri-Schüler schnell ausbrennen.» 1990, kurz nach ihrer Trennung von Bolletieri und inzwischen zehn Zentimeter größer, gewann Seles mit 16 Jahren die Französischen Meisterschaften in Paris und düpierte Steffi Graf mit 7:6 und 6:4.

Ich fühle mich sauwohl

Jürgen Klinsmann

Bücher liest er nicht, er kann sich nicht so lange konzentrieren. Er sagt: In meinem Leben ist so viel los. Morgens in Cernobbio am Tresen stehen und Cappuccino schlürfen, bei seinem Italiener, das mag Jürgen Klinsmann am liebsten; ein kräftiger Schluck und dann noch einen, mit Bäcker Francesco plaudern, über Fußball, natürlich, aber auch über die Brotsorten, ein bißchen rumschäkern, ach, das Leben hier in bella Italia ist doch schön, einfach herrlich, und dann den «Corriere della Serra» durchblättern. Ach, das Leben hier in Italien ist doch herrlich. Daß die Verteidiger mit Macht nach seinen Beinen, die Tore schießen, 14 in der letzten Saison, grätschen, tackeln, hackeln – was soll's? So ist das Spiel. Der Grat zwischen Triumph und Tragödie ist schmal; ein Fehl-Tritt kann für ihn, der nur mit gesundem Körper König ist, der Absturz sein – was soll's. Fußball ist mein Beruf, sagt Klinsmann, nicht mein Leben, nicht mal die schönste Nebensache, und irgendwie geht es ja immer weiter. Ich hab ausgesorgt, sagt er, schon längst.

LUIK Herr Klinsmann, können Sie eigentlich noch lesen, was über Sie seit Jahren geschrieben wird? Daß Sie so lieb, so nett, so brav sind, so porentief sauber, unverschämt locker und …

KLINSMANN … Moment mal: In den letzten Monaten standen da ganz andere Sachen in den Zeitungen – von wegen lieb, da hatte ich eine ziemlich negative Presse.

LUIK Ich erinnere mich: Sie haben sich geweigert, dem Papst die Hand zu schütteln.

KLINSMANN Ach, wieder so eine Zeitungsente, ein Witz, aber ein gefährlicher in einem so katholischen Land wie Italien.

LUIK Beim päpstlichen Segen, hat die «Bild»-Zeitung behauptet, hätten Sie sich «klammheimlich verzogen».

KLINSMANN Unsinn. Wir Inter-Spieler waren zu einer Audienz in den Vatikan eingeladen, wir standen da in zwei Reihen Spalier. Der Papst ist an uns vorbeigelaufen, er hat mir, gleichzeitig mit einem anderen Spieler, die Hände geschüttelt. Hinter uns haben die Spielerfrauen gedrängelt, die ihn natürlich sehen wollten. Und ich hab gedacht, daß der Papst für sie als Italienerinnen etwas ganz Besonderes ist und hab deshalb gesagt: «Kommt nach vorn, schaut ihn euch an.» Und das haben dann ein paar Journalisten so ausgelegt, als ob ich mich vom Papst distanzieren wollte. Für die «Bild»-Zeitung war das ein gefundenes Fressen – die hat das natürlich groß rausgebracht.

LUIK An Ihrem engelsgleichen Image hat das nichts geändert: Sie sind noch immer der Traum jeder Schwiegermutter, everybody's darling.

KLINSMANN Ich stecke da in einer Schublade, aber das hängt auch damit zusammen, daß die Medien von mir und meinem Privatleben so wenig wissen. Außerdem habe ich noch nie große Lust gehabt, irgendwie Aufstände zu inszenieren oder ein großes Theater zu machen. Ich hab noch nie große Probleme mit meinen Trainern gehabt und …

LUIK … kurz: Sie sind eben der brave Bäckersbub aus der schwäbischen Kleinstadt Geislingen.

KLINSMANN Brav, brav – Sie lieben das Wort? Was stört Sie daran?

LUIK Bei Ihnen habe ich das

Gefühl, daß Sie genau das schöne Bild nachleben, das die Medien von Ihnen einmal entworfen haben: daß Sie ein perfektes Kunstprodukt sind.

KLINSMANN Nein, nein. Ich lebe so, wie ich will, und ich bin einfach so, wie ich bin – wohl so wie die meisten in meinem Alter, da ist nichts Spektakuläres. Genau wie sie zieh ich schon mal nachts durch die Kneipen, haue mir ein paar Nächte um die Ohren und hab auch mal den einen oder anderen Rausch. Aber sobald ich merke, daß darunter meine Leistung leidet, sage ich: Stop! Denn ich will gut sein im Fußball, ich liebe dieses Spiel.

LUIK Hassen Sie es auch manchmal?

KLINSMANN Es gibt schon so Phasen, wo ich mir sage: Mensch, mußt du das alles schlucken? Mußt du dir soviel gefallen lassen? Ist es das wert?

LUIK Sagen Sie mal: Warum werden Fußballprofis wie unmündige Kinder behandelt? Warum werden sie selbst am Tag vor Heimspielen kaserniert?

KLINSMANN Das ist so ein Punkt, der mich tatsächlich stört. Denn ich würde mich auf dem Platz sicher lockerer fühlen, wenn ich den Abend vorm Spiel so verbringen könnte, wie ich das gern wollte. Aber der Fußball ist ein gewaltiger Wirtschaftszweig, ein Riesengeschäft geworden, bei dem die Verantwortlichen die Risiken möglichst klein halten wollen. Und da ist dann die Angst in den Köpfen, daß die Spieler mit ihrer Freiheit falsch umgehen, über die Stränge schlagen und am Abend vorm Spiel noch 'ne Tour durch die Kneipen machen würden.

LUIK Man sollte doch meinen, Profis wüßten genau, was gut für sie ist.

KLINSMANN Die Vergangenheit hat leider oft das Gegenteil bewiesen. Meinetwegen kann jeder machen, was er will. Er kann sich die Nacht um die Ohren hauen, aber wenn der Anpfiff kommt, muß er Gas geben können – da erwarte ich von jedem die volle Leistung.

LUIK Sie müssen schon als Kind ein Ehrgeizling gewesen sein. Ein Jugendfreund hat den Jung-Kicker Klinsmann mal als «brutal ehrgeizig», «übertrieben ehrgeizig» und «besessen» beschrieben.

KLINSMANN Als Kind, auch noch als Jugendlicher war ich tatsächlich besessen. Ich wollte Tore schießen, einfach nur Tore schießen; ich wollte Fußball spielen, Tag und Nacht. Auch in der Pubertät, wo wohl jeder schwierige Phasen durchmacht, gab es für mich immer den Fußball: Er half mir immer, ließ mich nie im Stich. Wenn es Trouble in der Schule gab, saß ich in meiner Bank und hab geträumt, wie schön heute abend das Training sein wird – die Lehrer konnten mir dann nichts mehr anhaben.

LUIK Tut es Ihnen manchmal leid, daß Sie wegen des Fußballs das Abitur nicht gemacht haben?

KLINSMANN Sicher, und wie! Hätte

ich Latein gelernt, hätte ich jetzt weniger Probleme mit dem Italienisch gehabt. Hätte ich das Abitur, könnte ich ohne Probleme studieren – etwas, was ich ja vielleicht noch irgendwann machen will. Ich hatte noch nicht mal die Mittlere Reife, da hatte ich – ich war noch keine 16 – schon ein Vertragsangebot von den Stuttgarter Kickers.

LUIK Das hört sich an, als seien Sie darüber traurig.

KLINSMANN Nein. Und wenn ich nochmals von vorne anfangen könnte: Ich würde wieder diesen Weg wählen. Denn der Fußball hat mir die einmalige Chance gegeben, das zu erreichen, was nur wenige und schon gar nicht in meinem Alter schaffen: wirklich unabhängig zu sein. Mir kann niemand sagen: Mach dies und mach jenes! Ich bin frei. Ich bin mein eigener Herr.

LUIK Schöner Traum. Aber Ihr Boss, der Herr Pelligrini, kann Ihnen sehr wohl Befehle erteilen; er kann Sie zu diesem oder jenem PR-Termin antreten lassen – sogar, was Sie gar nicht mögen, rausgeputzt im blauen Vereinsblazer mit weißem Hemd und dunkler Krawatte.

KLINSMANN Wenn ich die paar Zwänge, denen ich ausgesetzt bin, mit denen in anderen Berufen vergleiche, dann habe ich verdammt viel Glück gehabt – ich habe einen verdammt schönen Beruf.

LUIK Bei dem Sie jeden Sonntag im Gerangel mit den Rambos und den Kloppern der Liga Ihre Gesundheit riskieren.

KLINSMANN Nee, nee – so empfinde ich das überhaupt nicht. Und wenn ich dann noch sehe, was ich im Vergleich zu anderen, die am Fließband stehen oder im Büro sitzen müssen, für einen Arbeitsaufwand habe ...

LUIK ... vier, fünf Stunden pro Tag?

KLINSMANN Anderthalb Stunden, schätze ich mal. Aber was heißt hier Arbeit? Mir macht es ungeheuren Spaß, den Ball durch die Gegend zu hauen. Heute haben wir zwar zweimal trainiert, aber dafür haben wir morgen frei. Das ist ziemlich wenig Aufwand im Vergleich zu Turnen, Zehnkampf oder Ballett.

> „Mir sagt niemand: Mach dies, mach jenes! Ich bin frei! Ich bin mein eigener Herr!"

LUIK Aber dafür auch merklich besser bezahlt.

KLINSMANN Um das geht's ja.

LUIK Fast alle Leistungssportler, abgesehen von den Fußball- und Tennisprofis, studieren neben ihrem Sport, sie gehen zur Schule, haben ein normales

Leben. Warum nützen die Fußballprofis ihre freie Zeit kaum aus?

KLINSMANN Es gibt schon ein paar, etwa der Jürgen Hartmann vom VfB oder Rainer Zietsch von Bayer Uerdingen, die nebenher noch studieren. Ich gebe zu, das sind die Ausnahmen. Ich denke, als Fußballprofi hat man in jungen Jahren schon relativ viel Geld, alles wird einem erleichtert – und das macht bequem und träge. Deswegen war für mich auch dieser Wechsel nach Italien so wichtig. Das hat mich aus dem Trott herausgebracht, das hat mich in so vielen Bereichen gefordert: eine neue Sprache lernen, mit einer anderen Mentalität zurechtkommen. Diese neue Lebenserfahrung ist mir viel wichtiger als Tore.

LUIK Wirklich?

KLINSMANN Ja, sicher. Ich bin nicht fußballverrückt, nicht besessen. Das Leben jenseits des grünen Rechtecks ist für mich wichtiger. Wenn die Sonne scheint, fahre ich raus in die kleinen Dörfer. Paolo Stringara und ich, manchmal ist auch Ruud Gullit mit dabei, wir hocken dann in der Bar an der Piazza und gucken einfach und genießen – dieses ganz andere Leben. Wie die kleinen Jungs versuchen, nur auf dem Hinterrad fahrend, kleinen Mädchen zu imponieren; wie die alten Männer lautstark debattieren – über den Wein oder das Lokalderby von gestern. Es ist ein Spaß für mich, das alles zu beobachten …

LUIK … und die Frauen?

KLINSMANN Nichts gegen den kleinen Flirt …

LUIK Sie sind mit Ihrem Leben hier zufrieden?

KLINSMANN Total.

LUIK Und glücklich?

KLINSMANN Total.

„Es ist ein Spaß, das andere Leben zu beobachten"

LUIK Und wenn die Kommentatoren an Ihnen herumnörgeln, weil Sie wieder mal kein Tor gemacht haben …

KLINSMANN … dann stört mich das nicht allzusehr.

LUIK Wie bitte?

KLINSMANN Ich hab da im Laufe der Jahre eine unheimliche Ruhe und eine ziemliche Gelassenheit entwickelt. Ich bin von diesen Toren nicht abhängig. Ich hab auch keine Angst, mal über einen langen Zeitraum keine Tore zu machen, das hat mir noch nie schlaflose Nächte bereitet.

LUIK Doch in Ihrem Jubel, Ihrem Überschwang nach einem Torschuß drückt sich doch aus, was für eine Last Ihnen vom Herzen fällt.

KLINSMANN So ein Tor ist einfach ein geiles Gefühl.

LUIK Es ist wie beim Sex?

KLINSMANN Blödsinn.

LUIK Genauso haben Sie das aber einmal beschrieben.

KLINSMANN Das war in einem «Playboy»-Interview, das war ironisch und als Gag gemeint, aber denen hat das so in den Kram gepaßt. So ein Tor ist das Salz in der Suppe, so fühlt sich wahrscheinlich der Boris nach einem Matchball – und dieses Gefühl lasse ich aus mir raus, einfach raus.

LUIK Sie gelten ja als der schönste Jubler. Staunen Sie manchmal selber über sich, wie Sie da über den Rasen fegen – wie ein Verrückter?

KLINSMANN Ich kann da gar nicht anders, ich muß diese ganzen Gefühle aus mir rauslassen. Der Druck, der sich aufgestaut hat, explodiert, und ich fühle mich dann total befreit. Und ich will dieses Feeling dann mit den Zuschauern genießen und mit ihnen teilen. Das ist wahnsinnig, wie das in Mailand ist: Da hocken 80 000 Fans dicht am Rasen, und da geht dann plötzlich so ein Kessel hoch – als ob der Vesuv explodiert, die heiße Lava kocht über, es brodelt, tönt und dröhnt. Bei den Italienern ist das ja alles so extrem, die gehen ja auch voll aus sich raus, werden noch verrückter, und das ist dann eine ungeheure Spannung zwischen dir und dem Publikum. Ich gebe ihnen was, die Fans geben mir was: Das ist ein wahnsinniges Feeling. Ich brauch das; ich saug das in mich auf; ich registrier alles; ich spür genau, was auf der Tribüne abgeht; ich höre die Gesänge, und wenn sie anfangen zu tanzen – das alles turnt mich an.

LUIK Hier bei Inter Mailand: Sie sind am Ziel Ihrer Träume angelangt?

KLINSMANN Was meine Fußballkarriere betrifft: Für mich gibt es da überhaupt keine Steigerung mehr. Gut, es gibt vier, fünf Clubs in Europa, die noch auf einem ähnlichen Level spielen wie Inter: AC Mailand etwa, Juventus Turin, FC Barcelona und Real Madrid, auch Bayern München – aber die reizen mich nicht; auch die Bundesliga ist für mich kein Thema mehr, überhaupt nicht. Ich fühle mich bei Inter sauwohl.

LUIK In keiner Liga dreht sich das Personenkarussell so schnell wie hier. Der Traum kann in Italien ganz schnell zum Alptraum werden und …

KLINSMANN … das stört mich nicht. Da habe ich keine Angst.

LUIK Sie können blitzschnell verkauft und in die Provinz abgeschoben werden.

KLINSMANN Das kann mit mir nicht passieren. Der Verein kann da gar nichts machen. Ich hab meinen Vertrag so aufgesetzt, daß ich alle Möglichkeiten habe, selbst im schlechtesten aller denkbaren Fälle. Wenn also der Verein zu mir käme und sagen würde: «Jürgen, du bist nicht mehr gut genug für uns, und wir kaufen deshalb einen anderen Spieler», dann sag ich: «Ckay, ihr kennt meine Kontonummer, und ihr wißt, was ihr mir noch zu bezahlen habt.» Und wenn ich das noch wollte, könnte ich mir einen anderen Club aussuchen.

LUIK Sie haben also keine Angst, wie etwa Hansi Müller oder auch Michael Laudrup von einem Verein zum nächsten geschoben, wie eine Handelsware zweiter oder dritter Klasse verhökert zu werden?

KLINSMANN Einfache Antwort: nein.

„Ich kann nicht anders, ich muß die ganzen Gefühle aus mir herauslassen"

LUIK Am grünen Tisch, beim Verhandlungspoker also, waren Sie clever. Halten Sie sich auch auf dem Rasen für einen ganz Großen?

KLINSMANN Wie meinen Sie das?

LUIK Manchmal sieht es doch ziemlich ungelenk aus, was Sie da am Ball vorführen: Er springt Ihnen meterweit weg, und statt daß Sie Kunst am Ball zelebrieren, macht der Ball mit Ihnen, was er will.

KLINSMANN Das sehe ich überhaupt nicht so. Sicher, ich spiel nicht jeden Tag gleich gut, ich bin ja kein Roboter. Ich spiele risikoreich, und ich habe manchmal so viele überraschende Ideen im Kopf, daß ich selber nicht genau weiß, was ich im nächsten Moment mache. Und da kann es dann schon mal passieren, daß mit der Koordination etwas nicht stimmt.

LUIK Nach dem großen Solo-Auftritt im Hollandspiel stimmte bei Ihnen bei der WM so manches nicht mehr. Haben Sie da nicht befürchtet, daß Deutschland ohne Sie Weltmeister werden könnte?

KLINSMANN Meinen Sie, ob ich Angst hatte, fürs Finale nicht aufgestellt zu werden? Nein, denn ich war mit meiner Leistung zufrieden. Die große Ausnahme war das Halbfinalspiel gegen England, da lief manches wirklich schlecht, da habe ich teilweise tatsächlich Mist zusammengekickt.

LUIK Was ging eigentlich nach dem WM-Sieg in Ihnen vor? Sie haben sich ja im Bus, der Sie zurück ins Trainingslager brachte, wie irre gebärdet. Klaus Augenthaler saß völlig ruhig da; Thomas Häßler war so verschüchtert, als ob man ihm den Sieg wieder wegnehmen wollte. Und da waren Sie: Ihre Augen drohten aus den Höhlen zu springen, Ihr Hals war vom Lachen so aufgebläht wie bei Mike Tyson, und Sie haben rumgebrüllt, als ob Sie bei einer Schreitherapie wären.

KLINSMANN Wie hatten das Bedeutendste, was ein Fußballer in seiner Karriere erreichen kann, geschafft. Wir hatten das Ziel erreicht, wovon wir seit Jahren geträumt hatten, ein Ziel, auf das du immer gestarrt hast. Und ich wollte die unbändige Freude darüber einfach rauslassen. Aber in allererster Linie war ich einfach froh, daß endlich, endlich alles vorbei war. Daß dieser WM-Marathon vorüber war. Denn kaum jemand kann sich wohl vorstellen, was es – zumindest für mich – heißt, neun Wochen lang, immer, immer mit den gleichen Leuten zusammen zu sein. Daß das vorbei war, darüber war ich erleichtert – deshalb dieser Ausbruch.

LUIK Die WM war ein Milliardengeschäft. Und wenn Uli Hoeneß über Fußball redet, spricht er kaum über den Sport, vielmehr ist dann von Märkten, Einschaltquoten, Bilanzen und Profit die Rede. Sehen Sie die Gefahr, daß das viele Geld den Fußball langsam auffrißt?

KLINSMANN Natürlich ist Fußball ein wahnsinniges Geschäft geworden. Aber daß deswegen, wie der argentinische Trainer Menotti mal gemeint hat, die Faszination des Spiels kaputtgehen würde, halte ich für absolut dumm. Denn in dem Moment, wo du auf dem Platz stehst, interessiert es dich nicht mehr, ob du 10 000 Mark Prämie kriegst oder 100 000 Mark. Ich jedenfalls hoffe, daß das Geld den Charakter des Spiels nicht ändert.

LUIK Also nicht Sieg um jeden Preis und für den eigenen Marktwert?

KLINSMANN Unsinn – aber glauben Sie mir: Mir macht es auch keinen Spaß, wenn ich im Laufe eines Spiels vier, fünf Schläge ins Gesicht kriege, und dann stößt dir noch einer in den Magen, und wieder ein anderer tritt dir ganz zufällig drüber mit dem Fuß. Das kann sich dann schon so weit summieren, daß du sagst: «Freundchen, paß auf, jetzt kommt die Antwort.» Und die kommt dann bestimmt. Dann gibt es einen Schlag zurück. Aber es gibt Grenzen, die nicht überschritten werden dürfen. Ich bin deshalb absolut dafür, daß Von-hinten-Reinrutschen mit der roten Karte geahndet wird – sofort. Und wenn einer allein aufs Tor zugeht, und dann wird die Notbremse gezogen – keine Frage: Der Täter muß vom Platz. Fußball ist ein harter Sport, ich spür das ja an meinen eigenen Knochen: Je mehr Erfolg ich hatte, desto härter wurde gegen mich gespielt. Jetzt nach der WM war es ganz extrem – aber da stellst du dich drauf ein. Aber ich denke, daß sich dieser Einsatz von der normalen Berufswelt nicht allzusehr unterscheidet. Das Ellenbogendenken herrscht doch überall. Wir leben nun mal in einer Leistungsgesellschaft.

LUIK Hat Sie in letzter Zeit etwas so aufgeregt, daß Sie meinten, dagegen müsse demonstriert werden?

KLINSMANN Nehmen wir den Golfkrieg: Daß da ein Krieg geführt wurde, ist schon so pervers genug, daß es da Gründe genug gibt, um auf die Straße zu gehen.

LUIK Haben Sie es gemacht?

KLINSMANN Nein. Aber ich habe mich aufgeregt, daß über Jahre hinweg der Irak von allen Seiten mit Waffen beliefert wurde – all diese Länder sind an diesem Krieg schuld. Für mich ist schon der Moment, wo du Waffen produzierst und Waffen exportierst, Beihilfe zum Mord.

LUIK Und am 17. Januar, als die ersten Bomben auf Bagdad fielen, wurde Fußball gespielt, als wäre nichts geschehen?

KLINSMANN Bei uns wurde sogar darüber diskutiert, den Spielbetrieb einzustellen.

LUIK Tatsächlich?

KLINSMANN Ja, wir haben uns das überlegt – aber hätte das am Krieg etwas geändert?

LUIK Wohl kaum. Es wäre halt eine symbolische Geste gewesen, die vielleicht die Kritik entkräften würde, daß Fußball funktionalisiert wird – um die Menschen von ihren Problemen abzulenken.

KLINSMANN Das ist doch eine positive Sache. Es ist doch was Schönes, wenn der Sport dir die Möglichkeit gibt, Spannungen, die in dir sind, abzubauen. Nehmen Sie doch mal die Bundesliga: Da hat der Fußball die Chance, den Leuten im Osten zu helfen. Die hohe Arbeitslosigkeit, die Armut, die Existenzangst, was sich da an sozialen Spannungen zusammenbraut: Der Fußball kann da zu einem wichtigen Ventil für die Menschen werden, daß sie wenigstens für ein, zwei Stunden ihrer Tristesse entgehen und Freude erleben können.

LUIK «Die Menschen werden kontrolliert, indem man ihnen Vergnügen zufügt», heißt es in dem düsteren Zukunftsroman «Schöne neue Welt» von Aldous Huxley.

KLINSMANN Ich will damit ja nicht sagen, daß Fußball Opium fürs Volk sein soll. Aber ich denke, daß Fußball ein bißchen helfen kann, daß weniger Leute zur Flasche greifen oder sich aus voller Verzweiflung Rauschgift reinhauen.

LUIK Sport wird immer mehr zu einer Profilierungsbühne für Politiker. Wenn man sieht, wer da immer so auf der Ehrentribüne rumsitzt …

KLINSMANN Das ist mir völlig egal, ob da der Herr Politiker X oder die ganz wichtige Politikerin Y herumsitzt. Sie haben das gleiche Recht wie jeder andere, sich ein Fußballspiel anzuschauen.

LUIK Und wie war das für Sie, als Bundeskanzler Kohl nach dem WM-Sieg zu Ihnen in die Umkleidekabine kam?

KLINSMANN Ich hab ihn kaum gesehen, kaum registriert. Der war halt da – ich hab trotzdem weitergegrölt und weitergefeiert.

LUIK Was erwarten Sie von einem Politiker?

KLINSMANN Ganz einfach: Mehr Verantwortung für unsere Umwelt, für diesen Planeten, der im Sterben liegt und für den es fünf nach zwölf ist.

LUIK Wie empfinden Sie das, mit

dem möglichen Ende des Planeten konfrontiert zu sein?

KLINSMANN Angst hast du ja nur, wenn du die furchtbaren Dinge direkt am eigenen Leib erfährst. Ich weiß: Dort unten am Golf brennen jetzt die Ölquellen. Aber das macht mir hier am Comer See, wo wir jetzt sitzen, keine allzugroße Angst. Hier ist es ein schöner Tag, die Sonne scheint, nachher fahre ich zum Training, und ich will jetzt auch nicht immer mit der Angst rumrennen, daß die Welt untergeht.

LUIK Was macht Ihnen Hoffnung?

KLINSMANN Ich hab prinzipiell eine positive Lebenseinstellung und finde, daß jeder sein eigenes Gleichgewicht finden muß, Tag für Tag.

LUIK Und das heißt?

KLINSMANN Ich will mir mein Leben nicht verkomplizieren, ich will abends ins Bett gehen und zufrieden und im reinen mit mir sein.

LUIK Das will doch jeder.

KLINSMANN Ich hab 'ne ziemlich einfache Lebensphilosophie, ich kann sie vielleicht am besten mit einem Film erklären, den ich neulich gesehen habe: «Der mit dem Wolf tanzt». So wie da die Indianer leben, natürlich ist das ein bißchen verklärt, zeigt mir, wie wenig man eigentlich zum Leben und zum Glücklichsein braucht.

LUIK Sie haben gut reden. Sie haben Geld zuhauf.

KLINSMANN Für mich ist es tatsächlich leichter, so etwas zu sagen als für jemand, der acht Stunden am Fließband steht und Probleme hat, seine Miete zu bezahlen. Aber wird deshalb unwahr, was ich sage? Gut, ich bin finanziell unabhängig. Ich muß beim Einkaufen nicht auf die Preisschilder schauen. Ich könnte mir, wenn ich wollte, fünf Stereoanlagen kaufen – aber ich brauch das nicht.

LUIK Was ist Luxus für Sie?

KLINSMANN Daß ich mir gedanklich, ohne es tatsächlich besitzen zu müssen, so ziemlich alle Wünsche erfüllen kann. Und dann einfach mein Leben – ein Traum, ich bin happy: Ich hab eine schöne Wohnung hier am Comer See, 180 oder 200 Quadratmeter groß. Ich kann dreimal essen, ohne auf die Rechnung zu schauen. Ich habe mehrere Autos – einen Golf, ein Käfer-Cabrio, einen kleinen Jeep mit Allrad.

LUIK ... der ökobewußte Alternativkicker ...

KLINSMANN ... weiß, daß das natürlich ein Mordsfuhrpark ist.

LUIK Zumal für einen sparsamen Schwaben.

KLINSMANN Ach was! Ich verbrauch im Monat keine zehn Prozent meines Gehalts.

LUIK Helfen Sie mir beim Rechnen!

KLINSMANN Abgesehen von den Versicherungen und all dem Zeugs: Mal reichen mir 2000, mal 5000 im Monat; das kommt darauf an, wieviel Zeit ich habe, wie oft ich in Geschäfte gehe, wie viele Klamotten ich kaufe.

LUIK Sind es nun ein oder zwei Millionen Mark, die Sie pro Jahr verdienen?

KLINSMANN Über Geld möchte ich nicht reden. Und es spielt auch, glaub ich, keine Rolle, ob es 500 000, eine oder zwei Millionen Mark sind.

LUIK Solche Summen kennt der Normalbürger allenfalls vom Lotto.

KLINSMANN Ich weiß natürlich, daß die meisten Fans nie soviel haben werden wie ich. Manchmal frage ich mich schon, ob diese Diskrepanz gerechtfertigt ist – aber ich schäme mich nicht für mein Geld.

LUIK Sondern lassen es klug für sich arbeiten?

KLINSMANN Da kommt wohl der Schwabe in mir durch. Ich lege es sehr konservativ an – nicht in Aktien, sondern in Immobilien. Ich habe mehrere Häuser in Deutschland, und ich könnte schon allein von den Mieteinnahmen leben – ein beruhigendes Gefühl.

LUIK Sie sind das Kontrastprogramm zu den Möllers oder den Häßlers: Sie sind einer der wenigen Fußballprofis, die nicht im Würgegriff von Managern, Beratern oder sonstigen Abzockern sind.

KLINSMANN Ich habe das Glück gehabt, daß ich langsam in den Fußball hineingewachsen bin und so gelernt habe, mich in diesem Dschungel zu behaupten. Daß da so viele sogenannte Manager im Busch rumtrommeln, stört mich. Es stört mich, wie sie den jungen Spielern versprechen, sie wirklich optimal zu verkaufen.

LUIK Antonio Caliendo, Italiens größter Spielervermittler, meint, Sie seien «ein tragischer Fall». Sie würden sich zu «80 Prozent unter Wert» verkaufen.

KLINSMANN Da kann ich bloß lachen. Ich brauche nicht 80 Prozent mehr, damit ein gewisser Herr Caliendo 30 oder 50 Prozent davon abschöpft.

LUIK Richtig gemanagt, meint Caliendo, könnten Sie nicht nur in «die Geschichte eingehen», sondern auch «die Leitfigur für eine neue, umweltbewußte Welt» werden. Sie hätten das Zeug für einen richtigen Weltstar.

KLINSMANN Ich hab kein großes Interesse, in die Geschichte einzugehen. Ich habe keine Lust auf dieses ganze Spiel und auf das, was da von dir dann verlangt wird – ein Fernsehauftritt hier, ein Fernsehauftritt da. Ich bin kein Stück Seife, das sich nach Belieben formen läßt. Und ich möchte nicht als mein eigenes Denkmal rumlaufen und hören, wie die Leute sagen: Da kommt der Klinsmann.

„Ich habe kein großes Interesse, in die Geschichte einzugehen"

LUIK Sie wollen wieder in der Anonymität der Masse verschwinden?

KLINSMANN Ja, ja! Ich habe keinen Bock, nach meiner Karriere noch großartig im Rampenlicht zu stehen. Und in einer Sache kann ich Sie schon jetzt beruhigen: Ich werde auch nicht die Tingeltangeltour durch die Talkshows machen, wo es dann heißt: «Hier kommt der ehemalige Weltmeister – Jürgen Klinsmann!»

> „Ich bin kein Stück Seife, das sich nach Belieben formen läßt"

LUIK Der Rummel um Ihre Person: Geht er Ihnen auf die Nerven?

KLINSMANN Klar. Ich könnte jetzt nicht in Mailand die Straßen runtergehen, ich wäre sofort umlagert von Fans und müßte Autogramme geben. Ich kann auch nicht nachts in eine Disco oder eine Kneipe gehen, weil ich keine Ruhe für mich finden würde; außerdem würde es am nächsten Tag in der Zeitung stehen. Ich muß mir also genau überlegen, wann ich was mache: Wann ich etwas für meine Wohnung brauche, wann ich einkaufen gehe.

LUIK Was ist denn die beste Uhrzeit?

KLINSMANN Zwischen 13 und 13.30 Uhr gehe ich in den Supermarkt, da ist der leergefegt; denn die Italiener sind dann zu Hause beim Essen. Gehe ich aber um fünf Uhr einkaufen, dann vergesse ich die Hälfte, weil die Hektik einfach zu groß ist.

LUIK Was ist Italien für Sie?

KLINSMANN Ich fühle mich hier pudelwohl. Ich liebe die Sprache, mir gefällt die Eßkultur, ich mag, wie die Italiener Auto fahren, daß sie so spontan, so locker sind, auch so unaggressiv. Ich liebe, wie sie diskutieren. Diese grandiose Gestik – so völlig unschwäbisch. Es ist ja kein Zufall, daß die Oper aus Italien kommt – diese große, dramatische italienische Gestik, überall auf der Straße siehst du sie. All das gefällt mir, auch diese verspielte Mentalität von Bluffern. Daß die Italiener – ich meine das jetzt positiv – so kleine Schlawiner sind: Da mußt du immer hellwach sein, sonst wirst du übers Ohr gehauen. Ob ich 20 oder 50 oder 100 Tore schieße, ist nichts im Vergleich zu dem, was ich hier an Lebenserfahrung gewinne – davon werde ich mein ganzes Leben zehren.

LUIK Abgesehen von der Lebenskunst: Fasziniert Sie auch der italienische Fußball?

KLINSMANN Es hört sich wie ein altes Klischee an: Aber die Stimmung ist hier tatsächlich etwas ganz Besonderes – die Fans gehen im Spiel total mit, da ist eine unglaubliche Identifikation. Fußball ist hier mehr als Fußball, er ist Teil einer lebendigen Volkskultur, Fußball wühlt hier die Volksseele auf: Riesengroß ist die Euphorie, und abgrundtief kann die Enttäuschung sein. Und diese aufputschende, mitreißende Stimmung schlägt auf die Spieler durch: Wenn es gut läuft, ist hier alles super, dann ist es ein Traum, wirklich angenehm. Aber wehe, wehe, es läuft mal schlecht, dann kann der Traum schnell zum Alptraum werden – zumindest für sensible Gemüter.

LUIK Thomas Häßler kann wohl Trauerarien anstimmen.

KLINSMANN Der hat bei Juventus eine überragende Vorrunde gespielt, er war der beste Spieler. Aber jetzt, wo es bei Juventus schlecht läuft, muß ein Sündenbock her – so ist das Spiel. Der Thomas ist da im Augenblick der Dumme.

LUIK Was sind denn die Hauptunterschiede zwischen dem italienischen und dem deutschen Fußball?

KLINSMANN In Italien zählt nur das Endergebnis. Wenn es 1:0 steht, dann versuchen die nicht, noch ein Tor zu machen. Das nervt mich manchmal ungeheuer, da brodelt es in mir, da brülle ich dann wie ein Bekloppter auf dem Platz oder in der Kabine rum. Neulich in Parma haben wir 0:0 gespielt, wie hätten gewinnen können, aber da fehlte der letzte Wille zum Sieg. Mit einem Unentschieden auf fremdem Platz sind die hier vollauf zufrieden – mich nervt das, und die wundern sich: Was hat er denn bloß?

LUIK Fußball in Italien – ein großer Mythos? Die Liga ist hochverschuldet: AS Bologna steht zum Verkauf an; AS Rom steht mit 30 Millionen Mark in der Kreide, immerhin fast der doppelte Jahresetat von Bayern München.

KLINSMANN Es ist eine Liga, die auf Pump lebt. Aber lebt sie deswegen über ihre Verhältnisse? Das glaube ich kaum, denn sie schaffen es immer wieder, den Kopf aus der Schlinge zu ziehen. Das hängt einfach mit dem Fußballenthusiasmus in diesem Land zusammen. Wenn bei uns jemand fünf Millionen in einen Club reinbuttert, heißt es überall: Der Typ spinnt. Doch hier gibt es Präsidenten, die 60 Millionen und mehr reinschießen – das ist eine Ehrensache, das sind die wahren Volkshelden.

> **„Ich möchte nicht als mein eigenes Denkmal herumlaufen und von den Leuten hören: Da kommt der Klinsmann"**

LUIK Man könnte auch sagen: Das ist eine moderne Form des Absolutismus. Der Herr Agnelli, dem Juventus Turin gehört, der Herr Berlusconi, der AC Mailand besitzt, oder auch der Herr Pelligrini, Ihr Boss, halten sich Fußballspieler zur Unterhaltung, so wie die Fürsten sich früher Hofnarren zum Amüsement gehalten haben, so wie Ludwig II. Lustschlösser zum Pläsier unterhielt oder einen Richard Wagner für den Ohrenschmaus. Kurz: Sie sind Leibeigene, sehr gut bezahlte Leibeigene.

KLINSMANN Ich bin ein Angestellter von Pelligrini. Wenn ich Probleme habe, dann habe ich – anders als in einem unpersönlichen Konzern – einen direkten Ansprechpartner. Ich gehe dann zum Präsidenten und sage ihm, das und das paßt mir nicht.

LUIK Ich habe Sie das letzte Mal vor zwei Jahren gesehen, und mir fiel als erstes auf: Ihr Gesicht ist viel härter geworden.

KLINSMANN Wirklich? Vielleicht esse ich ja weniger als früher? Aber, keine Frage, Fußball ist ein hartes Geschäft. Da kommst du an einen Punkt, wo du klipp und klar sagen mußt: So wcit ist es okay, aber das geht nun nicht mehr. Man muß sich in diesem Geschäft durchbeißen, man braucht einen harten Willen, darf keine Mimose sein. Aber mir gefällt das. Mir macht es manchmal sogar Spaß, wenn sie längere Zeit – seien es die Medien oder sonstwer – auf mir rumhacken und an mir rumnörgeln.

LUIK Der Sonnyboy – ein Masochist?

KLINSMANN Nein, aber ich mag extremen Druck. Da steigert sich in mir die Anspannung, und dann kommt die Zeit, wo ich weiß: Jetzt muß ich denen mal wieder eins auf die Mütze geben. Ich liebe diese Gratwanderungen, ich mag Grenzüberschreitungen: Mir gefällt es, ein paar Nächte einen draufzumachen, und dann kommst du müde ins Training, aber du darfst nicht müde sein. Das macht mir dann Spaß, mich da durchzubeißen, mich zu überwinden. Hätte ich nicht diese Willenskraft, eine Mischung aus Härte, Kreativität, Unbekümmertheit und Phantasie – ich hätte es wohl nie so weit gebracht.

LUIK Verraten Sie mal: Was ist das Besondere an Inter Mailand?

KLINSMANN Da ist natürlich die Geschichte dieses Clubs, seine sagenhafte Tradition und jetzt ganz aktuell: Wir sind eine der besten Mannschaften auf der Welt; wir haben acht Nationalspieler in unserem Team, und das gibt dir dann schon die Überzeugung: Wir können so ziemlich alles gewinnen. Ich denke, wir haben das Potential, den UEFA-Cup zu gewinnen und auch die italienische Meisterschaft.

LUIK Und wer ist der Boss bei diesem Starensemble?

KLINSMANN Von seiner Leistung her: Lothar Matthäus, nicht vom

Menschlichen her. Da haben wir keine Führungsfigur in der Mannschaft. Wir sind alle recht erfahrene Spieler, und wenn sich da einer nach vorn drängen würde, der würde von den anderen sofort eins auf den Deckel kriegen.

LUIK Wie ist es eigentlich für Sie, wenn Sie lesen, daß Lothar Matthäus lauthals verkündet, der Klinsmann habe ein großes Problem: «Er denkt zuviel»?

KLINSMANN Ich denke zuviel? Für mich ist das kein Problem. Wenn der Matthäus so etwas verkündet, dann macht mir das nix aus. Ich weiß ja, wie weit er in dieser «Bild»-Schiene drinsteckt. Er macht da seine Kolumne, er hat einen Vertrag, und da muß er halt so Sachen schreiben, und dann gibt er halt seinen Senf zu diesem und jenem.

LUIK Freunde sind Sie nicht gerade?

KLINSMANN Wir sind die zwei Pole in der Mannschaft, wir sind grundverschieden, jeder geht seinen eigenen Weg. Aber wir schaffen es ohne Probleme, in der Mannschaft miteinander gut zu arbeiten.

LUIK Sie sind jetzt 26 – wie lange wollen Sie noch Fußball spielen?

KLINSMANN Oh, das ist eine gute Frage, eine verdammt gute Frage. Jetzt erwischen Sie mich an einem Punkt, an dem ich heftig schwimme. Alle meine Planungen laufen auf die Europameisterschaft '92 in Schweden hinaus. Und so, wie es jetzt aussieht, höre ich dann auch mit dem Fußball auf, dann läuft auch mein Vertrag mit Inter aus. Daß ich mit diesem Gedanken ans Aufhören spiele, daß es mir damit verdammt ernst ist, wissen noch nicht einmal meine Freunde. Doch ich denke: Zehn Jahre Profitum sind wirklich genug.

LUIK Und wieder geht der deutschen Nationalmannschaft eine charismatische Figur verloren ...

KLINSMANN Das interessiert mich nicht, ich fühle mich für niemand verantwortlich, ich muß niemandem irgendeinen Dienst erweisen. Mir könnten sie ja morgen die Füße abhauen, und dann wäre es mit mir auch vorbei. Daß ich bald nicht mehr spielen will, damit müssen sich die Leute abfinden.

> „Daß ich ans Aufhören denke, wissen nicht mal meine Freunde"

LUIK Und vorm Leben ohne Fußball haben Sie keine Angst?

KLINSMANN Überhaupt nicht, ich freue mich darauf. Fußball ist mein Job, er ist nicht mein Leben. Ich freue mich auf die Zeit danach, denn dann kann ich endlich das machen, was ich will. Ich habe Lust aufs Leben, auf neue Erfahrungen. Zunächst will ich mir meinen großen Traum erfüllen: Diesen Planeten richtig zu erkunden, zu erkundschaften;

mir auch die Sonne auf den Pelz brennen zu lassen und dann, irgendwann, etwas mit den Sprachen, die ich beherrsche, anzufangen. Was ich genau machen werde, kann ich noch nicht sagen, darüber will ich jetzt noch nicht nachdenken. Ich werde wohl ein Standbein in Italien haben, eins in Geislingen, meiner Heimat, und ein Spielbein in den USA. Nur das eine weiß ich ganz genau: Ich werde kein Fußballtrainer.

LUIK Schreiben Sie womöglich Tagebuch?

KLINSMANN Nee. Ich bin nicht der Typ, der in der Vergangenheit lebt. Mich interessiert heute kaum noch, was bei der WM vor ein paar Monaten los war. Das ist für mich abgehakt. Ich lebe im Hier und Jetzt, und ich will das Leben in vollen Zügen genießen.

Jürgen Klinsmann

Geboren am 30. Juli 1964 in Göppingen. Nicht nur wegen seiner Leistungen als Stürmer und Torjäger ist Klinsmann einer der populärsten deutschen Fußballprofis. Er ist das Idealbild eines Stars ohne Allüren und hebt sich in seiner privaten Einstellung von der Mehrzahl seiner Kollegen ab; weil er sich für die Initiative «Sportler und Sportlerinnen für den Frieden» engagiert und einen Aufruf gegen das amerikanische Aufrüstungsprogramm SDI unterschrieben und außerdem noch auf einen ihm angebotenen Mercedes verzichtet hat, gilt Klinsmann als «alternativer Vorzeigeprofi». Seine Karriere begann Klinsmann beim heimatlichen Dorfverein TB Gingen; 1978 – direkt nach der Mittleren Reife – kam er zu den Stuttgarter Kickers; neben dem Fußball absolvierte Klinsmann eine Lehre in der Bäckerei seines Vaters. Nachdem er 1983/84 mit 19 Treffern einer der erfolgreichsten Zweitliga-Torschützen geworden war, sicherte sich der VfB Stuttgart den Youngster. Gleich in seiner ersten Saison beim VfB war er hinter Karl Allgöwer mit 15 Treffern zweitbester Torschütze. Im März 1986 geriet er erstmals groß in die Schlagzeilen, als er fünf Tore in einem Spiel schoß; 1987/88 wurde Klinsmann mit 19 Treffern Torschützenkönig der Bundesliga. In den engeren Kreis der Nationalmannschaft spielte sich Klinsmann bei der Südamerika-Reise der DFB-Auswahl im Dezember 1987; der internationale Durchbruch gelang ihm bei der Europameisterschaft 1988 in der Bundesrepublik, wo er seinen Stürmerkollegen Rudi Völler in den Schatten stellte und zu einem der besten Spieler des Turniers avancierte. Nach der Spielzeit 1988/89 wechselte Klinsmann zum Italienischen Meister Inter Mailand, wo er – abgesehen vom WM-Titel 1990 – seinen bisher größten Erfolg hatte: UEFA-Cup-Sieger.

Erfolg hast du nur, wenn du dir den Arsch abarbeitest

Ion Tiriac

Als ich angefangen habe, sagt er melancholisch, da habe ich nix gehabt. In einer Lastwagenfabrik habe ich geschuftet. Ich habe keine Zukunft gehabt, sagt Ion Tiriac, ich bin, was ich bin, weil ich mir den Arsch abgearbeitet hab. Ich schulde niemanden etwas! Daß ihn viele als Raffer verteufeln, als Vampir aus Transsylvanien beleidigen, läßt Tiriac kalt. Er genießt es, daß alle ihn brauchen, der DTB und die ARD – und ihn so akzeptieren müssen, wie er ist. Ja, er hat es geschafft, und als Beweis hat er 20 Ferraris in Garagen rund um die Welt geparkt, hat er sich Wohnungen in New York und Monaco, Büros in München und Amsterdam angeschafft. Ob er glücklich ist? Darüber denkt er jetzt, 55jährig, öfters nach in letzter Zeit, und er sagt: Ich habe die Zukunft hinter mir; und Geld ist auch nicht alles. Vielleicht macht es ja der Boris Becker richtig, der alles will: Leben und zwar sofort. Überhaupt der Boris, wie der sich gewandelt hat! Tiriac sagt: Boris, das ist Karl Marx.

LUIK Herr Tiriac, im Nahen Osten steht die Welt in Flammen; in Rumänien, Ihrer Heimat, frieren und hungern die Menschen – es geht drunter und drüber, weltweit. Und in diesen tristen Zeiten wird Ihr Schützling Boris Becker die Nummer eins im Tenniszirkus – können Sie sich freuen?

TIRIAC Die Sache mit dem Krieg ist wirklich sehr traurig, aber er ist nun mal eine Tatsache, und wir müssen damit leben. Und was in meinem Heimatland passiert – da wünschte ich mir schon, daß das Geld, das dieser Krieg verschlingt, für den Aufbau Rumäniens und der anderen osteuropäischen Länder ausgegeben würde.

LUIK Ihre Freude über Beckers Triumph hält sich in Grenzen?

TIRIAC Ach, wissen Sie: Daß er jetzt laut Computer die Nummer eins ist, spielt für mich keine so große Rolle. In meinem Kopf ist Boris schon längst, seit mindestens zwei, drei Jahren, die Nummer eins. Er hat so viele wichtige Turniere, so viele Grand Slams gewonnen, daß der Computerausdruck nur ein formales Ding ist. Ich denke, die Computerliste muß geändert werden: Die Grand Slams, allein schon aus tennisgeschichtlichen Gründen, müssen einfach viel höher eingeschätzt werden als die anderen Turniere.

LUIK Mal ehrlich: Haben Sie tatsächlich noch geglaubt, daß Boris den Sprung auf den Thron schafft? Denn bei aller Genialität: Er schien in letzter Zeit zu unstet, zu wechselhaft, zu anfällig auch für Verletzungen.

TIRIAC Mich hat das Timing ein bißchen überrascht, daß er es in Australien geschafft hat. Andererseits kann Boris sich gerade unter Druck und unter den ungünstigsten Bedingungen in die richtige Kampfesstimmung bringen – das ist ja sein Charakteristikum. Eigentlich hätte er es ja schon in Paris oder Frankfurt schaffen müssen, denn da hatte er Edberg weggeputzt. Doch die Verletzung stoppte ihn damals.

LUIK Beim Kampf um die Nummer eins: Haben Sie da Ivan Lendl noch auf Ihrer Rechnung?

TIRIAC Aber sicher doch, absolut. Der Lendl ist ein harter Arbeiter, der noch lange nicht ausgezählt ist. Eher wird der nochmals die Nummer eins, als daß er Wimbledon gewinnt.

LUIK Wer rüttelt sonst noch an Beckers Thron?

TIRIAC Ich denke, daß der Kampf um die Nummer eins immer schwieriger wird. Das Spiel ist kräfteverschleißender, schneller geworden. Der junge Jugoslawe Ivanišević hat das nötige Potential. Er braucht bloß noch die richtige Person, die alles aus ihm herauskitzelt. Und dann ist natürlich Edberg immer noch einer der härtesten Konkurrenten, und er hat einen großen Vorteil: Er beherrscht nur ein Spiel – serve and volley. Das ist sehr praktisch für ihn, denn da kann er nichts mit anderen Fähigkeiten durcheinanderbringen.

LUIK Was halten Sie vom Ehrgeizling Thomas Muster?

TIRIAC Ein netter Typ, aber er ist nicht in der Liga, wo es interessant wird.

LUIK Die Nummer eins ist wohl doch mehr als bloß – wie Sie sagen – «eine formale Sache»: Wenn ich denke, wie Boris Becker in Australien aufjubelte – eine Mordslast schien von seinem Herzen gefallen zu sein.

TIRIAC Das Problem ist doch auch ganz einfach: Wenn du zuviel über den Computer nachdenkst, wirst du irgendwann verrückt. Nummer eins wird man ja nicht nur, weil Gott dir sagt, du bist der Beste. Du wirst die Nummer eins nur dann, wenn du dir deinen Arsch abarbeitest, wenn du bereit bist, dafür Opfer zu bringen.

LUIK Glaubt man der Boulevardpresse, schien Becker genau dafür immer weniger bereit: Ein verstärkter Drang zum Dolce vita wurde ihm unterstellt.

TIRIAC Das sehe ich nicht so. Boris führt ein normales Leben mit ein paar wichtigen Prioritäten: Er ist ein Tennisspieler, aber vor allem ist er ein Profi, und zwar durch und durch. Und gleichzeitig ist er auch ein normaler Mensch. Er würde zum Beispiel nie fünf Jahre seines Lebens hingeben für den Gewinn der Goldmedaille – wozu nach einer Umfrage 85 Prozent der in Seoul gestarteten Athleten bereit gewesen wären. Boris weiß, daß es für das Leben keinen Ersatz gibt. Deshalb versucht er auch, ein normales Leben zu führen: Er geht ins Kino – wie jeder andere. Er hat Liebesaffären – wie so viele Menschen. Er ißt fünfmal am Tag, völlig normal. Er ißt vielleicht ein paar Bananen mehr als andere, aber die Vorwürfe des Dolce vita sind einfach lächerlich. Ob er jetzt in ein paar Tagen wieder die Nummer zwei ist, oder fünf oder drei und dann wieder eins, spielt keine Rolle – solange er der Mensch bleibt, der er ist: mit diesem Charisma, diesem Charakter.

LUIK Erklären Sie uns mal das Phänomen Boris Becker.

TIRIAC Boris ist der Repräsentant des Sports schlechthin. Boris hat alles verändert – den gesamten Sport, er hat alles zur Explosion gebracht. Er wird von Fila bezahlt, damit er in ihren Kleidern spielt. Doch er müßte auch von adidas, Nike und Reebok und all den anderen bezahlt werden, denn er hat ihnen ermöglicht, soviel zu verkaufen – das vergessen die Leute immer wieder. Vergleichen Sie doch mal die Zahlen von 1985 mit den Profiten von heute!

> „Nummer eins wird man nicht, weil Gott dir sagt, du bist der Beste. Nummer eins wirst du nur, wenn du dir deinen Arsch richtig abarbeitest"

LUIK Da Sie gerade so von der Geldmaschine Boris Becker schwärmen: Vor der Zukunft, der Zeit nach Boris Becker, muß Ihnen ja angst und bange werden.

TIRIAC Mein Freund, ich bin nicht besonders gebildet, ich kenne mich auch in kulturellen Dingen nicht sehr aus, aber eins habe ich im Laufe meines Lebens gelernt: Jeder ist ersetzbar. Auch Boris Becker, auch Ion Tiriac und der Mister Bush in Washington.

LUIK Nochmals: Who the hell is Boris Becker?

TIRIAC Eine Persönlichkeit mit Ecken und Kanten, mit einer eigenen Meinung. Einer, der auch Fehler macht, vielleicht auch beeinflußbar ist. Auf jeden Fall ist er jemand, der Dinge bewegen kann. Ich sehe das so: Das Phänomen Boris hängt mit dem Fernsehen zusammen. Er kam im richtigen Augenblick und mit Hilfe der TV-Geräte in jedes Wohnzimmer – mit seinem blonden Haar und den blauen Augen. Auf einen Schlag und weltweit. Und dann ging die Post mit Boris ab. Die Deutschen, vor allem die Jungen, haben nach jemandem gesucht, mit dem sie sich identifizieren konnten. Boris verkörperte ihren Traum: Erfolg, Geld, Charakter, einfach alles.

LUIK Wie erklären Sie sich, daß Boris Becker die Gemüter viel mehr bewegt als die nicht weniger erfolgreiche Steffi Graf?

TIRIAC Ich bin kein Chauvi, aber es ist nun mal so: Ein paar Hosen machen einen großen Unterschied; eine Frau ist eine Frau und ein Mann ist halt ein Mann. Außerdem spielt die Zeit noch eine Rolle: Boris kam vor Steffi heraus. Überdies ist er viel offener als sie, er bezieht viel deutlicher Stellung. Er sagt, was er sagen muß – auch wenn da Fehler dabei sind. Steffi ist ein großartiges Mädchen, ich mag sie. Sie ist intelligent, und ich wünsche mir, daß Steffi von sich aus endlich mal in die Offensive geht. Ich denke, daß sie eine Menge von ihrem Leben verloren hat, weil sie zu verschlossen ist. Sie ist eine der besten Athletinnen, die ich je gesehen habe, aber sie vergißt, daß das Leben weitergeht.

LUIK Im Augenblick scheint sie von allen guten Geistern verlassen zu sein.

TIRIAC Auf Steffi lastet hier in Deutschland ein großer Druck –

mehr als das in anderen Ländern der Fall wäre. Die Briten sind in ihrem Umgang mit Stars auch nicht gerade gut, die Italiener sind nicht immer zimperlich, und auch die Franzosen sind von Zeit zu Zeit nicht unbedingt charmant. Aber so einen Druck wie hier gibt es nirgendwo sonst auf der Welt. Und da mußt du Leute haben, die im guten wie im bösen zu dir stehen, und irgendwann mußt du dir auch überlegen, wieviel Schlechtes du wegen deines Jobs zu akzeptieren bereit bist.

LUIK Das hört sich so an, als ob Sie Steffi Graf empfehlen wollen, mit dem Tennis aufzuhören.

TIRIAC Ich denke, sie ist jetzt an einem Punkt angelangt, wo sie eine Entscheidung treffen muß. Wichtig ist, daß das eine Entscheidung ist, die von ihr selbst kommt.

LUIK Und was heißt das?

TIRIAC Der Vater hat seine Verdienste, klar. Er brachte Steffi dorthin, wo sie heute ist. Sie wird immer das Kind ihres Vaters sein. Aber ich denke, menschlich und auch professionell betrachtet, muß sie jetzt eine Entscheidung für sich selbst treffen. Ich an ihrer Stelle würde sechs Monate mit dem Tennis aufhören, völlig aufhören. Vielleicht würde ich sogar ein Jahr lang aus dem Circuit aussteigen. Vielleicht würde ich sogar eine Familie gründen, vielleicht sogar ein Kind haben. Warum auch nicht? Steffi wäre auch nach einer langen Pause zu einem strahlenden Comeback fähig. Ich bin sicher, sie könnte dann auch die Youngster wegfegen, die so ehrgeizig, so hungrig sind. Steffi hat viel mehr in sich, als sie im Augenblick zeigen kann.

LUIK Daß Sie so etwas sagen, wundert mich. Sie haben selbst gern Ihre Schützlinge vereinnahmt, von Ihnen stammt ja der Satz, Boris Becker sei Ihr Produkt. O-Ton Tiriac: «Ich fand einen Jungen und machte ihn zum Champion.»

TIRIAC Die Sache mit dem «Produkt» bedauere ich. Boris hat daraufhin auch gemeint, er sei keine Waschmaschine. Aber man muß einfach sehen, daß er ein Kind war, als ich mich um ihn kümmerte, und daß ich ihn auf den richtigen Weg gebracht habe.

LUIK Was meinen Sie: Wo wäre er heute ohne Sie?

TIRIAC Ich hab keine Ahnung, was aus Becker ohne Tiriac geworden wäre. Aber ich bin mir ziemlich sicher, daß das deutsche Tennis nicht mal halb so weit wäre, wie es jetzt ist.

LUIK Doch manche im Deutschen Tennis-Bund wären froh, wenn Sie nicht mehr mit dabeiwären. Im Führungszirkel des DTB heißt es, Ihre Tage als Davis-Cup-Veranstalter seien gezählt. Der DTB klagt, daß unter Ihrem Management die Gewinne zu niedrig ausfielen.

TIRIAC Das interessiert mich nicht. Ich mache meine Arbeit, und ich leiste gute Arbeit – that's it. Was die Gewinne anbelangt: Ich kann die Buchhaltung so machen, wie ich will. Ich kann null Gewinn machen, wenn ich es will. Als ich beim DTB anfing, waren die

Profite 20mal kleiner als heute.

LUIK Aber der Vorwurf steht im Raum: Sie sind zu teuer, heißt es.

TIRIAC Wer so ein Statement von sich gibt, ist ein Idiot und hat keine Ahnung, wie man Geschäfte macht. Klar, wenn Sie 700 Gäste haben, kostet Sie jeder Gast etwas – rund 1000 Mark, also insgesamt 700 000 Mark. Aber das ist eine richtige Investition, um überhaupt Gewinn zu erwirtschaften. Ich nehme nur 20 Prozent des Nettogewinns und …

LUIK … das ist ganz schön viel: 200 000 Mark allein für das Davis-Cup-Match in Dortmund.

TIRIAC Ich bin billig – ich bin der beste Deal, den der DTB je gemacht hat. Denn ich bin ein sehr teurer Mann, da niemand mein Wissen kaufen kann.

LUIK Ein Ausbund an Bescheidenheit sind Sie nicht gerade.

TIRIAC Daß heute jeder auf Tennis schaut, das verdanken die auch mir. Ich hab das doch alles geschaffen, dieses ganze System.

LUIK Haben Sie nicht die Angst, daß die DTB-Funktionäre bald ohne Sie auskommen, da sie genügend von Ihnen gelernt haben?

TIRIAC Ich weiß, daß sie das Geschäft auch beherrschen, aber ich glaube, lange nicht so gut wie ich. Ich habe ständig neue Ideen, und die verwirkliche ich auch. Ich bin den anderen immer ein, zwei Schritte voraus. Jeden Tag kommt was Neues. Ich muß nur eine Nacht schlafen, dann wache ich auf und sage: Das machen wir jetzt so und so, und dann funktioniert das.

LUIK Einspruch – Ihre Absicht, immer mehr Karten für Sponsoren auszugeben, stieß auf erbitterten Widerstand.

TIRIAC Man muß diese Sache richtig verstehen: Der Kartenverkauf ist abhängig von Angebot und Nachfrage. Und wir sind in den letzten Jahren stets ausverkauft. Warum soll ich also nicht einen besonderen Service für die Sponsoren bieten? Diese Sponsoren geben sehr viel Geld für den Sport aus, ihnen muß man etwas bieten. Und was machen die Sponsoren mit den Tickets? Wen laden sie ein? Laden sie Hunde oder Kühe ein? Nein, sie laden Sportfans ein.

LUIK Da habe ich Boris Becker im Ohr, der gegen die «Schlips-und-Kragen-Typen» wetterte – eben jene Klientel, die Ihnen so sehr am Herzen liegt. Der sich überdies auch bitter beklagte, daß eben diese VIPs wenig Interesse am Spiel haben.

TIRIAC Das ist sein Problem, nicht meins. Ich respektiere seine Meinung, aber ich akzeptiere sie nicht. Wir sind in Fragen der Vermarktung weit hinter anderen Ländern: Frankreich etwa, Italien, sogar England sind da viel besser. Boris Becker hat sich, glaube ich, auch weniger darüber aufgeregt, daß die Leute während des Spiels raus und rein gingen; er ist sozial orientiert und der Meinung, daß sich eigentlich jeder so ein Turnier sollte leisten können.

LUIK Was dagegen?

TIRIAC Im Prinzip nein. Ich hätte gern Stadien mit 200 000 Plätzen, aber das ist nicht möglich. Es ist nun mal so, daß es auch in demokratischen Gesellschaften Einkommens- und Klassenunterschiede gibt.

LUIK Wenn man manchen Funktionären im DTB glauben darf, gibt es noch ein Problem mit Ihnen: Ihre Methoden sind als hemdsärmelig verschrien, Sie gelten als gerissener Geschäftsmann.

TIRIAC Es ist mir egal, ob die Leute mich lieben oder hassen.

LUIK Wie bitte?

TIRIAC Ja, denn ich will, daß sie mich respektieren, dann existiere ich auch. Wenn die Leute mich ignorieren würden, wäre es ein Desaster. Mich kümmert es einen Scheißdreck, ob mich jemand mag oder nicht. Ich verlange nur Respekt, denn ich leiste viel.

LUIK Warum so hart? Jeder Mensch will doch geliebt werden.

TIRIAC Ich will, daß eine Frau mich liebt, nicht ein Mann – ich bin kein Homosexueller. Ja, ich will, daß meine Familie mich liebt – mehr nicht.

LUIK Verraten Sie uns mal: Was haben Sie in dem kleinen Becker gesehen, als Sie ihn unter Ihre Fittiche nahmen?

TIRIAC Die totale Entschlossenheit. Das ist mein erstes Bild von ihm: Er war über und über dreckig, er war voller Sand, seine Knie bluteten, er bewegte sich wie ein Elefant, er hatte keine Ahnung, wie man Tennis spielt, er wußte nicht mal, wie man mit dem Ball umgeht, er hatte keine Ahnung, aber – und das sah ich sofort – da war diese ungeheure Willenskraft. Und ich spürte: Der Kerl will nach oben. Er will ein großer Tennisspieler werden – und so eine Willenskraft kannst du durch nichts ersetzen. Das ist das Holz, aus dem Sieger gemacht werden. Sie können die Beinarbeit verbessern, kein Problem; Sie können Kondition bolzen, ebenfalls kein Problem; Sie können das Spiel verbessern, kein Problem. Aber um ein wirklich Großer zu werden, brauchen Sie eine Berge versetzende Kraft in sich – wirkliche Willenskraft.

LUIK Haben Sie sich eigentlich mal überlegt, wo Sie wären ohne Boris Becker? Ich sehe das so: Er hat Ihre Karriere gewaltig angeschoben, er hat Ihnen die Türen in die Vorstandsetagen geöffnet – zur Deutschen Bank, zu Mercedes-Benz.

TIRIAC Das ist eine gute Frage, eine sehr gute Frage. Darüber habe ich noch nie nachgedacht, weil ich sowenig Zeit übrig habe für die «Wenns». Ich glaube nicht, daß Boris zufällig in mein Leben kam. Ich hielt damals nach jemandem Ausschau, denn die Karriere von Vilas ging zu Ende. Und da mußte ich irgend etwas machen. Es sollte etwas mit Tennis sein, aber ich wollte nicht mehr als Coach arbeiten, denn das hatte ich 15 Jahre lang gemacht. Coachen, ein sehr harter Job, ist das, was ich am besten konnte: Schneller als irgend jemand anders konnte ich die wahren Qualitäten eines Spielers erkennen, besser als andere konnte ich dem Spieler helfen, sich zu verwirklichen.

LUIK Seit sieben Jahren besteht nun die Partnerschaft Tiriac–Becker. Doch in letzter Zeit gibt es immer häufiger Streit ...

TIRIAC ... da muß ich Sie sofort unterbrechen: Ich glaube nicht, daß an diesem Gerede irgend etwas stimmt. Boris und ich haben Meinungsunterschiede, zum Beispiel zum Thema Davis Cup. Wir sind oft anderer Ansicht. Aber ich glaube, das ist gerade die Stärke in unserer Beziehung: daß wir uns streiten können.

LUIK Erklären Sie das mal.

TIRIAC Fast jeder stimmt mit Mister Boris Becker überein. Er hat tausend Freunde, und sie alle sagen genau das, was er hören will. Ich bin einer der wenigen, die ihm in x Sachen widersprechen, und er stimmt mit mir in y Dingen nicht überein. Aber dann diskutieren wir, manchmal – leider nicht oft genug – sind das harte Diskussionen. Er hat davon mehr als ich, denn ich bin schon zu alt.

LUIK Was meinen Sie: Ist Boris Ihr Freund?

TIRIAC Ich werde nie vergessen, es war nach dem Bruch mit Bosch, als ein Journalist mich genau das gefragt hat. Meine Antwort damals: «Ich hoffe nicht, denn er hat zu viele Freunde.» Und Boris fragte mich damals: Warum sagst du so etwas? Ich antwortete: «Boris, ich will nicht mit deinen tausend Freunden verwechselt werden.» Ich hoffe hingegen, daß ich jemand bin, mit dem er redet, wenn er jemand braucht, und ich weiß auch, daß es so ist. Wir respektieren uns; wir kennen unsere Prioritäten, unsere menschlichen Werte.

LUIK Dann wird es also keinen Bruch geben?

TIRIAC Diese Frage verstehe ich einfach nicht.

LUIK Als sich Boris Becker von Günter Bosch trennte, schrieb eine Zeitung: «Es war, als habe er seinen Analytiker erwürgt.» Anders ausgedrückt: Es war ein Befreiungsschlag für ihn, ein Schritt in die Unabhängigkeit. Haben Sie nicht Angst, daß sich Boris Becker auch von Ihnen emanzipiert?

TIRIAC Er hat sich schon längst von mir emanzipiert. Er ist unabhängig. Wo ist also das Problem? Ich hab zu ihm keine Beziehung, die ihn von irgend etwas abhalten könnte. Er ist ein freier Mann, der machen kann, was er will. Natürlich sage ich ihm, was ich von dem und dem halte. Ich sage ihm, was ich an seiner Stelle tun würde. Manchmal macht er falsche Dinge, dann zahlt er dafür.

LUIK Fühlen Sie sich manchmal nicht ein bißchen – salopp gesagt – verarscht von Boris Becker, wenn Sie Werbeverträge für ihn heranschaffen und dann lesen müssen: «Es ist eine Last für mich, Werbeträger zu sein. Ich würde lieber ganz in weiß spielen.«

TIRIAC Na und? Egal! So what! Ich bin ein reicher, ein sehr reicher Mann – ich kann mich dreimal am Tag sattessen. Ich habe 20 Autos, und ich habe mal versucht, drei gleichzeitig zu fahren. Ich kann Ihnen sagen: Es geht nicht. Manchmal frage ich mich allerdings schon: Wo geht es hin, wo geht es lang?

> „Ich sage ihm, was ich an seiner Stelle machen würde. Manchmal macht er falsche Dinge. Dann zahlt er dafür"

LUIK Gute Frage. Deshalb erst recht: Was treibt Sie noch an?

TIRIAC Das weiß ich nicht. Da müßten Sie mal mit meinem Sohn reden, er fragt mich das auch immer wieder. Aber eins sehen Sie völlig falsch: Ich bin nicht dort, wo das Geld ist; ich bin dort, wo ich Geld produziere.

LUIK Sie sprechen in Rätseln.

TIRIAC Ich will Dinge aufbauen. Schauen Sie mal, was ich mit dem Schwimmen mache: Mit zwei Schaukämpfen von Boris in Amerika könnte ich mehr Geld machen als mit dem Schwimmen in einem ganzen Jahr.

LUIK Ist es die Sucht nach Macht, die Sie treibt?

TIRIAC Es ist die Befriedigung, zu sehen und zu erfahren, wie Dinge sich entwickeln. Mein größter Erfolg im Sport ist die Sache mit dem Schwimmen: wie ich aus dem Nichts etwas geschaffen habe. Innerhalb von 18 Monaten habe ich das Interesse an dieser Sportart geändert, den Blick auf diesen Sport, sein gesamtes Erscheinungsbild. Bis jetzt hatten die Veranstalter immer Geld verloren, jetzt werden sie weltweit registriert, sie machen Profit. Und 1994 wird Schwimmen zehnmal soviel wert sein wie 1990.

LUIK Geld, Geld. Sie würden dem Papst sogar ein Doppelbett verkaufen!

TIRIAC Das sehen Sie falsch. Ich habe meine Ethik und Grenzen, die ich nicht überschreite.

LUIK Das ist mir neu.

TIRIAC Diese Grenzen sind sehr wohl da. Und zwar dort, wo mein Kopf, mein Leben, meine Mentalität nein sagt.

LUIK Konkreter, bitte.

TIRIAC Ich kann Ihnen das jetzt nicht im Detail sagen, nur soviel: Ich würde nie und nimmer akzeptieren, daß meine Athleten Drogen nehmen. Denn die zerstören dich körperlich und seelisch. Es gibt eine Moral, die man haben muß.

LUIK Sie sind im Grunde überall dort, wo es etwas zu verdienen gibt: als Akquisiteur von Werbeverträgen, als Vermarkter von Schwimmturnieren, als Privatbankier oder Generalvertreter von Mercedes und Repräsentant von Siemens in Rumänien. Ein Intimus von Ihnen, der Puma-Sprecher Kurt Matz, hat mal gemeint, Sie kaufen «halb Rumänien auf». Das ist Ihr Bild in der Öffentlichkeit: Ion Tiriac – der Mann aus Transsylvanien, ein Raffer.

TIRIAC Ich habe, leider, in Rumänien gar nichts gekauft. Ich habe meinem Land soviel geholfen, wie ich nur konnte.

LUIK Ion Tiriac, der Altruist?

> „Durch mich wird Schwimmen 1994 zehnmal soviel wert sein, wie es 1990 war"

TIRIAC Ich will meinem Land helfen. Aber das ist sehr schwer. Meine Bank dort ist die erste große private Geschichte, die es in Rumänien gibt. Mein Problem ist jetzt, was mach ich mit dem Geld in einem Land, das so eine große Inflation hat?

LUIK Ihnen wird schon etwas einfallen. Staunen Sie manchmal, wenn Sie auf Ihre Karriere zurückschauen? Sie haben als Härteprüfer für Lkw-Kugellager angefangen, heute sind Sie einer der bekanntesten Manager.

TIRIAC Ich sehe das ein bißchen philosophisch: Wir werden alle nackt geboren, wir sind uns alle mehr oder weniger gleich. Vielleicht haben wir im Leben nicht unbedingt die gleichen Chancen, aber ein- oder zweimal kommt an jedem die große Chance vorbei. Und ich hab nach dieser Chance gegriffen. In meinem Leben war es der Sport. Sicher, ich habe Erfolg gehabt, vielleicht auch mehr Erfolg als andere – aber, Mensch, ich hab meinen Arsch dafür abgearbeitet seit meinem 15. Lebensjahr. Ich bin mein eigener Boss. Mein ganzes Leben habe ich dafür geschuftet, ich schulde niemandem etwas, niemand hat mir geholfen.

LUIK Höre ich da Verbitterung?

TIRIAC Wenn Sie meinen, ob ich Fehler gemacht habe? Ich glaube nicht. Ob ich etwas besser hätte machen können? Sicherlich. Wenn ich noch mal von vorne beginnen könnte, würde ich mir mehr Zeit für meine Familie nehmen, mehr Zeit fürs Privatleben. Ich mußte und muß noch immer dies und das machen, und ich muß es richtig machen – viel Zeit geht dabei drauf. Aber die Zeit läßt sich leider nicht zurückkaufen. Mein Sohn wird in zwei, drei Jahren flügge – die Zeit mit ihm verging zu schnell.

Ion Tiriac

Geboren am 9. Mai 1939 in Brasov, Rumänien. Schon im Alter von 16 Jahren spielte Tiriac in der rumänischen Eishockey-Nationalmannschaft. Als knochenharter Verteidiger (Devise: «Lieber deine Mutter weint, als meine») vertrat er sein Land bei den Olympischen Spielen 1960 in Squaw Valley und 1964 in Innsbruck. Über Tischtennis kam Tiriac zum Tennis und war schon mit 18 Mitglied des rumänischen Davis-Cup-Teams. 1968 belegte Tiriac, der neunmal Rumänischer Tennismeister war, in der Weltrangliste den achten Platz. Nach seiner aktiven Laufbahn begann er sofort mit seiner Managerkarriere; jeweils zehn Jahre lang betreute er seinen Landsmann Ilie Nastase und den Argentinier Guillermo Vilas, fünf Jahre lang den Franzosen Henri Leconte. 1979 gründete Tiriac in Amsterdam die Beraterfirma TIVI, deren Gesellschaftszweck «Erwerb und Verwalten von Reklamerechten und anderen Rechten aus intellektuellem Eigentum» ist. Zusammen mit Mark McCommack gehört Tiriac zu den Größten der Sport-Marketing-Branche. 1984 nahm er – was allgemein belächelt wurde – den 15jährigen Boris Becker unter Vertrag, den er auch zeitweilig trainierte. Der Kontrakt garantiert dem rumänischen Manager zehn Prozent der Preisgelder und 30 Prozent der Werbeeinnahmen Beckers. Tiriacs Verdienst an Becker wird auf über 20 Millionen Mark geschätzt. Seit 1985 vermarktet Tiriac überdies die Spiele des deutschen Davis-Cup-Teams und hat mit seiner Marketing-Strategie im deutschen Tennis neue Maßstäbe gesetzt. Geschickt versteht es Tiriac, die privaten Fernsehanstalten gegen die öffentlich-rechtlichen Anstalten auszuspielen und die Preise für die Übertragungsrechte in die Höhe zu treiben; seit 1988 veranstaltet Tiriac die «Stuttgart Classics», eines der höchstdotierten Einladungsturniere für die besten Tennis-Profis der Welt. Tiriac gehören zahlreiche Tennisanlagen in Europa und Amerika; daneben ist er noch an Golfplätzen und Luxushotels beteiligt.

Gefallen Ihnen meine Antworten nicht?

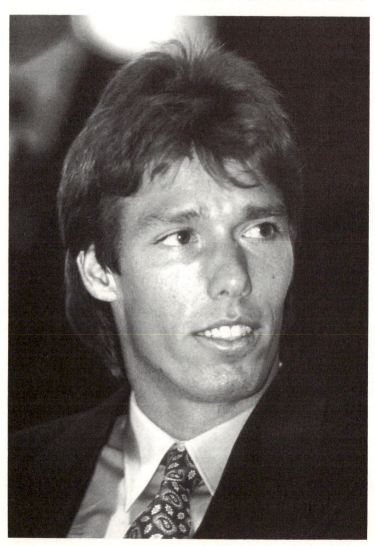

Michael Stich

Seit dem Matchball um 17.42 Uhr interessiert primär der Mensch. Wie ist er, was ißt er? Am Morgen nach diesem 7. Juli notiert die «Hamburger Morgenpost»: «Obstsalat, Käse, Lachs.» Aha. «Bild» meldet: «Michael zwischen zwei Frauen.» Karen und Kirstin. Mit welcher wird er künftig den Käse teilen?
Die Neue, heißt es, saß jeden Tag in Wimbledon auf einer anderen Tribüne. Zur Tarnung. Die «Berliner Zeitung» (BZ) hat sie zu Hause gestellt: «Ich war zwar nicht in London, aber ich habe vor dem Fernsehgerät mitgezittert.» Irrungen und Wirrungen, aber immerhin: Kirstin ist Reisebürokauffrau, soviel steht fest. Kein Foto heute, nur das einer «Falschen» («Bild»). Sechs Reporter hatte das Blatt im Einsatz, aber der Wimbledonsieger war weg. Die «Abendzeitung» hat ihn: «Raus also in Riem durch die Hintertür, rein in den weißen 730er BMW, ab zum Wäschewechseln.»
Soweit der Dienstag. Die Nacht verbringt er «mit seiner alten Liebe» («Bild»). Glückliche Karen, doch «die Reisebürokauffrau gibt nicht auf, hat gestern Versetzung nach München beantragt». Droht Ungemach? «Sport-Bild» beruhigt und meldet: «Freundin: z. Z. solo.»
Am nächsten Morgen sehen wir der Neuen endlich ins Antlitz. «Bild» hatte Michael Stich mit einem Foto konfrontiert: «Erst war er geschockt, dann gestand er.» Das große Rätsel, denn «zwischen Wimbledon und Gstaad war unser Tennisheld nicht nur in München, sondern im Privatjet heimlich in Berlin». Wer, bitte, fuhr denn dann im BMW? Wer schlug den Matchball, küßte in der Hauptstadt die «Herberotische» («Bunte»)?
Keine Antwort an den Kiosken. Freitag, Samstag und Sonntag nur Leere. Nichts Neues von Karen und Kirstin. Keine Phantombilder von Karoline oder Kordula. Michael Stich ist allein, ganz allein.

LUIK «Es ist wie im Krieg», hat vorhin ein genervter Fußgänger in Gstaad geflucht: «Bloß weil jetzt ein Wimbledonsieger hier ist, ist der Teufel los – spinnen denn alle?» Herr Stich, es dreht sich nun alles um Sie: Sie sind plötzlich ein Star, ein Held.

STICH Na gut, ich habe das wichtigste Tennisturnier der Welt gewonnen, und nun wird halt ein ziemlicher Rummel um mich gemacht. Aber ein bißchen übertrieben finde ich das schon. Andererseits verstehe ich auch die Leute, daß sie mich, den sie ja nur aus dem Fernsehen kennen, nun auch mal live erleben wollen.

LUIK Greifen, tatschen, kreischen die Massen nach Ihnen?

STICH So dramatisch ist es noch nicht. Aber ich spüre natürlich, daß meine Freiräume in den letzten Tagen enger geworden sind: Es gibt einfach so viele Leute, die mal mit dem Wimbledonsieger reden, Autogramme haben, ihm ins Auge blicken wollen. Die Sponsoren sind viel mehr an mir interessiert, alle Medien sind hinter mir her.

LUIK Mit den Worten: «Wo reist er jetzt hin?» hat der RTL-Moderator Uli Potofski nach Ihrem Matchball in Wimbledon die Jagd auf Sie eröffnet.

STICH Sicherlich, ich werde jetzt gejagt und gehetzt. Aber ich schaffe es doch noch recht gut, mich zu verstecken.

LUIK In manchen Zeitungen werden Sie bereits bedauert: «Eine arme Socke» seien Sie, las ich neulich.

STICH Ach was, mir geht's wirklich gut. Niemand braucht sich um mich Sorgen zu machen. Außerdem denke ich, daß sich die allgemeine Aufregung um mich nach einiger Zeit legen wird und daß ich mein Leben so weiterführen kann wie bisher.

LUIK Das ist doch eine Illusion: Für Sie ist die Zeit der Normalität endgültig vorbei.

STICH Ich hoffe, es ist nicht so, und ich hoffe auch, daß mir Freunde helfen, auf dem Boden zu bleiben. Das mag vielleicht schwer sein, aber ich probier's. Ich selber bin ja manchmal überrascht, wieviel ich in so kurzer Zeit erreicht habe: Seit erst dreieinhalb Jahren bin ich Tennisprofi, und nun habe ich Wimbledon gewonnen – das

Traumziel jedes Tennisspielers. Ich selbst kann noch gar nicht fassen, was das bedeutet.

LUIK Sie sind Wimbledonsieger, und damit basta.

STICH So einfach kann man das nicht sehen. Ich denke, es ist so, wie wenn einer im Lotto sechs Richtige hat und plötzlich zwei Millionen Mark gewinnt. Der verdaut so einen Gewinn doch auch nicht von einem Tag auf den anderen.

LUIK Noch vor ein paar Wochen hat sich die «Süddeutsche Zeitung» über Sie als «Spezialist der verpaßten Chancen» lustig gemacht. Außerdem hieß es, Sie seien arrogant, überheblich, selbstzufrieden.

STICH Ich habe Matches verloren wie jeder andere Sportler auch; ich habe aus Niederlagen gelernt. Ich war aber nie ein Meister der verpaßten Chancen, diesen Vorwurf muß ich mir nicht gefallen lassen und . . .

LUIK . . . Sie haben sich ja auch vehement dagegen gewehrt. «Ich bin doch nicht der Arsch der Nation», haben Sie gemeint, «wenn ich verliere.»

STICH Genauso sehe ich das auch heute. Ich werde auch als Wimbledonsieger vielleicht mal gegen die Nummer 100 der Welt verlieren. So ist das im Sport; auch die Fußball-Nationalmannschaft – der amtierende Weltmeister immerhin – hat gegen Wales verloren. Triumph und Tragödie, wenn Sie so wollen, liegen im Sport eng beieinander, aber daraus darf man den Athleten doch keinen Strick drehen!

LUIK Daß Sie mal den ganz großen Sprung nach vorn schaffen, daran haben selbst Tennis-Experten nicht geglaubt. Noch vor einem halben Jahr hat Ion Tiriac es für ausgeschlossen gehalten, daß Sie jemals unter die ersten zehn der Weltrangliste kommen würden. Begründung: Sie hätten viel zu spät mit dem Tennis angefangen, außerdem könnten Sie sich nicht so richtig motivieren.

STICH Der Herr Tiriac kennt mich sicherlich nicht so gut, wie mich andere Leute kennen – etwa mein Trainer Mark Lewis. Aber bis vor einem Jahr war ich tatsächlich noch nicht der Typ, der sich hundertprozentig fürs Tennis eingesetzt hat. Das Spiel hat mir zwar Spaß gemacht, sehr viel Spaß sogar, aber wenn ich verloren habe, war ich auch nicht gerade todtraurig – das Leben ging halt weiter und . . .

LUIK . . . von Ihnen sprach deshalb auch niemand. Carl-Uwe Steeb war statt dessen der zweite Mann hinter Boris Becker im deutschen Tennis und hat in seiner Hochphase sogar Führungsansprüche angemeldet. Nun sind Sie ganz oben und er ziemlich weit unten – warum?

STICH Ich will mich überhaupt nicht mit Charly vergleichen. Ich bin ein ganz anderer Typ, ich spiel völlig anders Tennis als er, ich gehe auch anders mit den Medien und vielleicht auch mit dem Erfolg um. Vielleicht hat der Charly so manches nicht richtig verkraftet? Auf jeden Fall hatte er Pech mit Verletzungen und dann auch nicht so gut gespielt. Für mich ist es auch gar keine Frage, daß Boris unumstritten die Nummer eins im deutschen Tennis bleiben wird.

LUIK Das klingt nach bloßer Höflichkeit.

STICH Das hat nichts mit Höflichkeit zu tun. Boris hat viel mehr geleistet als ich; um dahin zu kommen, wo er ist, müßte ich noch dreimal Wimbledon und vielleicht viermal die U.S. Open gewinnen – aber dafür ist einfach nicht die Zeit da. Ich versuche halt, ohne auf den Boris zu starren, das Beste aus mir rauszuholen, um irgendwann mal Nummer zwei oder drei zu werden.

LUIK Warum so bescheiden? Geben Sie es doch zu: Die Nummer eins ist Ihr wahres Ziel.

STICH Im Moment will ich die Nummer drei werden. Vielleicht kommt es ja mal zwangsläufig, daß ich ganz oben stehe. Aber trotzdem würde ich dann nie sagen, ich habe mehr geleistet als Boris. Nein, so vermessen bin ich nicht – ich muß jetzt zunächst noch mein Spiel verbessern.

LUIK Was unterscheidet die Nummer eins von der Nummer vier?

STICH Da gibt's sicher keine allzu großen oder gar spektakulären Unterschiede mehr – man hat das ja in Wimbledon gesehen. Ich muß nun meine Leistungen konservieren und vor allem im nächsten Jahr zeigen, daß meine Erfolge kein Zufall waren.

„Boris hat viel mehr geleistet als ich"

LUIK Das heißt: Ein Grand-Slam-Turnier gewinnen?

STICH Bisher war es sicherlich so, daß ich schon heilfroh war, wenn ich irgendwo mal ins Finale vorgedrungen bin. Aber nun habe ich Wimbledon gewonnen, und das gibt einem schon Vertrauen: Ich weiß nun definitiv, daß ich solche Turniere gewinnen kann. Ich fahre jetzt zu den U.S. Open und sage nicht wie früher: Wahrscheinlich verlierst du in der zweiten Runde. Dieses Jahr fahre ich hin und sage: Ich will ins Viertelfinale kommen, ich möchte ins Halbfinale.

LUIK Ist das alles? Sie wollen siegen, oder nicht?

STICH Natürlich will ich das! Aber ich kann genausogut in der zweiten Runde verlieren, denn die anderen können auch Tennis spielen. Doch für mich hat sich mit Wimbledon schon etwas fundamental geändert: Meine Erwartungen und meine Ziele sind höher gesteckt als bisher.

LUIK Liegen Sie manchmal nachts im Bett und sagen sich: «Verdammt, ich habe es geschafft! Ich hab's denen gezeigt! Ich bin Wimbledonsieger!»

STICH Nein, nein, so nicht! Natürlich denke ich manchmal darüber nach, aber nicht im Sinne von Genugtuung, sondern es ist eher ein Gefühl von Zufriedenheit.

LUIK Wie Sie das sagen: Das klingt so cool, so ohne Euphorie.

STICH Ich freue mich wahnsinnig über diesen Titel, aber wahrscheinlich kommt diese Freude erst nach einiger Zeit so richtig in mir hoch. Momentan konzentriere ich mich auf die Dinge und die Aufgaben, die in den nächsten Wochen und Monaten auf mich zukommen. Was ist? Sie schauen so, als ob Sie mit meiner Antwort nicht zufrieden wären.

LUIK Das klingt alles so glatt, so geschliffen.

STICH Ich sage aber, was ich denke.

LUIK Und doch: Es hört sich so an, als ob Sie einen Kursus in Selbstdarstellung gemacht hätten, mit dem Thema: «Wie präsentiere ich mich als netter Mensch.»

STICH Ich fühl mich aber genau so, wie ich es Ihnen sage. Was wollen Sie denn? Ich bin 22 Jahre alt, mein Beruf macht mir Spaß, ich habe einen großen Erfolg gehabt; ich bin glücklich, privat ist bei mir alles in Ordnung. Soll ich auf den Balkon gehen und runterspringen?

LUIK Nein. Mich erstaunt nur, wie gefällig bei Ihnen alles klingt. Und mir fiel auch auf, wie Sie bei Ihrer ersten Pressekonferenz nach Wimbledon hier in Gstaad es verstanden haben, in einem kurzen Satz viermal zu betonen, wie schön es hier ist, wie sehr es Ihnen hier gefällt, wie gut doch alles sei – als sei es Ihnen sehr wichtig, everybody's darling zu sein.

STICH Das will ich nicht, und das kann ich ganz bestimmt nicht. Aber Sie haben recht: Vielleicht bin ich im Vergleich zu meiner Vor-Wimbledon-Zeit ein bißchen lockerer geworden. Ich hab so gut wie alles erreicht, was man im Tennis schaffen kann; jetzt muß ich niemandem mehr etwas beweisen.

LUIK War nie in Ihnen die Versuchung, aus Freude über Ihren Triumph von Wimbledon auszuflippen, auszubrechen, ein paar Wochen Urlaub zu machen?

STICH Nein, merkwürdigerweise nicht. Ich spiele jetzt hier in Gstaad, weil ich einen Vertrag erfüllen will; ich spiele aber auch, weil ich glaube, daß ich so alles besser verarbeiten kann, als wenn ich irgendwo allein hingefahren wäre und ständig über den Wimbledonsieg grübeln würde.

LUIK Wenn Boris Becker so einen Sieg errungen hat, taucht er tagelang ab, verschwindet von der Bildfläche, fühlt sich völlig ausgelaugt.

STICH Ich bin nicht Boris Becker.

LUIK Manche werden's Ihnen übelnehmen: Sie entdramatisieren den Mythos Wimbledon. Sie kamen her, Sie spielten und siegten, und Sie gingen dann sofort zur Tagesordnung über.

STICH Nein, ich will das alles nur nicht emotional überbewerten. Ich

versuche, das Ganze etwas nüchtern zu betrachten: Tennisspielen ist mein Beruf, und auch nach so einem Riesenerfolg geht das Leben weiter. Morgen ist morgen, und nächste Woche spiele ich, sagen wir mal: in Stuttgart, dann kommt die Bundesliga, dann New York. Darauf konzentriere ich mich jetzt, denn ich möchte dem Veranstalter und den Zuschauern dort mein bestes Tennis zeigen. Ich spür, Ihnen gefällt schon wieder nicht, was ich da gesagt habe?
LUIK Doch, doch.
STICH Aber Sie gucken so, wie soll ich sagen: skeptisch?
LUIK Ich bin einfach erstaunt, wie Sie immer die passenden Antworten finden – vielleicht ist das alles einen Tick zu gefällig?
STICH Wie schon gesagt: Ich sage nur, was ich denke; ich sage ehrlich, was ich empfinde.
LUIK Wo kommt diese Abgeklärtheit her?
STICH Wichtig ist, glaube ich, daß ich in einer intakten Familie aufgewachsen bin; das lief alles so ziemlich optimal, denke ich. Da habe ich gelernt, daß man sagt, was man denkt, und daß man dazu steht. Das sind so Prinzipien, die ich habe: treu zu sein, ehrlich zu sein.
LUIK Ist das religiös begründet?
STICH Nein, überhaupt nicht.
LUIK Wer hat Ihr Leben am meisten bestimmt?
STICH Meine Familie sicherlich; mein Vater, der sehr rational ist, hat immer versucht, die Lebenswege im voraus zu planen. Meine Eltern haben mich aufs Gymnasium geschickt, sie wollten, daß ich das Abitur mache. Natürlich gibt es immer wieder Dinge, die man nicht planen kann, aber . . .
LUIK . . . Sie haben die in Sie gesetzten Erwartungen stets brav erfüllt?
STICH Ich habe die Ansprüche erfüllt, die ich auch für mich gesetzt habe. Ich habe das Abitur gemacht, das finde ich auch gut – aber ob ich besonders brav war? Ich habe das gemacht, was jeder andere Jugendliche in Deutschland auch macht: bin zu spät nach Hause gekommen, hab mal geraucht, mich mal betrunken.
LUIK Erschreckend normal, das alles.
STICH So ist es halt. Wegen Tennis habe ich nichts versäumt, nichts aufgegeben.
LUIK Peter Graf sagt, es habe ihn 15 Jahre seines Lebens gekostet, seine Tochter im Tennis groß rauszubringen.
STICH Ich sehe das nicht so. Man muß in seinem Leben überhaupt nichts opfern, um als Tennisspieler groß rauszukommen. In meinen Sport investiere ich drei bis fünf Stunden am Tag – da muß ich doch weder in meinem Privatnoch in meinem Familienleben irgend etwas aufgeben, auf irgend etwas verzichten.
LUIK Um Ihre junge Karriere ranken sich schon Legenden. Fußballspieler, so heißt es, wollten Sie eigentlich werden.
STICH Ja, ja, das liest man jetzt

überall. Ich war im Fußball ganz gut, aber ich weiß nicht, ob es bei mir für die Zweite Bundesliga oder selbst die Oberliga gereicht hätte. Ich habe mich für Tennis entschieden, weil es der richtige Sport für mich ist.

LUIK Warum?

STICH Beim Fußball sind immer noch zehn andere Leute da, die einen raushauen können, wenn man selber schlecht spielt, dürftige Leistungen können Sie da leicht kaschieren. Beim Tennis ist es ganz anders: Da sind Sie für sich selber zuständig. Sie stehen ganz allein mit dem Gegner auf dem Platz; Sie können Schuld und Fehler nicht auf andere abwälzen, und wenn Sie gewonnen haben, waren Sie das allein – das sind so Dinge, die mich am Tennis faszinieren.

LUIK Stört Sie eigentlich der Druck, der von der Weltrangliste ausgeht, die Ihnen wöchentlich sagt, was Sie wert sind?

STICH Für mich ist der Blick auf den Computer in der letzten Zeit immer unwichtiger geworden. Denn es gibt nur noch zwei Leute, die vor mir stehen, und eigentlich gibt es für mich gar nicht mehr so viel zu erreichen. Sicher, als Wimbledonsieger bin ich jetzt der Gejagte, denn jeder will mal gegen mich gewinnen. Aber deswegen werde ich nicht nervös.

LUIK Wer spielt noch besseres Tennis als Sie?

STICH Becker, Edberg und, ich sag mal: Lendl vielleicht und vielleicht auch noch der Agassi. Aber ich denke, daß ich sie alle schlagen kann.

„Beim Tennis hilft dir keiner – das reizt"

LUIK Was ging Ihnen durch den Kopf, als Sie in der klassischen Pose von Björn Borg auf dem heiligen Rasen von Wimbledon knieten?

STICH Das ist nun witzig, daß Sie das fragen. Ich hatte mir schon vor dem Finale fest vorgenommen, daß ich genau diese Pose einnehmen würde. Aber daß ich dann nach dem Matchball tatsächlich so auf die Knie gesunken bin, das ging automatisch, weil ich dermaßen überwältigt war: Weil ich vielleicht doch nicht geglaubt hatte, daß ich es schaffen würde.

LUIK Das hat auch den Schiedsrichter völlig verblüfft. «Spiel, Satz und Sieg Becker» hat er nach Ihrem Triumph laut und vernehmlich verkündet.

STICH Ist das nicht lustig? Auf dem Platz selber habe ich das gar nicht gehört, ich hab's erst im Fernsehen gesehen und dann lachen müssen. Ich meine, der Boris war der eingeplante Sieger für dieses Match, fast hundertprozentig als Gewinner vorgesehen. Mir war das sehr recht, denn egal, wie das Spiel ausgegangen wäre: Ich hätte ja nur gewinnen können. Selbst wenn ich verloren hätte, wäre ich sehr gut dagestanden.

LUIK Ich habe das Finale in einer Kneipe angeschaut, und die allgemeine Stimmung dort war: «Was! Dieser Langweiler Stich darf doch nicht gewinnen!» Berührt Sie es, daß das Leiden des Boris Becker die Menschen mehr anrührt als Ihr perfektes Spiel?

STICH Ich meine vor allem, daß man diese Niederlage von Boris nicht überbewerten darf. Hätte er gegen Stefan Edberg oder einen Argentinier oder Amerikaner verloren, dann wäre es ganz normal gewesen – wieder mal ein Finale, das er nicht geschafft hat. Die Leute wären zwar traurig gewesen, aber im Grunde hätte es jeder akzeptiert. Das Besondere ist halt, daß er gegen einen Landsmann verloren hat – das macht es für manche so dramatisch.

LUIK Haben Sie damit nicht auch den Mythos Boris Becker zerstört?

STICH Sechsmal stand Boris im Finale von Wimbledon, niemand außer Björn Borg hat das geschafft. Das zeigt, was für ein außergewöhnlicher Spieler er ist, und deshalb gebe ich nichts auf das Gerede, sein Tennis oder sein Image seien nun zerstört, im Gegenteil. Gerade seine Geste nach dem Match, als er mich umarmte, zeigt doch, was für ein großer Sportsmann er ist.

LUIK Gab es eigentlich einen Augenblick während des Spiels, wo Sie wußten: «Jetzt habe ich dich!»

STICH Als ich den zweiten Satz gewonnen hatte, da war ich mir absolut sicher, daß ich als Sieger den Platz verlassen würde.

LUIK Daß Boris Becker mit seinem Schicksal haderte und tobte wie ein Kind – das berührte Sie nicht?

STICH Und wenn auf der anderen Seite des Netzes mein bester Freund gestanden hätte: Ich hätte mich durch nichts aus dem Konzept bringen lassen. Ich wollte gewinnen, denn wie oft in seinem Leben steht man schon im Wimbledonfinale?

LUIK Ihre Bärenruhe war schon fast erschreckend. Ihre größte emotionale Reaktion während des Spiels: Nach einem verschlagenen Ball machten Sie Ihren sonst stets geöffneten Mund zu und griffen wie ein Gitarrenspieler in die Saiten Ihres Schlägers.

STICH Daß Boris so gejammert hat, gab mir Kraft und hat mich aufgebaut. Je mehr er sich gehen ließ, desto besser konnte ich mich auf mein Spiel konzentrieren, am Schluß vielleicht sogar hundertzehnprozentig aufspielen.

LUIK Unterkühlt, fast unbeteiligt wirkten Sie im Finale.

STICH Ich bin halt ein Norddeutscher, und die gehen bekanntermaßen nicht so emotional aus sich raus.

LUIK Vielleicht sind Sie auch ein Sieger ohne Charisma? Ein Mann ohne Eigenschaften? Diese Angst jedenfalls scheint in der Werbewirtschaft zu herrschen. Der Hamburger Werbefachmann Peter Frey hält Sie für «spröde» und will wissen: «Fragen Sie mal die Leute, mit wem sie lieber essen gehen wollen: Mit Becker oder Stich?»

STICH Auf die Antwort wäre ich wirklich sehr gespannt. Ich denke schon, daß ich eine sehr ausgeprägte Persönlichkeit habe. Aber manches, was Sie hier anführen, wird doch nur gesagt, weil mich alle Welt mit Boris Becker vergleicht. Muß das aber sein? Ich glaube nicht. Denn ich werde nie die Kopie eines anderen Menschen sein; ich werde mich nicht verbiegen lassen, um irgendeinem Image gerecht zu werden. Und wenn die Leute mich mögen, so wie ich bin, dann ist es schön. Und wenn sie mich halt nicht mögen, dann ist es auch nicht zu ändern. Ich werde weiterhin ehrlich sagen, was ich denke – auch wenn ich damit noch mehr als bisher anecke.

LUIK Mir ist keine Aussage von Ihnen bekannt, mit der Sie bisher angeeckt sind.

STICH Sie haben doch vorhin die Attribute aufgezählt, mit denen ich belegt worden bin: arrogant sei ich, überheblich sei ich, zu selbstbewußt. Das sind die Dinge, mit denen ich angeeckt bin. Einfach, weil ich gesagt habe, was ich denke.

LUIK Laut «Bild»-Schlagzeile sagen Sie das nun sogar «den Mächtigen» im Land.

STICH Das ist nun auch wieder so eine Sache, die ich immer mehr erfahre. Die Boulevardpresse, in diesem Fall «Bild», schreibt, was sie will. Und wenn sie keine Geschichten haben, erfinden sie welche. Die können dich kaputtschreiben, fürchte ich. Ich vertrag ja einiges. Aber ich finde es schlecht, wenn andere Personen da mit reingezogen werden, nur weil ich berühmt bin – zum Beispiel meine Freundin oder Exfreundin. Ich finde es einfach schlecht, wenn Reporter oder Fotografen auftauchen; ich meine, ich geh doch auch nicht einfach in die «Bild»-Zeitung und wurstele da rum.

„Die schreiben doch, was sie wollen"

LUIK Und dann lesen Sie die Schlagzeile, und die ist ein paar Zentimeter hoch: «Micha zwischen zwei Frauen.»

STICH Das ist schlecht, sehr schlecht.

LUIK Regen Sie sich da nicht auf?

STICH Ich versuche dann mit den Leuten zu reden, die so was schreiben, und . . .

LUIK . . . und?

STICH Die entschuldigen sich dann.

LUIK Könnte es auch mal sein, daß

Sie solchen Journalisten die Zusammenarbeit aufkündigen?
STICH So was könnte schon mal passieren. Ich habe da eine klare Prioritätenliste im Kopf, an die ich mich halte: Da gibt es Journalisten, mit denen ich gerne rede, und ich kenne welche, mit denen ich mich nicht so gerne unterhalte. Egal, wie berühmt ich werde: Ich möchte, daß meine Familie – sie ist wohl das einzige, was ich mir vollständig bewahren kann – aus dem Trubel herausgehalten wird, dafür setze ich mich ein.
LUIK Boris Becker hat sich freimütig zu Gott und Leben, Tod und Teufel geäußert, und ...
STICH ... wenn Sie mich nun zu politischen Themen fragen, würde ich mich mit Ihnen gerne privat darüber unterhalten. Aber ich hätte es nicht so gerne, daß es in diesem Interview erscheint. Ich weiß über sehr viele Dinge einfach noch nicht genügend Bescheid, um mich darüber auszulassen.
LUIK Probieren wir's doch mal.
STICH Wenn's denn sein muß.
LUIK Sie sind bei Brokdorf in der Nähe eines heftig umstrittenen Atomkraftwerks aufgewachsen. Haben Sie jemals bei einer Anti-Atomkraft-Demonstration teilgenommen?
STICH Überhaupt nicht.
LUIK Interessiert Sie dieses Problem nicht?
STICH Es interessiert mich tatsächlich nicht so sehr, weil ich – und so denken viele, und vielleicht ist das ja auch falsch – damit eh nichts geändert hätte. Ich sehe einfach, daß diese Dinge notwendig sind und daß diese Dinge gemacht werden müssen – egal, ob sie gut sind, egal, ob ich davon begeistert bin.

„Die Familie will ich aus dem Trubel raushalten"

LUIK Könnten Sie sich eine politische Sache vorstellen, für die Sie Geld spenden würden?
STICH Nein, im Moment nicht.
LUIK Als Zwölfjähriger wollten Sie Polizist werden. Und noch heute, weiß die «Bild»-Zeitung, setzen Sie sich für Recht und Ordnung ein.
STICH Um Gottes willen, ich bin nun gewiß kein «law-and-order-man», aber als Kind will doch jeder mal Eisenbahnschaffner oder Polizist sein. Ich habe bestimmte Prinzipien, und wenn jemand mein Auto kaputtmacht oder mir die Antenne abbricht, dann werde ich wütend und kann das nicht akzeptieren. Aber wenn jetzt einer bei irgend jemand anderem die Antenne abbricht, gehe ich nicht hin und sage: «Du bist ein ganz böser Bube, und mach das nicht wieder!»
LUIK Gibt es manchmal Augen-

blicke, wo Sie am Zustand dieser Welt verzweifeln?

STICH Ich mache mir natürlich schon so meine Gedanken – was in der Dritten Welt passiert oder mit dem Krieg da unten im Irak. Aber ich habe da ein Gefühl der Hilflosigkeit. Ich als Person kann an den Zuständen nichts ändern.

LUIK Ihr Wimbledonsieg, heißt es, war 15 Millionen Mark wert – mindestens. Sie sind nun ein gemachter Mann. Was ist das für ein Gefühl?

STICH Darüber denke ich nun ganz gewiß am allerwenigsten nach. Vielleicht ist der Sieg ja nur eine Million Mark wert. Es kommt drauf an, was man daraus macht.

LUIK Geld, viel Geld – dafür werden Ihre Manager schon sorgen.

STICH Ich habe für mein späteres Leben sicherlich ausgesorgt, da haben Sie recht. Aber was heißt das? So richtig vorstellen kann ich mir das noch nicht. Doch eins weiß ich genau: Ich spiele nicht Tennis, weil man damit viel Geld verdienen kann.

LUIK Sondern?

STICH Ich liebe diesen Sport. Mir macht es Spaß, hinterm Ball herzujagen, mich zu ärgern.

LUIK Moment: Aber das tun Sie doch gar nicht.

STICH Doch, doch. Haben Sie nicht mein Spiel gegen Wolkow in Wimbledon gesehen? Da habe ich geflucht und geschimpft! Und das ist Tennis: Freude, Fluchen, Lachen. Oder einfach da in Wimbledon auf dem Platz zu stehen, die Atmosphäre in sich aufzunehmen – ich sage Ihnen, das ist ein Spaß, den kein Geld der Welt aufwiegen kann.

LUIK Aber die Spielkunst, die in Wimbledon gezeigt wurde, steht doch in schroffem Gegensatz zu seinem Mythos. Gut zweieinhalb Stunden dauerte das Finalspiel, aber nur knappe zehn Minuten war der Ball in der Luft. «Bumm-Bumm gewann gegen Ka-Bumm», klagten amerikanische Zeitungen.

STICH Na gut. Aber ist es beim Fußball denn so viel anders? Die Zuschauer genießen doch auch ein Fußball-Match, bei dem die effektive Spielzeit vielleicht gerade mal 17 Minuten dauert. Aber Sie haben schon recht: Die modernen Schläger machen das Spiel im Vergleich zu früher kaputt; ich denke, man müßte diese Wide-Body-Schläger wieder vom Markt nehmen. Aber das ist nun mal so eine Entwicklung, mit der die Wirtschaft Geld macht.

LUIK 39mal wurden im Wimbledon-Finale Werbespots geschaltet. Haben Sie nicht das Gefühl, bloß noch Zierat für die werbende Industrie zu sein?

STICH Nein, das ist mir wirklich egal. Ich spiel mein Tennis, und ich weiß nicht, was für Spots da im Fernsehen übertragen werden, und darüber mache ich mir auch keine Gedanken.

LUIK Sie sind ein ganz schöner Pragmatiker.

STICH Ich bin Realist.

LUIK Gibt es Produkte, für die Sie

auf gar keinen Fall Reklame machen?

STICH Ich hab da schon meine Grundsätze: Ich werde sicherlich nicht für alkoholische Getränke werben und schon gar nicht für Zigaretten.

LUIK Achten Sie auch darauf, ob die Produkte umweltverträglich sind?

STICH Nein, denn das wäre auch zu schwierig. Es gibt doch bisher kaum umweltfreundliche Produkte.

LUIK Was ist Genuß für Sie?

STICH Einfach dazusitzen und Musik zu hören, mal ein Buch zu lesen und den Dingen zu frönen, denen ich vielleicht nicht nachgeben sollte.

LUIK Zum Beispiel?

STICH Mal ein schönes Bierchen trinken oder sich mal eine Woche lang mit den Sachen vollstopfen, die ich vielleicht nicht essen sollte.

LUIK Da sind Sie nun der strahlende Wimbledonheld und sehnen sich nach einem Bierchen! Diesen Wunsch erfüllt sich so gut wie jeder Deutsche jeden Abend gleich mehrmals.

STICH Natürlich könnte ich mir eine schmucke Yacht wünschen, einen schneidigen Ferrari leisten. Aber solche Wünsche habe ich nicht. Ich gehe dann lieber in ein Geschäft und kauf mir einen CD-Spieler für 500 Mark und höre meine Musik. Sicher, ein Porsche hat mich auch schon gereizt, aber daß ich dafür 150 000 Mark ausgeben soll – das ist mir die Sache nicht wert; ein kleineres Auto fährt doch genauso. Vielleicht bin ich auch zu geizig, zu sparsam?

LUIK Sie haben doch Hunderttausende von Mark.

STICH Vielleicht habe ich sogar Millionen. Aber daß ich so viel Geld habe, heißt doch nicht, daß ich verpflichtet bin, mir jetzt besonders teure Dinge zu leisten.

LUIK Staunen Sie manchmal, daß sich in kurzen Hosen spielend so viel Geld verdienen läßt?

STICH Das gehört im Moment zum Tennis einfach dazu. Mich würde es nicht stören, wenn die Preisgelder runtergehen würden; ich hätte aber auch nichts dagegen, wenn sie höher und höher gehen würden. Ich spiele Tennis, weil es mir Spaß macht und weil ich zum Beispiel Wimbledon gewinnen will. Manchmal sage ich allerdings schon zu mir: «Mensch – wofür kriegst du eigentlich soviel Geld?»

LUIK An welche Postadresse soll ich das Belegexemplar unseres Gesprächs schicken? Nach Monaco oder in irgendein anderes Paradies für Steuerflüchtlinge?

STICH Ich fühl mich in Deutschland wahnsinnig wohl. Aber ich mach mir sehr wohl Gedanken, ins Ausland zu gehen – tatsächlich der Steuern wegen.

LUIK Soll man Ihnen zuliebe die Gesetze ändern?

STICH Ich lebe in diesem Land, und ich sehe ein, daß ich diesem Land gegenüber, das ja auch etwas für mich tut, gewisse Verpflichtungen habe. Aber ich finde es ein bißchen übertrieben, wenn ich von zwei Millionen Mark, die ich verdiene, 1,2 Millionen Mark abgeben muß – mir bloß 800 000 Mark übrigbleiben.

LUIK Als Boris Becker nach Monaco zog, wurde er als schlechter Deutscher gescholten.

STICH Das kann auch in meinem Fall passieren, und ich fände das sehr schade. Andererseits glaube ich aber auch, daß mir niemand diesen Schritt wirklich übelnehmen kann.

LUIK Sie haben ein Traumziel im Tennis erreicht. Allgemein heißt es: Man soll aufhören, wenn es am schönsten ist.

STICH Der Gedanke ans Aufhören ist ständig in mir. Boris Becker hat mal gesagt: «Tennis ist nicht das Leben. Tennis ist ein Teil des Lebens.» Diesen Satz finde ich sehr schön, und ich sehe das genauso. Ich möchte genau dann aufhören, wenn ich mein bestes Tennis spiele – im Zenit den Absprung zu finden, das wäre schön. In Wimbledon habe ich sehr gutes Rasentennis gespielt. Aber ich glaube schon noch, daß ich mich steigern und noch besser spielen kann. Außerdem habe ich noch ein großes Ziel, das mich ungemein reizt: Ich möchte bei den Olympischen Spielen in Barcelona mitmachen und – was für ein Traum! – ich möchte da eine Goldmedaille gewinnen!

Ich liebe Tennis immer mehr

Nochmals: Boris Becker

„Ich stand am Fenster, und wenn ich noch einen Schritt gemacht hätte, wäre ich runtergestürzt. Aber ich hab das Fenster zugemacht, habe alles hinter mir gelassen und neu angefangen. Ich hab mich, und daran arbeite ich immer noch, gewandelt vom Markenprodukt Becker zum Menschen Becker."

Daß ich der beste Tennisspieler der Welt werden könnte, das wurde mir zum erstenmal 1989 so richtig klar. Nach dem Matchball gegen Lendl bei den U.S. Open wußte ich, daß ich auf allen Böden, ob sie langsam sind oder schnell, ob Sand oder Gras, alle schlagen kann. Bis zu diesem Moment hatte ich noch nicht daran geglaubt, daß ich irgendwann der Beste sein könnte. Sicher, ich habe ein gutes Tennis gespielt, sicher, ich habe zwei-, dreimal Wimbledon und auch ein paar Grand Slams, ein paar große Titel und Turniere gewonnen, aber zu der Zeit war dieser Glaube an meine Stärke noch nicht da.

Denn da war auch noch diese Angst. Die Angst vor der Verantwortung, Angst vor der Bürde. Die Angst, in ein Loch zu fallen und auch die Angst, so zu enden wie Mats Wilander.

Aber am Tag nach dem Sieg trafen sich die zehn besten Spieler – nur Lendl war nicht dabei –, und alle sind aufgestanden, und sie haben mir applaudiert, und da hab ich gemerkt: Ich bin jetzt in einer anderen Liga. Die trauen mir das zu.

Von diesem Augenblick an habe ich angefangen, ernsthaft mit dieser Idee zu spielen, und ich hab die Herausforderung angenommen: Ja, sagte ich zu mir, du hast die Fähigkeiten und auch das Talent, der beste Spieler zu werden – auf allen Belägen, das ganze Jahr lang.

Ich hab mir einen Ruck gegeben, hab angefangen, anders zu arbeiten: noch motivierter, noch konzentrierter. Jetzt wollte ich die Nummer eins werden.

Aber dann hat es doch noch anderthalb Jahre gedauert. Denn ich mußte mich mit dem Kopf, mit dem Geist auf das neue Ziel einstellen. Und ich hatte Mats Wilander vor Augen – seinen Triumph und den abrupten Absturz danach. Mats ist ja so ein Typ wie ich – genauso extrem, wir sind uns in vielem sehr ähnlich. Ich hatte also diese Furcht, die mich fast lähmte, daß es mir wie ihm ergehen würde, wenn ich am Ziel meiner Träume angekommen wäre. Daß ganz plötzlich wie aus einem Ballon alle Luft rausgeht.

Wilander hat ja genausoviel Willenskraft wie ich, er ist ja auch ein Weltmeister über fünf Sätze. Es ist fast nicht möglich, ihn knapp zu schlagen. Immer so zu spielen, am Limit, als ob es kein Leben nach dem Match gäbe, kein Morgen danach. So was geht an die Substanz, man brennt aus, und das ist verheerend. Du fällst dann in ein schwarzes Loch – wie es mir nach den U.S. Open erging oder auch nach Wimbledon –, und vor diesem Loch hatte ich Angst. Ein Horror, dieses tiefe Tal nach der Euphorie, dieses Selbstzerstörerische hat mich beinahe dazu gebracht, lieber die Nummer zwei zu bleiben, als das alles noch mal durchzumachen.

Es hat lange gedauert, bis ich gemerkt habe, ich kann mich nicht dagegen sträuben, ich kann doch nicht absichtlich verlieren. Irgendwann, es war im vorigen Jahr nach Wimbledon, habe ich plötzlich gemerkt: Im Grunde ist es ja scheißegal, ob ich die Nummer eins oder die Nummer zwei bin, es ändert sich doch nichts. Ich werde deswegen nicht glücklicher oder trauriger. Dieser Gedanke war wie eine Befreiung für mich, einfach zu erkennen, daß das Leben auch am Tag danach ganz normal weitergeht. Also einfach zu akzeptieren, daß Tennis nicht alles ist, daß ich über den Tellerrand hinausschauen muß und kann. Daß ich zwar ein toller Tennisspieler bin, vielleicht auch der beste, aber daß ich irgendwann einmal auch ohne Tennis zurechtkommen muß. Daß ich auch mit 33 Jahren noch einen Sinn in meinem Leben haben muß und neue Höhepunkte erleben kann.

Hätte ich jetzt in Melbourne verloren, wäre ich nicht die Nummer eins geworden, ich wäre dennoch mit erhobenem Haupt vom Center Court gegangen.

Das mußte ich begreifen lernen, und dazu habe ich mich in den letzten Jahren durchgekämpft. Da haben mir natürlich Freunde, Karen oder Carlo, auch meine Eltern, Anstöße gegeben und geholfen.

Ich habe außerdem noch erkannt, daß ich auch anders siegen muß. Daß ich mich nicht mehr bloß auf meinen Kopf verlassen darf, daß ich nicht mehr nur – wie es so heißt – mit der mentalen Kraft siegen dürfe. Denn das ist zu kostspielig, da gehst du drauf mit der Zeit, da verbrennst du. Mir wurde also klar, daß ich anders Tennis spielen muß, und daran hab ich bewußt gearbeitet. Ich habe mich konditionell verbessert, ich habe meinen zweiten Aufschlag und meine Rückhand verbessert, und ich habe auch an meinem Volley gearbeitet

Das alles hab ich um eine Klasse besser gemacht, und ich hab immer mehr gespürt, daß ich auf dem richtigen Weg bin, daß ich es schaffe. Und da war dann auch keine Angst mehr, keine Sorge mehr – ich wußte genau: Du wirst die Nummer eins. Ich war ruhig, innerlich dafür bereit.

Ich hatte selbst keine Angst mehr, daß Verletzungen mich auf diesem Weg stoppen würden. Jeder Sportler muß ja damit rechnen, daß ein Muskel mal reißt, und ich hab ja meinen «doc», auf den ich mich voll verlassen kann. Mich hat's also nicht aus der Bahn geworfen, als mir letzten November in Paris, ganz kurz vorm Ziel, ein Muskel gerissen ist. Das war für mich auch ein Zeichen, daß der Edberg es 1990 verdient hat, die Nummer eins zu sein. Daß das mit Glück oder Pech zu tun hat, glaube ich nicht. Edberg war in dem Jahr besser, er hat Wimbledon gewonnen – eine würdige Nummer eins.

Daß ich jetzt im Finale von Melbourne schon beim Einspielen Probleme mit dem Rücken hatte, war ärgerlich, und da war auch kurz der Gedanke: Es ist ja wie verhext, werd ich's denn nie schaffen?

1990 war das Jahr der Prüfungen für mich, das Jahr der Reife. Da fiel mir nichts in den Schoß, da hatte ich kein Glück: Es gab keine Netzroller, ich mußte mir alles erarbeiten, nichts wurde mir geschenkt – in Australien bin ich gleich ausgeschieden, und ich wußte dann doch nicht so genau: Willst du es? Willst du es nicht?

„Ich hab plötzlich gemerkt: Im Grunde ist es scheißegal, ob ich die Nummer eins oder zwei bin"

Die ersten sechs Monate ging es wie bei einer Achterbahn rauf und runter. Im März habe ich mich von Karen getrennt. An Tennis habe ich da nicht mehr gedacht, mich konnte nichts mehr begeistern, ich wollte mein Privatleben erst in Ordnung bringen – und das spiegelt sich in den Spielen wider: mal zwei Turniersiege, mal bald raus, großer Frust in Paris.

Und dann Wimbledon.

Ich hab in Wimbledon noch nie so schlecht wie letztes Jahr gespielt, und ich bin dennoch ins Finale gekommen – und hätte beinahe das Match noch gewonnen! Und wie schlecht ich gespielt habe! Nur mein Wille hat mich durchgezogen – das hat mich aufgebaut, stimuliert, und das hat mir gezeigt: Ich kann es schaffen! Ich hab die Nummer eins im Kopf! Und wenn ich so trainiere, wie ich es mir vorstelle, dann schaffe ich es auch! Gefeiert habe ich nach Wimbledon und mich gefreut: Ich habe gegessen, was ich wollte, getrunken, was ich wollte, ich hab wenig geschlafen, kaum trainiert. Das war für mich die Feier, die ich nach Melbourne als Number one nicht gemacht habe. Wimbledon 1990, meine Finalniederlage, war für mich ein Triumph – mein Start zur Spitze.

Ist dieser Blick aller Spieler auf die Punkte, die der Computer ausspuckt, verrückt? Die Computerliste ist unsere Bibel. Lendl, Edberg und Agassi, alle, alle, sie alle schauen auf diese Liste und jeder, der sagt, ihn interessiert das nicht, lügt. Wenn montags die Rangliste rauskommt und sie liegt in der Umkleidekabine, dann herrscht da für eine Stunde völlige Ruhe. Jeder guckt, wie lange er braucht, um dahin oder dorthin zu kommen, jeder rechnet im Kopf, ratatat.

Damit lebe ich nun schon seit sieben Jahren, für mich ist das völlig normal, und das setzt mich auch nicht unter Druck. Ich denke nur, daß die Grand-Slam-Turniere höher bewertet werden sollten. Das sind die vier wichtigsten Turniere, und wer da am besten abschneidet, ist die Nummer eins, basta. Dann gäbe es auch nicht diese aufreibende Hatz von Turnier zu Turnier.

Mein Beruf ist Tennisspieler. Und diesen Beruf und diesen Job finde ich so geil, so großartig und so schön, daß ich alles dafür mache, was ich für richtig und wichtig halte. Ich bin mit Lust und Freude dabei. Jetzt in Stuttgart, danach in Indian Wells und dann gibt es eine kleine Pause, und danach kommt der Davis Cup.

Ich will so gut wie möglich Tennis spielen. Und wenn es dafür nötig ist, dann lebe ich dafür 24 Stunden am Tag, vielleicht auch wochenlang. Aber dann kommt die Pause, und die ist wichtig. Dann mache ich nichts für meinen Job – abgesehen von ein bißchen Joggen, ein Spielchen alle paar Tage. Dann genieße ich die Freizeit, lese Bücher, diskutiere über die Politik, gehe mit Freunden aus. Und dann kommt wieder das Tennis, aber da gibt es jetzt eine feine Linie, die es früher nicht gab: Ich darf nicht zuviel Tennis machen, sonst werde ich verrückt und doof. Und ich muß auch während meiner Tenniszeit ein normales Leben führen, so gut es eben geht: mit Freunden ausgehen, lesen, denken, reden, sprechen.

„Das war das Jahr der Prüfung: 1990. Da fiel mir nichts in den Schoß – kein Netzroller, kein Glück"

Früher war das anders, aber ich habe mich geändert. Ich habe mir eine neue Lebensphilosophie erarbeitet. Im September 1987 fing das alles an. Ich war zwar reich, ich hatte im Grunde alles, materiell gesehen, Geld, Reichtum, Autos, Frauen – ich hatte alles. Aber – ich weiß, ein Klischee – ich war unglücklich. Ich hatte keinen richtigen Erfolg im Tennis mehr, alles war schlecht. Meine Werte waren falsch, mein Tennis war falsch, alles, alles war falsch – ich war in einer Sackgasse. Ich war zweifacher Wimbledonsieger, der jüngste ungesetzte Spieler – ich hatte eine Latte von Erfolgen hinter mir. Nur – ich war unglücklich.

Das ist das alte Lied von den Film- und Popstars, die Selbstmord begehen. Die alles haben und die doch so unglücklich sind. Ich verstehe das so gut, und ich verteidige sie vehement. Für mich sind sie eine Lehre: Elvis Presley, James Dean und Marilyn Monroe. Diese Beispiele gehen mir immer wieder durch den Kopf, und deswegen lese ich auch deren Biographien – ich lerne aus ihren Fehlern, ich lerne aus ihren Stärken. Ich kann ja nur von denen, die im Rampenlicht stehen, lernen, denn nur die leben ja ein Leben, das sich mit meinem vergleichen läßt.

Ich werde nie vergessen, wie ich in der Nacht nach Flushing Meadow zurück ins Hotel gefahren bin, über eine Brücke, ich hab dann nachts um zwei noch ein paar Runden in Manhattan gedreht und gesagt: Dein Weg ist falsch, du mußt da raus, du mußt was ändern. Daß ich das dann gemacht habe, das war für mich eine Frage des Überlebens. Ich habe erkannt, daß es für mich keine absoluten Ziele mehr gibt, daß nur der Weg das Ziel sein kann.

Mein Ziel war ja, Wimbledon zu gewinnen – und das hab ich dann gewonnen. Aber am nächsten Tag mußte das Leben weitergehen. Aber das geht nicht, wenn du dein Lebensziel erreicht hast – und plötzlich wirst du depressiv, plötzlich bist du der unglücklichste Mensch der Welt, obwohl du Wimbledon gewonnen hast. Oder weil du Wimbledon gewonnen hast? Über das alles habe ich nachgedacht, und dann beschlossen, nur noch das zu machen, was ICH für richtig halte und wovon ICH selber überzeugt bin. Und wenn der Ion etwas von mir wollte, habe ich gesagt: Nee, das mach ich nicht. Warum nicht? Weil ich es nicht will. Weil ich das nicht bin. Und wenn meine Eltern etwas von mir wollten, sagte ich auch immer öfter nein.

In dem Jahr also habe ich erkannt, was mit mir los ist, ich habe auch erkannt, warum ich keinen inneren Frieden, keine Ruhe habe. Ich war ein Produkt, a puppet on a string. Eine Marionette.

Vielleicht hat mir ja meine Niederlage in Wimbledon 1987 das Leben gerettet. Auf jeden Fall hat sie mich zu einem anderen Menschen gemacht. Ich hab mich – und daran arbeite ich immer noch – gewandelt: vom Markenprodukt Becker zum Menschen Becker.

Erfolge täuschen über so vieles hinweg, sie täuschen über Leere hinweg. Ich bin also komischerweise froh, daß ich 1987 beinahe aus den Top ten geflogen bin – diese Niederlagen haben mich zum Nachdenken gezwungen, und so haben sie mir das Überleben ermöglicht.

Einmal stand ich am Fenster, und wenn ich noch einen Schritt gemacht hätte, wäre ich runtergestürzt. Aber ich habe das Fenster zugemacht, habe alles hinter mir gelassen, und ich habe neu angefangen. Ich bin zurück nach Leimen, ich habe alte Schulkameraden besucht, mit denen ich vier Jahre lang nichts zu tun hatte. Ich habe wieder angefangen, mich mit «normalen» Leuten zu unterhalten.

Das Brutale in meinem Leben ist ja, daß ich 24 Stunden am Tag berühmt bin. Für mich gibt es keinen Feierabend, ich hab nie 'ne Pause – mein Job geht rund um die Uhr. Ich kann nie sagen – und wenn das Turnier noch so hart war und ich Ruhe brauche: Morgen habe ich frei, morgen ruhe ich mich aus. Ich muß Autogramme schreiben, die Leute gucken mich an, sie greifen nach mir – ich bin immer unter Spannung. Das ist 'ne Riesenlast, ein Riesendruck, und deswegen, glaube ich, fliehen so viele Berühmte in Drogen und in Alkohol. Deswegen gehen so viele Stars auf einsame Inseln – eine Versuchung, die ich gut nachvollziehen kann.

Ich will nicht in einem Schloß leben müssen wie Michael Jackson oder Ivan Lendl, der ein eigenes Reich geschaffen hat mit ein paar Wachhunden, so nicht, nee, nee. Ich bin gerne mit den sogenannten normalen Menschen zusammen. Ich gehe gern runter an die Bar und trinke mit ein paar Leuten ein paar Bier und unterhalte mich gern mit ihnen. Sicher, da ist oft eine Distanz, die schwer zu überbrücken ist, aber mit etwas gutem Willen schaffen wir es.

Und in mir ist die große Sehnsucht, irgendwann mal nicht mehr so bekannt zu sein. Aber das wird sich wohl nie mehr ändern lassen – bis an mein Lebensende.

„Ich habe erkannt, daß es für mich keine absoluten Ziele mehr gibt, daß der Weg das Ziel ist"

Nach großen Turnieren kann ich zwei, drei Tage die Wohnung nicht verlassen. Nur eingesperrt in meinen Zimmern bin ich frei. Weil mich da niemand anstarrt, niemand anmacht, niemand fotografiert, niemand etwas über mich sagt.

Abgesehen von den Zeitungen.

Das ist das Härteste, glaube ich, wenn Leute dich beurteilen und auch verurteilen, Leute, die dich gar nicht kennen. Die mir sagen, ob ich glücklich oder traurig bin und die mir erklären, warum ich ein Match verloren oder warum ich gewonnen habe. Die zu wissen glauben, wie ich mich fühle, wie ich denke.

Und jeder ist mit dir per du und kann dir auf die Schultern klopfen, und wenn du im Restaurant beim Essen bist, fragen sie nach Autogrammen. Klar, könnte man sagen: Dafür werde ich gut bezahlt. Aber ist alles mit Geld regelbar? Marilyn Monroe und James Dean – der Preis für das Berühmtsein war für viele viel zu hoch. Nur ganz wenige haben es geschafft – nur wenige haben es geschafft, NEIN zu sagen. NEIN zu noch mehr Turnieren, NEIN zu noch mehr Platten, NEIN zu noch mehr Filmen, NEIN zu noch mehr Geld.

Ich probier's und ich schaffe es, immer öfter NEIN zu sagen, ich werde stärker und immer freier. Möchtest du diesen Vertrag? NEIN. Und warum nicht? Ich hab genug.

> **„Nur eingesperrt in meinem Zimmer bin ich frei. Weil mich da niemand anstarrt, niemand anmacht"**

Ich habe nichts gegen Geld, aber ich weiß – auch das ist ein Klischee –. Geld ist nicht alles.

Ich brauche jetzt ein bißchen mehr Freizeit, mehr Zeit auch mit meiner Freundin, ich will jetzt kein Interview geben, ich will jetzt nicht für eine Firma irgendwo rumstehen. Und, das ist mir sehr wichtig, ich nehme mir auch mal die Freiheit zu sagen, das paßt mir jetzt nicht in den Terminkalender, sagen wir mal die ARD-Sportgala. Aber die Leute verstehen das nicht, weil sie nicht wissen, was es bedeutet, mein Leben zu leben, vorgeführt zu werden, ein Produkt zu sein.

Und dann bieten sie dir Geld, viel Geld. Du kriegst ein Angebot von einer Firma und mußt nur ein kleines Logo am Ärmel tragen. Sie sagen: eine Million. Und dann sagst du nee. Und dann bieten sie dir, weil sie denken, und wahrscheinlich ist es ja so, jeder hat seinen Preis, drei Millionen. Und dann sagst du nochmals nein. Das gibt mir ein gutes Gefühl, zu wissen, daß ich nicht für jeden Preis zu haben bin.

Manchmal schaue ich in den Spiegel, und ich wundere mich über mich selbst. Ich bin dann überrascht, daß ich dieser Star, dieser Megastar bin – ich, Boris Becker aus Leimen, Baden-Württemberg. Und dann sage ich ein paar Sätze, und dann bin ich's tatsächlich. Ich wundere mich dann, warum ich so auf die Leute wirke, warum ich da so eine Power zu haben scheine. Ich lach dann über mich, weil ich das nicht begreifen kann. Denn ich lese ja in der Zeitung, wie das ist mit so Stars wie Madonna und, ja, so ist es wohl, ich bin ja auch eine Madonna. Ich bin ja so bekannt wie sie, vielleicht sogar noch bekannter als sie. Und das fällt mir alles schwer zu begreifen – zu begreifen, daß ich mit meinen 23 Jahren eine Legende bin.

Aber das hat auch was Gutes und was Schönes. Vor allem wenn mich Leute gern haben, von denen ich annehme, daß sie mit Tennis gar nichts am Hut haben. Alte, Rentner, arme Leute, und die finden es oft toll, was ich mache und wie ich es mache – und dann ist es schön, eine Legende zu sein. Aber ich sehne mich dennoch danach, irgendwann mal wieder unbekannt zu sein. Aber das ist wohl eine Utopie.

Ich frage manchmal den Ion oder meine Eltern, wie sie sich das alles erklären. Liegt es vielleicht auch daran, was ich sage? Daß ich ein bißchen anders bin? Daß ich anderes wichtig finde? Vielleicht fasziniert auch viele, daß ich aus hoffnungslosen Situationen, aus einem 0:2 noch zurückkomme und den Sieg davontrage? Daß ich, wenn alles völlig verloren scheint, am ruhigsten werde? Ich weiß jedenfalls nicht, was ich ausstrahle, ich guck in den Spiegel und lache.

Es ist vielleicht ein bißchen verrückt, aber ich liebe Tennis immer mehr. Früher war es mal ein Mittel für mich, Liebe zu erringen, um von Älteren anerkannt zu werden.

Heute kann ich an einem schönen Sonntagnachmittag um fünf Uhr den Schläger in die Hand nehmen, eine Stunde Tennis spielen, und das ist für mich dann einfach herrlich: den Einklang von Seele, Körper und Geist zu erfahren. Da fühle ich mich so frei, alles ist dann so leicht, so flüssig, so spielerisch. Und daß immer weniger Menschen besser Tennis spielen als ich, auch das inspiriert mich.

Ich spüre langsam, daß ich auf dem Weg zu einem Großen der Tennisgeschichte bin. Irgendwie ist das noch so ein bißchen der Wunsch in mir, in der Tennisgeschichte noch ein wenig höher zu steigen. Da sehe ich, natürlich, den Rod Laver vor mir, den Tennisgott schlechthin, und da sind noch McEnroe und auch der Borg.

Einmal die Nummer eins sein: Für mich war das schon als Kind das Größte, es war nicht bloß ein Traum, das war mein Lebenselixier. Schon als kleiner Knirps habe ich auf die Borgs und die McEnroes im Fernsehen geguckt und die Augen weit aufgemacht und mir gesagt: Das will ich auch einmal können.

Das war mein Lebensziel – und jetzt habe ich das verwirklicht.

Ich fühle mich jetzt frei, frei, frei.

Eine Riesenbürde ist weg, ich kann jetzt voll durchatmen. Jetzt kann mir nichts mehr passieren: Ich hab es in meinem Beruf geschafft: Ich bin der Beste. Ich muß mir jetzt nichts mehr beweisen, alle Zweifel sind weg. Ja, ich bin so gut – es war kein Traum, keine Einbildung. Eine Tonnenlast ist von meinen Schultern. Alle Zweifel sind weg. Die letzten drei Jahre wurde ich ja dauernd gefragt, wann schaffst du es denn endlich? Da wirst du immer nervöser, und du zweifelst immer mehr an dir. Der Taxifahrer fragt dich: Bist du überhaupt so gut? Der Mann an der Theke will wissen: Bringst du genügend Opfer für deinen Sport? Der Mann auf der Straße haut dich an: Wann packst du's endlich?

Daß ich es jetzt bei einem Grand-Slam-Finale geschafft habe, ist ein Traum. Daß der Triumph nicht bei irgendeinem Nullachtfünfzehn-Turnier kam! Ich – in Australien! Melbourne war für mich immer die schwarze Katze, ein Ort der Schmach. Und dann noch gegen Lendl, der da die letzten zwei Jahre gewonnen hat. Da die Nummer eins zu werden, ich kann es selbst kaum glauben – das ist einfach optimal.

Nach dem Matchball fühlte ich mich frei wie ein Vogel, ich wollte fliegen. Ich wollte nichts mehr mit dem Center Court zu tun haben, mit den Leuten – die Geschichte war vorbei, abgehakt, nur raus, raus. Am liebsten ans Meer, weit, weit weg. Ich bin losgelaufen, habe Türen aufgemacht, bin in den Park raus, bin gejoggt.

Ich wollte allein sein, so daß mich niemand sieht, mich niemand nach irgend etwas fragt; ich wollte diesen Moment für mich allein genießen, ich wollte diesen Augenblick festhalten, und ich war dann traurig, daß mich jemand zurückgeholt hat.

Ich war übermannt von den Gefühlen. Auf dem Court konnte ich gar nichts mehr sagen, nur ein paar Worte. Eigentlich hatte ich mir vorgenommen, in meiner Rede was zum Krieg zu sagen, irgendwas. Ich wollte einfach sagen: «Give peace a chance» oder so etwas. Und daß ich das nicht gemacht habe, werde ich immer bedauern.

Am Tag danach war ich ganz ruhig, ein innerer Friede war in mir, peaceful und frei fühlte ich mich. Und das, so komisch sich das anhören mag, hat mit dem Krieg zu tun. In Melbourne war ich so cool und entspannt wie noch nie bei einem Grand-Slam-Turnier. Deutlicher als je zuvor sah ich: Tennis ist doch völlig unbedeutend, ein winziger Teil in der Weltgeschichte, ein Klacks.

Am Morgen habe ich in der Zeitung gelesen, wie sie wieder Bagdad bombardiert haben, ich habe es im Fernsehen gesehen und im Radio gehört, und ich mußte immer daran denken, daß in diesem Moment Hunderte oder Tausende von Menschen sterben, während ich mich für ein Tennismatch warm mache – ein Wahnsinn. Und da war es mir dann scheißegal, ob ich jetzt gewinne oder verliere.

Hätte ich wegen des Krieges nicht spielen sollen? Klar, an so etwas habe ich schon gedacht; andererseits sterben in Asien oder Afrika jeden Tag Tausende von Menschen, weil sie nichts zu essen und zu trinken haben; in Lateinamerika oder auch in China werden Menschen umgebracht und gefoltert, und in Hamburg gibt es so viele Drogentote, aber unser Leben, so verrückt und brutal es ist, geht weiter und weiter. Ich denke, mit den grundsätzlichen Werten in unserer Gesellschaft ist irgend etwas falsch.

Da war ich also in Australien und habe gespielt, und ich habe gehört, wie in Deutschland junge Schüler auf die Straße gegangen sind und gegen den Krieg demonstriert haben. Und das hat mich gefreut, und wenn ich hier gewesen wäre, wäre ich mitgelaufen.

Das hat mich irgendwie an die sechziger Jahre erinnert – dieser plötzliche Aufbruch, diese Rebellion, und manchmal denke ich, daß ich zu spät geboren bin: Die Sechziger sind meine Zeit; mir gefällt, was da alles passiert ist, was da an Leben abging, gegen das Establishment; mir gefällt die Musik von damals, der Blues von John Lee Hooker, die Gitarre von Taj Mahal, Miles Davis und auch die Doors. Mir gefallen die, die so ein bißchen aus dem Rahmen fallen, schräge Typen wie Tom Waits oder Unangepaßte wie Bruce Springsteen.

Aber je älter ich werde, desto mehr Illusionen verliere ich, obwohl ich eigentlich immer mehr haben möchte. Neulich ist wieder ein Idol für mich gestorben – Dennis Hopper. Was hat der früher für aufregende Filme gemacht! Doch «Hot Spot», sein neuer Film, ist 'ne große Enttäuschung. Sicher, er ist gut gemacht; sicher, die Bilder sind schön und auch die Schauspieler sind schön, aber es ist nicht mehr als ein Videoclip – da ist ja sogar «Rocky V» interessanter.

Neulich, nach den Australian Open, habe ich mal nachgelesen, was die Journalisten so über mich alles geschrieben haben. Und es ist für mich ebenso erschreckend wie faszinierend zu sehen, wie viele Unwahrheiten und Lügen über mich verbreitet werden. Was ich gesagt, was ich gemacht, was ich gedacht haben soll. Da stehen dann so viele Urteile über mich, da graust sich in mir alles, wenn ich diese Lügen sehe.

Da denke ich dann manchmal, wenn so viele Lügen im Sport verbreitet werden, wie ist es dann erst in der Politikberichterstattung? In der Politik, die ja viel bedeutender ist als der Sport, der ja nur eine Nebensache ist. Da kann ich ja dann gar nichts mehr glauben, weder den Zeitungen noch der Tagesschau oder den Tagesthemen noch der Heute-Sendung. Dann stimmt ja nichts mehr, und Millionen Menschen bauen ihre Meinungen auf Lügen auf und treffen ihre Entscheidungen aufgrund von Unwahrheiten. Jetzt im Krieg sieht und hört man fast nur die Nachrichten von CNN, und das ist ja nur pro Amerika. Doch wo ist die Wahrheit?

Ich finde es schwierig, die Menschen zu beurteilen. Was jetzt mit der Steffi passiert – auch ich hab schon einiges erlebt, aber noch nie so Schlimmes –, ist gut für die Zeitungen. Denn die konnten ja nicht immer schreiben, daß die Steffi in 42 oder 48 Minuten gewinnt. Da gibt es ein altes Buch von Heinrich Böll: «Die verlorene Ehre der Katharina Blum», und das bringt die ganze Sache auf den Punkt. Die Medien – Zeitungen und Fernsehen – gehen über Leichen, damit sie ihre Story kriegen und damit ihre Show weitergeht: Die Menschen, die dabei auf der Strecke bleiben, sind ihnen doch scheißegal. Und das gilt für die «Bild»-Zeitung, die direkter, brutaler und krasser ist als die anderen; das gilt aber im Grunde auch für die «FAZ» und die «taz», die «Frankfurter Rundschau» und die «Süddeutsche» – sie machen das nur ein bißchen intelligenter.

Ich komme nach Haus, und meine Oma erzählt mir, was sie wieder in der «Bild»-Zeitung über mich gelesen hat. Sie glaubt daran und bildet daraus ihre Meinung und sagt: Ach, Boris. Und ich sag dann: Oma, das stimmt alles nicht so ganz, aber sie sagt dann: Aber die «Bild»-Zeitung hat das doch so geschrieben. Was willst du da machen?

> **„Wenn es schon so viele Lügen im Sport gibt, wie ist es dann erst in der Politik?"**

Und das ist alles so beängstigend und so frustrierend, daß ich manchmal denke: Am besten wär's, mit ein paar Freunden auf eine einsame Insel zu gehen, dort für sich zu leben – ohne Zeitungen und alles.

Ich kann sagen, was ich will. Ich werde von links oder von rechts und der Mitte kritisiert. Von den Jüngeren und den Älteren und dem Mittelalter. Tagtäglich sagen mir Unzählige, was ich machen und tun und lassen soll, was ich auf keinen Fall machen dürfe. Warum aber nicht, bitte schön? Für mich gibt's nur noch eins, das ist meine «guideline»: Ich folge nur noch meinem Gewissen, ich gehe nach meinem Magen. Natürlich höre ich auf Freunde, auf Karen und Carlo und noch ein paar andere.

Ich bin jetzt 23 Jahre alt, ich bin die Nummer eins. Aber ich kann mir nicht vorstellen, daß ich fünf Jahre lang die Nummer eins bleibe. Aber eins weiß ich jetzt schon ganz genau: Als Tennisspieler möchte ich auf dem Höhepunkt aufhören, und den Zeitpunkt des Abschieds möchte ich allein bestimmen. Wer weiß schon, wie es in ein paar Jahren aussieht? Ich möchte auf keinen Fall einen langen Abschied vom Tennis und immer noch weiterspielen, bloß weil es noch ein bißchen Geld gibt, oder weil ich da und dort noch ein Turnier gewinnen könnte. Als Nummer acht – was ja auch noch gut ist – möchte ich nicht spielen.

Was ich nach dem Tennis mache, darüber möchte ich noch nicht allzusehr nachdenken, denn mein bisheriges Leben war so sehr verplant. Aber so ein paar Pläne habe ich schon: Zunächst möchte ich mal einfach Zeit für mich haben; dann überlege ich mir, ein Restaurant zu eröffnen – was ein Komiker in Frankreich macht, das fasziniert mich: ein Restaurant, wo der nichts zahlen muß, der kein Geld hat, vielleicht auch eine Kneipe mit Kleinkunst. Und dann denke ich auch noch an eine Stiftung, um Jugendliche ans Tennis heranzuführen. Da gab es in Schweden das sogenannte Saab-Modell, das ich für ziemlich gut halte. Talentierte Jugendliche durften da mit Trainern und dem Tennis-Circuit um die Welt reisen, und aus dieser Sache gingen so hervorragende Spieler wie der Edberg, Wilander und Nyström und auch Jarryd hervor. Irgendwas werde ich vielleicht auch mit dem Davis Cup machen, und ich denke außerdem noch an eine Stiftung für Drogenabhängige; auch Journalismus interessiert mich. Das sind so Dinge, die ich im Kopf habe; sie sind sicherlich noch unausgereift, aber in die Richtung werde ich gehen.

Man erwartet ja immer von mir, daß ich alles sofort mache, daß ich alles kann und daß ich auch gerecht bin, aber ich bin noch jung und mache auch Fehler, viele Fehler. Ich muß mich auch dauernd und überall rechtfertigen. Was machst du mit dem vielen Geld? Warum sagst du dies und warum tust du das? Warum spielst du bei diesem Turnier nicht? Die ganze Welt verlangt von mir Begründungen.

Aber ich denke, ich bin auf einem ganz guten Weg, der nie enden wird. Ich werde wahrscheinlich nie ans Ziel kommen, aber ich versuche das Beste.

Manchmal überrascht mich schon, was ich schon alles erlebt habe. Ich seh das so: Ich wurde mit 17 Jahren mitten auf dem Ozean ins Meer geworfen und ich hatte zwei Möglichkeiten: entweder ans Land zu schwimmen, das meilenweit weg war, oder zu ertrinken. Ich habe es geschafft, ans rettende Ufer zu gelangen. Sicher, ich habe unterwegs viel Wasser geschluckt, ein paarmal habe ich mich übergeben, und Wasser schlucke ich immer wieder. Ich bin ja kein Übermensch, manchmal bin ich schwach und habe Angst vor dem Morgen. Aber wer hat das nicht? Das müßte auch der Stärkste zugeben, daß er hie und da Augenblicke der Schwäche hat.

Klar, ich habe auch meine schlechten Phasen, ich habe Augenblicke des Frusts. Doch ich fühle mich immer besser, denn ich weiß jetzt, was ich will. Und, daran arbeite ich, ich bestimme immer mehr über mich – das gibt mir ein schönes Gefühl der Ruhe und der Freiheit.

Ich habe keine besonderen Ziele mehr, mein Weg ist das Ziel. Ich hab auch keinen Ort, von dem ich sagen könnte: Das ist meine Heimat. Ich brauche das allerdings auch nicht, denn ich habe mein Ich, meinen Körper – das ist meine Heimat.

Statt eines Nachwortes

Norbert Thomma im Selbstgespräch mit Arno Luik

THOMMA Herr Luik, vom Javanashorn, rhinoceros sondaicus, gibt es noch ganze 60 Exemplare ...

LUIK ... schlimm, wirklich ganz schlimm.

THOMMA ... und bei der putzigen Mönchsrobbe, monachus monachus, wird der Bestand weltweit auf knapp 500 geschätzt. Ihnen aber fällt mit Ihren 35 Jahren nichts besseres ein, als Interviews mit Bergsteigern und Teamchefs.

LUIK Sicher, man muß etwas machen, wenn nicht, sind die bedrohten Tiere endgültig am Ende.

THOMMA Nochmals: Sie führen Interviews mit Millionären, sportlichen Schicki-Fritzen, während die Umwelt ...

LUIK ... ich weiß, ich habe ja auch viel nachgedacht. Ich wollte schon mit Kati Witt in eine Partei eintreten.

THOMMA Welche denn?

LUIK Dazu möchte ich nichts sagen, ich will der Partei nicht schaden.

THOMMA Marx, also Groucho Marx, hat gesagt: In einen Verein oder eine Partei, die mich als Mitglied aufnimmt, würde ich nie gehen.

LUIK Das hört sich interessant an. Das muß ich mal lesen.

THOMMA Viele sagen, der 15. Dezember 1989, als das erste Becker-Interview erschien, sei Ihr Glückstag. Denken Sie manchmal: Hätte ich ihn doch nur nichts gefragt?

LUIK Ja, manchmal schon. Jetzt ist immer dieser Druck da, diese Erwartung. Olaf Thon zum Beispiel soll ich etwas Radikales zur Verkehrspolitik entlocken ...

THOMMA ... muß ich Sie bedauern?

LUIK Nein, nein. Ich kann ohne Sonnenbrille und Perücke über

die Straße gehen, ein ganz normales Leben führen ...
THOMMA ... kurz: Sie sind zufrieden?
LUIK O ja. Wenn das Tonband läuft, und es geht Peng! Peng!, immer Frage–Antwort, Frage–Antwort, dann bin ich, irgendwie, in «outer space», dann könnte man am Nebentisch Kässpätzle servieren, ich würde es nicht bemerken.
THOMMA Wie bitte? Kässpätzle?
LUIK Okay, ich gebe zu: Kässpätzle, sie sind mein Doping.
THOMMA Sie kommen von der schwäbischen Alb, ländlich, pietistisch ...
LUIK ... halt, halt, darauf können Sie mich nicht festnageln. Ich habe diese Ketten gesprengt, ich lebe Freiheit, hemmungslos ...
THOMMA ... Herr Luik, Herr Luik, um Himmels willen, Sie sind nicht Reinhold ...
LUIK ... doch, doch, in meinem Herzen bin ich Anarchist ...
THOMMA ... so kommen Sie zu sich, Sie sind nicht der Messner!
LUIK Uuuuh, sehen Sie, da war es wieder. Ich bin wie ein Vulkan, in dessen Innerem Fragen und Antworten brodeln. Und dann müssen sie heraus, total.
THOMMA Interviews sind Ihr Leben?
LUIK Nicht alleine, ganz sicher, und doch sind sie mehr ...
THOMMA ... eine ganz persönliche Form der Erotik? Sex?
LUIK Genau, genau, ein Kurzinterview ist wie ein One-nightstand, und die langen Gespräche mit Becker, Navratilova: vollkommene Trance, Eruption.
THOMMA Sie haben mit Ben Johnson geredet und Monica Seles, mit Jürgen Klinsmann und Ion Tiriac, ist da überhaupt noch jemand, der Sie interessieren könnte?
LUIK Nur Pu der Bär!